TOUS LES CHEMINS MÈNENT EN BRETAGNE

Roger Gicquel
Philippe Gallouédec

TOUS LES CHEMINS MÈNENT EN BRETAGNE

Éditions Ramsay

À nos Françoise.
Merci à Françoise Thizy
pour sa collaboration et son soutien.
Merci à Françoise Gallouédec
pour sa patience et ses encouragements.

Invitation à entrer en Bretagne

Courir toutes les semaines pour une émission de télévision que nous avions pourtant appelée « En flânant », tel fut le compagnonnage qui nous unit, Philippe Gallouédec et moi, pendant cinq ans pour France 3 Ouest. Courir la Bretagne sur ses grands axes comme sur ses innombrables petites routes, lui au volant et au téléphone, moi à mes notes, cela crée des liens surtout quand on est animé d'une même volonté : donner à admirer la beauté des paysages, la force du patrimoine, être à l'écoute de ceux qui, connus ou anonymes, aiment partager passionnément leurs connaissances historiques, leurs talents artistiques, leurs expériences sociales, agricoles, industrielles, artisanales... Bref, inviter à découvrir ce que l'on croit connaître mais que l'on oublie si facilement.

Plus de mille personnes sont venues devant caméras et micros nous parler de « leur » Bretagne, originale ou traditionnelle, accrocheuse et rêveuse, terrienne et maritime, secrète et ouverte, si belle presque toujours. Et lorsque l'émission de télévision s'est arrêtée, Philippe et moi avons décidé de faire encore un bout de chemin ensemble en écrivant ce livre. Nous aurions été bien présomptueux si nous n'avions eu que l'expérience de nos années professionnelles. Mais nous avons la chance d'être nés Bretons l'un et l'autre. Nos origines et nos parcours respectifs ont été marqués de bien des différences ; c'est justement ce qu'il nous a paru intéressant de réunir. D'abord, trente ans nous séparent. Ma jeunesse appartient à une société paysanne qui n'avait d'autre ambition en pleine guerre que d'assurer la subsistance des familles et de venir en aide à la collectivité proche. Philippe, lui, a grandi dans la période de croissance la plus forte qu'ait connue le pays, au moment où, avec le début du désenclavement, la Bretagne commençait son ascension économique.

D'une famille citadine cultivée, Philippe, Finistérien du Nord, eut la langue bretonne en permanence dans les oreilles. Dans ma campagne, on savait à peine lire et écrire, et on parlait le « gallo » du pays de Redon. Déjà le Sud !

Alors qu'avions-nous en commun, sinon notre amour pour ce pays ? Sans doute des sensibilités partagées, très profondément ancrées dans cette Bretagne multiple et pourtant si cohérente. En effet, une « culture », une psychologie « celtique », bien difficile à définir, habite mystérieusement les vrais Bretons et s'impose par contagion aux adoptés, lesquels ne tardent pas à devenir Bretons « puissance 2 ». On peut s'interroger, en 1998, sur le sens de ce mot, de cet esprit « celtique », de cette bretonnitude dont nous nous recommandons. Le plus simple est de l'expliquer par notre lien total avec la nature. Avec le sol d'abord, comme si des granites et des schistes ardoisés, je ne sais quel magnétisme tellurique nous montait dans les jambes pour nous entraîner dans des gigues et des jabadaos endiablés mais surtout pour encourager ce qu'il y a d'effectivement têtu en nous : la quête du Graal que nous avons toujours su inaccessible. La mer, en éloignant nos horizons à l'infini, nous répète chaque matin que c'est chercher qui fait vivre. Et, que le roi Arthur se réveille ou non, son message est indélébile : *unité dans la diversité.* Il a permis aux Celtes de survivre à tous les déchirements de l'histoire ; ni le paysan d'Argoat, ni le pêcheur d'Armor ne l'ont oublié, pas plus que le chouan de Ploërmel et le républicain de Saint-Brieuc. Unie dans sa diversité, la Bretagne est le contraire d'un monde fermé. Ses marins ont rapporté de lointains ailleurs le désir et la nécessité d'échanger avec le reste de la planète. Mais surtout chaque fois, au cours des siècles, que l'étranger s'est présenté devant la maison d'un Breton, il y a été accueilli, sous la seule réserve qu'il ait la paix au cœur, du respect dans son attitude et du courage dans son esprit.

Depuis quelques années déjà, la Bretagne bénéficie d'une vague de bienveillance et d'admiration portée par des émissions de télévision et d'innombrables articles abondamment illustrés que lui consacrent les hebdomadaires nationaux, les périodiques touristiques et les revues de circonstances. Après plusieurs périodes estivales très favorables où la fréquentation des touristes ne s'est pas démentie, nous sommes sûrs qu'il s'agit d'autre chose que d'une mode. Les clichés et les contre-vérités dont le propre est d'avoir la vie dure ont ainsi cédé les uns après les autres. Difficile de se plaindre de routes tortueuses et de chemins boueux quand vous sillonnez le pays par ses quatre-voies. Difficile de parler encore de tas de fumier à la porte des fermes quand vous longez les usines de l'agroalimentaire. Impossible de qualifier de « biniouseries » les disques d'or des musiciens bretons, etc. Le seul cliché qui résiste, c'est le temps qu'il fait. Quand un camarade d'une chaîne de télévision nationale voit dans un orage qui s'abat sur le départ du Tour de France à Saint-Brieuc – la seule pluie de tout l'été ou presque, cette année-là – une fatalité typiquement bretonne, il ruine les efforts de communication de toute une région, alors qu'il devrait prêter à franche rigolade. Et je m'énerve moi aussi quand le spécialiste de la météo, expliquant le temps du lendemain sur l'Hexagone, cache de son corps la partie qui m'intéresse, généralement la plus tempérée, parce que pour montrer la Bretagne il faudrait qu'il sorte de l'écran !

Ce n'est rien, commence-t-on à comprendre chez nous, laissons dire qu'il pleut l'été au moins une fois par jour, affichons plutôt le record d'ensoleillement de l'automne 1997 ; il faut allonger nos saisons touristiques, certains sites sont en surcharge au mois d'août. D'ailleurs, le recteur des îles d'Houat et Hoëdic m'a privé personnellement de bénédiction pour avoir posé sur son domaine spirituel le regard amical d'une caméra de télévision qu'il estima concupiscent et de nature à attirer encore davantage d'insulaires d'occasion et de si peu de foi. Je lui demande son indulgence.

Philippe et moi avons choisi de vous faire entrer en Bretagne par tous les chemins connus de nous et qui ne sont pas forcément les plus directs. Laissez-vous conduire et, derrière nos mots, ces mots qui ne suffisent jamais à dire les choses, n'hésitez pas à deviner notre chaleureuse affection pour ce pays et ses gens d'hier et d'aujourd'hui.

Moi, quand je fis vraiment connaissance avec la Bretagne, j'étais dans l'année de l'âge de raison qui est aussi l'âge de l'émerveillement.

Par le train de Redon... et l'enfance

J'allais entrer en Bretagne par le train à vapeur. J'allais avoir sept ans. Ma valise était trop lourde. Mon père ne pouvait m'en soulager, il en portait déjà trois... Au début de septembre 1939, il partait à la drôle de guerre. Ma mère le rejoindrait à Tours où il serait canonnier ! Sans jamais tirer un coup de canon puisque l'ennemi serait déjà vainqueur. Mais là, à partir de cette vieille gare Montparnasse où il avait débarqué quelques années plus tôt, immigré breton comme tant d'autres, nous allions faire son parcours à l'envers. Il me conduisait chez ses parents avant de rejoindre son affectation. J'allais être un réfugié privilégié, dans une petite ferme de la commune de Quelneuc, la Vériglée...

« Dépêche-toi ! » criait mon père dans le vacarme du quai, les sifflements et les gras soupirs crachants des locomotives impatientes. Mais je ne pouvais faire plus vite, mes mains me faisaient mal à traîner cette valise, mes doigts se coinçaient dans les anneaux de métal de la poignée en carton bouilli. Et je ressentais une sorte d'affolement dans cette gare, quelque chose de dramatique dans les voix qui s'interpellaient. Cela faisait peur.

Papa me poussa sur le haut marchepied d'un wagon de troisième classe, les valises suivirent, le couloir en était complètement encombré. « Je reste là, me dit-il, trouve-toi une petite place. » On me laissa me tasser sur la banquette en bois. Enjambant les bagages amoncelés, Papa vint plus tard s'assurer que j'étais assis. Il me sourit comme soulagé que nous soyons dans ce train, alluma une Gauloise bleue et baissa la vitre donnant sur les quais. Les gens couraient encore quand le train s'ébranla doucement, comme pour laisser les retardataires s'agripper aux barres verticales des marchepieds.

Je fermais les yeux, essayant d'imaginer ma famille bretonne que m'avaient racontée mes parents. Je revoyais vaguement les instantanés photographiques représentant un petit bout de femme toute de noir vêtue, ma grand-mère, portant un bébé dans les bras. C'était moi. J'étais donc déjà allé à Quelneuc. À l'âge où les souvenirs ne se forment pas encore. Sur l'autre photo, il y avait Joseph, le grand-père, entouré de ses enfants. José, l'aîné, avec son vélo de facteur. Alphonse, mon père, qui avait quitté la ferme pour « monter à Paris » gagner d'une autre façon son pain à la sueur de son front, successivement cireur de parquets, domestique d'un duc, magasinier d'hôpital, cafetier. Étienne, le plus jeune, à qui échoirait la ferme vingt ans plus tard et qui s'y épuisa. Joséphine, enfin, dont le fiancé, héritier d'une autre ferme tout aussi modeste, était déjà parti au front. Mes oncles suivraient ; Joseph et Étienne restèrent prisonniers en Allemagne. Alphonse eut plus de chance, il ne fut retenu que quinze jours en Charente. Grand-Père, lui, était dispensé. Il avait été blessé en 1916 quelque part dans la Somme, ce qui ne l'empêcha pas de retourner inlassablement ses champs derrière ses bœufs ou sa jument. Sa carrure sur la photo était impressionnante. Je le comparais aux bons géants de mes premiers illustrés.

Souvent, dans les trains qui me mènent en Bretagne ou plutôt qui m'y ramènent puisque je m'y suis définitivement installé, près de mes sources, je revis ces scènes de la vie ordinaire qui ont si profondément marqué mon enfance à la Vériglée. Certains dimanches matin rendaient concret le catéchisme... « Le septième jour, il se reposa. » La Renaude, ma grand-mère, portait ces jours-là une toute petite coiffe qu'elle avait elle-même amidonnée, une toute petite coiffe avec deux oreilles rigolotes de part et d'autre d'une fine dentelle qui coiffait ses cheveux blancs, jaunis par le feu de bois. Toute une vie penchée à s'en faire une bosse dans le dos, tellement présente à son devoir de préparer dans l'âtre le café, parfois aux glands de chêne, la soupe, et sa fameuse galette de sarrasin, œuf miroir, saucisse fumée fraîchement décrochée de la cheminée. Elle épinglait sa coiffe de quelques gestes aussi sûrs que peuvent le permettre des doigts rabougris par tout ce que demande de travaux journaliers une ferme de cinq hectares, vivant encore de ses vingt-cinq parcelles de prés, de ses volailles, de « la légume de son jardin », de quelques veaux et pourceaux vendus aux foires. En autarcie, dirait-on aujourd'hui. Une fois sa coiffe mise, qui ne ressemblait à aucune autre du pays de Redon car jamais en Bretagne une coiffe ne peut ressembler à une autre d'un proche territoire, elle aidait son Joseph de mari, de quelques années son aîné et qui tremblait de ses doigts bien plus qu'elle, à mettre son faux col en Celluloïd. C'était laborieux. Grand-Père dépassait Grand-Mère d'un bon demi-mètre et elle avait beaucoup de mal à attacher le double bouton dans le cou de Joseph qui lui reprochait sa maladresse, tous deux habités par cette impatience de vivre le jour dont le Seigneur a dit que c'était son jour à condition que tous les autres devoirs de la famille, de la survie de cette famille, soient accomplis. Les vaches étaient traites, les petits cochons rentrés. On pouvait, propres sur soi, avoir droit au Jour du Seigneur, un peu de dimanche, oui, de visites aux parents peu lointains, la sieste dans le pailler ou au cul de la jument, bien étrillée du matin, s'il faut se cacher après la volée de bolées. C'était la vraie vie. J'étais enfant, je me sentais grandir. Je n'osais pas rassurer la Renaude et Joseph, leur dire que « nous aurions de la messe ». Avoir de la messe, c'était être à son banc pour l'évangile, alors que l'on était hors jeu si l'on manquait l'élévation. La cloche de l'église de Quelneuc sonnait. On s'énervait un peu. La distance pour y aller était de deux kilomètres par les raccourcis, une bonne vingtaine de minutes. La cloche de Quelneuc le savait bien, qui prolongeait sa sonnerie comme pour attendre

Joseph, indispensable pour chanter *Catholique et Breton, toujours !* Quand très tôt j'ai perdu la foi, n'est resté, et pour toujours, qu'un saint homme : Joseph Gicquel.

Ah ! la messe du dimanche et ma découverte de la farouche autorité du recteur, répandant une atmosphère de crainte compensée par le plaisir suprême de la voix du grand-père dans le chœur des hommes, derrière l'autel. Je la reconnaissais entre toutes avec sa ferveur, quand il chantait :

« Je viens offrir au Dieu puissant
Ce sacrifice non...on sanglant... »

Catholique et Breton, toujours !... Ils l'étaient dans tous les actes de leur vie, Joseph Gicquel et Marie-Louise, née Renaud, dite la Renaude à cause de son esprit critique incapable pourtant de cacher longtemps une générosité à toute épreuve. La loi du recteur, c'était pourtant la loi, il n'y avait pas à sortir de là. Je rougissais de l'entendre interdire temporairement l'accès à son église aux filles coupables d'avoir été danser à Guer. Lui seul pouvait donner l'autorisation de continuer la moisson le Jour du Seigneur, si on le suppliait devant les menaces d'orages qui risquaient de retarder dangereusement le travail et de, peut-être, faire verser le blé sur pied ou de le faire germer en bottes.

Le chaud plaisir des moissons, je l'ai vécu d'un bout à l'autre. J'ai admiré le geste ample et précis du faucheur autour des pommiers, j'ai voyagé comme un roi fainéant sur le siège en tôle trouée de la faucheuse mécanique, j'ai applaudi comme pour l'installation d'un cirque à l'arrivée de la « batterie » : machine à vapeur, machine à battre, monte-paille, tirés par des équipages de bœufs dont la puissance sous l'aiguillon des hommes m'impressionnait. Quelle fête ensuite ! Quelle fête de l'ouvrage en commun, chaque famille des fermes d'alentour. Vériglée-d'en-Haut, Mancelaie, Mineraie, Lézalin, la Boissière, la Herviaie, les Quézéacs, déléguant leurs hommes pour venir battre chez nous, à charge de revanche les jours suivants. J'ai encore dans la tête le bruit des machines, le claquement des courroies qui les reliaient, celui, semblable à un coup de scie géante, des paquets d'épis avalés par la vis sans fin, les cris et les rires au sommet des charrettes où les gerbes volaient de fourche en fourche.

À sept ans, je portais à boire de grandes potées de cidre, à neuf ans j'étais préposé à la mise en place des sacs où le grain coulait en cascades, à dix ans j'étais sur le pailler, à treize ans j'avais enfin l'honneur de porter sur l'épaule les sacs de blé jusqu'au solier, en améliorant à chaque voyage mon équilibre sur l'échelle.

Et la noria des « marraines », ces bataillons de cottes et de cotillons qui plumaient, dépouillaient, épluchaient, cuisaient dans la joie rassurante de la récolte les repas des batteries pour les grandes tablées du soir quand, enfin, la poussière retombée, les visages et les mains lavés à grands seaux d'eau, les chants pouvaient s'élever dans la paix du soir, à la gloire du monde et au plaisir d'être ensemble. Rien à voir avec ces folklo-

fêtes des battages pour aoûtiens, si déplacées là où aujourd'hui l'agriculteur est contraint de fréquenter la démesure.

J'ai la nostalgie de ces fêtes, jamais retrouvées, fête des boudins, fête des processions, noces gargantuesques : plus de quatre cents personnes à celles d'Étienne et de Joséphine, frère et sœur qui prirent épouse et époux le même jour. Cousins, cousines, premiers émois, premières danses. Défilé de la noce rendant visite à chaque ferme, chansons de marche annonçant les mariages à toute la contrée :

« Voici des heures que nous marchons *(bis)*
Voici l'village et la maison *(bis)*
Voici l'village, le beau village
Le château d'la mariée, prenons courage ! »

Ça vous avait une autre allure que les concerts de klaxons !

Nostalgique, c'est vrai. On peut l'être sans être passéiste. Nostalgique du bocage, des haies, des saules, du pré pointu, du pré de la lande, de tout ce qui était à taille d'enfant, à taille d'innocence avant le grand remembrement ! Nostalgique de ce qu'on appellerait aujourd'hui la pédagogie appliquée. Merci Joseph, merci Grand-Père de m'avoir appris tant de choses essentielles. À garder les vaches dans les chaumes, à comprendre l'intelligence du chien Bas-Blanc qui, au moindre geste de ma part, les ramenait du champ de betteraves naissantes d'à côté. À « nacher » les vaches à l'étable, à aimer leurs grands yeux, leur odeur, leurs cous si chauds et jusqu'à leurs cornes et leurs bouses ! Merci de m'avoir appris à tailler l'aiguillon dans la branche de houx, à manier en cadence le fléau pour battre le blé noir, à fendre les bûches dans le sens du bois, à respecter toute créature. Merci de m'avoir enseigné la terre, les saisons, les prés gorgés d'eau, le feu de l'âtre, refuge de l'hiver.

« Quelneuc ? Où c'est ça Quelneuc ? » me demande-t-on quand je dis que j'y suis né, ce qui est à moitié faux. Quelneuc ? Morbihan, à la limite de l'Ille-et-Vilaine, c'est pour moi le domaine d'une enfance exaltante, de celles qui forgent un homme dans les duretés de la vie paysanne, qui ont fondé l'expérience communautaire et la solidarité. Ne l'oublions pas, surtout à l'époque où l'on sacrifie dans une scandaleuse inconscience collective un monde agricole qui a constitué dans toute la France notre patrimoine culturel, je dirais même génétique.

Paysan, j'ai toujours voulu le rester quelque part.

La gare du Mans est restée pour moi la première porte de l'ouest. Sans doute à cause de ce premier voyage. « Le Mans... Tout le monde descend ! » Mon père m'avait empoigné et intimé l'ordre de sauter sur le quai garder les valises qu'il passait par les fenêtres, aidé de voyageurs qui faisaient comme lui. Moi aussi, on allait me passer par une fenêtre. Je compris qu'une fièvre s'était emparée du train et qu'il fallait vite sortir de ce wagon plein comme un œuf.

J'appris plus tard que notre train était bloqué au Mans. Il fallait en chercher un autre, aux arrêts incertains mais en direction de Rennes. Ce que nous fîmes dans, pour la première fois de ma vie, une véritable panique collective du chacun pour soi, une laideur de foule que mon père insultait quand je manquais d'être piétiné. L'exode commençait. L'autre train fut pris d'assaut. Il n'y avait de siège que ma valise. Je refusai énergiquement que Papa me glisse dans le filet à bagages...

Je ne sais comment nous parvînmes à Redon, après un interminable voyage, ni comment le grand-père fut averti de notre arrivée. Dans sa carriole, le bonheur submergea ma fatigue. La jument trottina deux bonnes heures. Je m'endormis dans les parfums de fougères et de lande qui m'arrivaient par vagues dans la douceur chaude du soir. Ce serait toujours une récompense par la suite d'accompagner Grand-Père aux moulins, porter son grain et ramener sa farine, ou aux foires emmener les petits cochons à vendre, ou encore au bourg et aux kermesses... jusqu'à ce que la jument soit réquisitionnée. La voyant partir en 1943 entre deux gendarmes empêtrés à la tirer par la bride tout en poussant leurs bicyclettes, je pleurai toutes les larmes de mon corps dans les jambes de Grand-Père dont je ne mesurais pas pourtant le chagrin. La Belle, notre jument, était de la race de chevaux de trait des postiers bretons. Arrière-train majestueux, poitrail de colosse trapu, crinière blonde abondante, odeur sans pareille dans la vapeur de l'effort. À la guerre de 14, on les attelait aux canons comme aux cuisines roulantes. À Paris, ils tiraient les omnibus ; dans les champs et les chemins bretons, ils servaient à tous les travaux jusqu'à l'arrivée des tracteurs qui les menacèrent de disparition. On les revoit aujourd'hui, paisibles derrière leurs clôtures, attendant de participer à des concours d'attelages, utiles encore dans quelques espaces verts de grandes cités, mais aussi dans les sillons des petites parcelles de l'île de Batz où leurs gros sabots ont la précision des petits pieds des fil-de-féristes. Vous ne les verrez jamais, sarclant entre deux rangs, marcher sur un artichaut naissant. Quelques étalonniers, encouragés par les haras, ont conservé la race, beaucoup par amitié envers ce doux compagnon, certains, il faut le dire aussi, pour les Japonais, grands amateurs de viande de cheval, alors que la France en est devenue faible consommatrice.

Le cheval remplacé par le tracteur, la lampe à pétrole et les bougies par l'électricité, les café-mercerie-épicerie condamnés par les supermarchés, l'économie de subsistance faisant place aux élevages en batterie pour l'export, j'ai vécu les prémices de ces bouleversements radicaux. Et pourtant, j'ai du mal à croire que le Breton et la Bretonne aient vraiment changé dans leur nature profonde, ni en cette période, ni tout au long de leur histoire. J'encadrerais volontiers cet extrait du premier chapitre de *Comment peut-on être Breton ?* de Morvan Lebesque, paru en 1969 :

« Français d'état civil, je suis nommé Français, j'assume à chaque instant ma situation de Français. Mon appartenance à la Bretagne n'est en revanche qu'une qualité facultative que je puis parfaitement renier ou méconnaître. Je l'ai d'ailleurs fait. J'ai longtemps ignoré que j'étais Breton. Je l'ai par moments oublié. Français sans problème, il me faut donc vivre la Bretagne en surplus ou, pour mieux dire, en conscience : si je perds cette conscience, la Bretagne cesse d'être en moi, si tous les Bretons la perdent, elle cesse absolument d'être. LA BRETAGNE N'A PAS DE PAPIERS. Elle n'existe que dans la mesure où, à chaque génération, des hommes se reconnaissent Bretons. »

Et ce Breton de Nantes – il n'est pas innocent ici de souligner son origine – nommait *Emsav* cette conscience de vouloir être Breton, de penser la Bretagne pour la faire exister. *Emsav* veut dire réveil, résurrection. C'est un état permanent. Je veux le croire.

Grand-Père fit tout ce qu'il put pour éveiller les siens sans leur laisser penser un instant que ses paroles étaient d'évangile. Quand il exhorta, en 1930, l'un de ses fils, Alphonse, qu'il fouettait aux orties pour le calmer de ses crises de rhumatismes, à quitter le pays pour aller chercher en ville meilleure santé et meilleur travail, je suppose qu'il pressentait ce qu'il allait savoir peu avant sa mort. En 1952, vingt pour cent des jeunes de Quelneuc feraient partie de « l'exode rural ». Et s'il accompagna mon père à la gare, ce fut dans l'espoir de le voir revenir plus fort et plus Breton qu'avant. Son vœu ne fut exaucé par moi qu'une génération après, bien tardivement, et encore, pas dans sa maison.

Un matin, alors que j'allais tremper ma beurrée (du pain qu'il avait cuit l'avant-veille) dans mon écuelle de lait, je le vis sortir avec des outils que je ne lui connaissais pas, une pelle de terrassier et une masse. Je n'eus aucun mal à le rejoindre. Il était en train de réduire en granules les pierres laissées en tas par les Ponts et Chaussées sur la petite route qui desservait la ferme et les hameaux proches. Au sommet de la petite côte, un autre agriculteur en faisait autant. Ça devait être un jour limite de « prestation », de corvée communale qui consistait à boucher les nids-de-poule. Cela faisait un bon siècle que les paysans rendaient carrossables autant que possible les routes et les chemins de Quelneuc, connu alors comme le secteur le plus embourbé du canton. Fonçant aujourd'hui sur les quatre-voies Rennes-Brest par le sud ou par le nord et effectuant Rennes-Nantes ou Rennes-Saint-Malo en une heure, j'aime à penser que Joseph Gicquel a contribué de ses mains noueuses à désenclaver Quelneuc avant que les technocrates décentralisateurs daignent consentir à désenclaver la Bretagne sous la pression des élus et parce que Charles de Gaulle, à Quimper, s'était souvenu d'un grand-oncle breton dans le seul discours de campagne qu'il prononça hors de Paris avant le référendum sur la régionalisation.

J'ai d'autres images de cinquante ans de « progrès ». Après la messe du dimanche, nous descendions, Grand-Mère, ma tante, ma cousine Jeanine et moi, presque au bas du bourg, chez Nanne. Soixante ans de sourire, un sarrau impeccable, elle vendait de tout, des tissus en percale, en rayonne, en coutil, en linon sûrement, et même en soie. Des tissus plutôt sombres pour le travail, ou blancs pour les noces, et à motifs, mais point trop fleuris, pour les rideaux en manière de couronne d'humble Sainte Vierge des lits à baldaquin. La mesure métrique était intégrée au comptoir, patinée par des années de vente au coupon. On venait aussi chez Nanne pour les dentelles des coiffes, pour la cire d'abeille, pour les beaux paniers en osier noirs dans lesquels on mettrait les repas lors des déplacements longs d'une journée. Nanne tenait un registre des commandes de rubans, de lacets, de sabots à la mesure, sabots du dimanche et sabots de la semaine. La porte de droite de sa mercerie-épicerie donnait sur le café où l'on ne servait que du cidre, du vin et des boissons anisées. Si l'on insistait, elle sortait ses bocaux à l'eau-de-vie : cerises, pêches de vigne, poires et, le plus traître, le fenouil sauvage. La Renaude, connaisseuse et fière de ses propres mixtures, n'en prenait jamais. En plus du tissu, ce qu'elle cherchait chez sa vieille copine, c'étaient les nouvelles brèves du bourg. Brèves, car Nanne n'en disait jamais plus qu'il ne fallait. J'aimais Nanne, j'aimais tout le monde à Quelneuc.

Une mercerie, en 1996, dans un village de six cents âmes ? En trouver une vous fait inventeur d'un monument historique. À ce nombre d'habitants, l'épicerie est rarissime et il faut se battre pour le maintien de l'école. La boulangerie, si elle subsiste, est à vendre, mais seulement les murs. La présence d'un antiquaire n'est pas exclue. Rouvrir un petit commerce est un grand risque. Mais lancer un grand commerce en bordure de grand-route, c'est tout bénéf ! Les supers, les hypers ne sont pas nés de je ne sais quel grand groupe financier international. Ils sont le résultat d'une gamberge bretonne tout aussi rapide que d'autres. Édouard Leclerc n'était pas certain de faire un bon vicaire, le séminaire en fit un prélat de la grande distribution. J'ai visité son musée personnel dans la ville de Landerneau, où il fit ses débuts d'épicier bon marché. Ce fut un choc ! Une vaste chapelle restaurée contient un trésor de statues du XIIIe au XVIe siècle : granits, pierres de tuffeau, bois polychrome... « Est-ce votre mausolée ? » lui demandai-je insolemment. « Leclerc n'en a pas besoin », me répondit-il. L'avenir était dans sa collection de livres ésotériques anciens. Il y voyait trois soleils réunis, annonce de je ne sais quelle fin du monde, et au minimum trente années de crise. Mais, double prophète, il comptait bien le rester dans l'activité qui avait fait sa fortune et celle des siens.

D'autres Bretons ont gagné la guerre des prix pour bâtir des empires. Comme Jean-Pierre Le Roch, sorte de condottiere à l'enseigne des mousquetaires, exilé comme mon père mais lui au Brésil et dans la mécanique, revenu – sa vie est un roman – découvrir la nouvelle épicerie française et, concurrence oblige, en atteindre les sommets en rassemblant les dissidents des Leclerc.

Il se pourrait bien que le pouvoir de la grande distribution soit prédominant en Bretagne et vassalise, nouveaux ducs, les rois de l'agroalimentaire. Toujours est-il que le supermarché où je vais faire mes courses pour cause de diversité de produits, alors que je devrais me contenter du talent de mon seul, à la ronde, boucher-charcutier-fruits et légumes, est l'œuvre d'un avisé commerçant du même lieu. Son supermarché va bien, il l'a doublé. Son ambition est humaine. Ça me rappelle Justaud. Prononcer Justao en traînant le *o*. Il était boucher dans sa ferme, sous la mairie de Quelneuc. Boucher avec abattoir particulier, toléré à l'époque. Son foie de veau, rien que de l'écrire, reste en saveur, en croquant, le meilleur du monde. Il débitait sa viande sur la table de la ferme de ses parents qu'il avait poussés à la retraite. Ah, le bon vivant que Justaud, toujours une bolée à boire, formidablement sympathique lors de mes vacances de jeune homme. Il me narguait, je ne savais pas le voir, ou plutôt il narguait tous ceux qui étaient partis du pays, car lui avait la certitude d'y réussir. De sa table de ferme, il bondit plus haut que l'église, fonda dans un horrible bâtiment neuf une vraie boucherie-charcuterie, après quoi vinrent les plats cuisinés, les noces et banquets et la création d'une discothèque où l'on venait se déculturer de quatre-vingts kilomètres à la ronde. Paix à Justaud, mort à la tâche, et dont la vie résume en grande partie une certaine histoire économique de mon pays. Une histoire qui a connu quelques époques où la modernisation faisait abandonner, dans les familles, ce que nous appelons le patrimoine mais qui n'était pour elles que des vieilleries. Combien de maisons pillées ainsi par d'avisés brocanteurs et antiquaires ! À la fin des années cinquante, je rendais visite à ma chère tante Joséphine. Je n'avais alors, avec la télévision, d'autre rapport que celui de spectateur. Et je reconnus tout de suite, fixé au mur, l'un de ses premiers produits dérivés : la fameuse pendule ORTF à spirale, reproduite sur un carré de formica.

– Mais qu'as-tu fait, Tante, de ta belle horloge comtoise ?

– Oh, le gars qu'est passé l'a prinse. Elle ne marcheu plus. À R'don il n'y a persoune pour repareu. Et celle-là est ben damain [1] ! Il me l'a douneu pour rempiaçeu.

– Et la table en formica, c'était contre quoi ?

– Ben damain itou. Un coup de bouchon [2], c'est propre. L'autre, il fallait la cireu. Elle avait un ben failli pieud mangeu aux vers mon garçaille ! Je suis ben aise maintenant.

Des regrets, elle en éprouvait, c'est certain. Mais elle en avait assez de l'inconfort rural. Elle ferait cimenter son sol en terre battue, elle ferait peindre les murs de la pièce principale au lieu de les passer à la chaux tous les ans, elle fermerait l'âtre et y mettrait un bon poêle et une gazinière. C'était trop usant, cette vie. Un jour, les draps de ses lits ne seraient plus nommés linceuls (de ce lin très fin qu'on savait produire en Bretagne), linceuls parce que l'arrivée du sommeil doit vous rappeler que « la mort viendra comme un voleur ». Les draps, oui, seraient en coton ou en synthétique, lavés des anciens symboles. Et qui viendrait reprocher à Joséphine d'avoir laissé partir la table de vieux chêne, lieu

1. Bien pratique.
2. Bouchon, de bouchonner, « torchon ».

de toutes les rencontres, présentations et fiançailles, disputes et marchés conclus, marquée des ronds des culs de bolées et de taches de gras de lard, la table où s'étaient endormies, après les repas, sur leurs bras fatigués, des générations de paysans petits et grands quand l'ouvrage de la journée était derrière eux ? La révolte de Joséphine, c'était d'abord de bazarder.

De quel réveil s'animèrent les nouveaux bardes bretons des années soixante-dix, puis de maintenant ? Ce n'était pas la mémoire qui était perdue, c'était la fierté et la joie de l'exprimer qui s'étaient mises en sommeil. Je ne serais plus obligé, comme pendant mes vacances d'adolescent, de chanter « les chansons qu'on chante à Paris » : *Le P'tit Vin blanc* et *Mon amant de Saint-Jean.*

Alan Stivell et Gilles Servat, le premier avec sa harpe celtique, le second, Nantais d'adoption que l'inconnu dévorait lui aussi, répandirent sur toute la jeunesse française, dans les plis du drapeau de la blanche hermine, une langue minoritaire et des musiques priant chacun d'oser décliner son identité culturelle. Et l'on vit peu à peu les petits Bretons de Paris rappliquer au pays, qui avec son violon, qui avec sa bombarde, son biniou koz, son accordéon diatonique, tandis que la guerre scolaire changeait de nature. Entre l'école des curés et la laïque (ex-école du diable), les tolérances commençaient à poindre, l'insupportable étant les bâtons dans les roues mis à l'enseignement du breton, à la formation des maîtres et des universitaires en cette langue dont Per Jakez Hélias a bien dit la richesse propre, la permanence de l'image dans les mots, lui qui a connu la censure, pour son bien, par l'école de la République : « Dans la cour du lycée de La Tour-d'Auvergne, à Quimper, en 1925, il est interdit de cracher par terre et de parler breton. [...] Un gars du Gouvernement a dit, écrit et publié que, pour l'unité de la France, le breton devait disparaître. » Jakez a vu se développer les écoles Diwan, bouées de sauvetage du breton en bout de Bretagne. En privé, il se demandait si ça n'était pas fichu, à terme. Mais tous ces gosses réapprenant le breton à leurs parents et leur montrant que le bilinguisme les amenait plutôt à des progrès en français lui faisaient aussitôt reprendre espoir.

Enfant, je ne savais rien du breton. À Quelneuc, on ne le parlait plus depuis le Xe siècle. Sur toute la partie est de la Bretagne, la langue romane s'était imposée, à partir des cités de Rennes et de Nantes, Vannes ayant résisté avec un parler particulier. Chez nous, on parlait un patois gallo. Certains contestent qu'il s'agisse d'un patois ; les mots qu'emploie un peuple constituent une langue, minoritaire mais vivante puisque pratiquée et évolutive, disent-ils. Certes, mais justement on n'entend plus le gallo ailleurs que chez les conteurs et dans un dernier carré d'intellectuels. Je le regrette d'autant plus ce breton-là, comme l'autre, quand j'entends le poème d'Hélias mis en musique par Servat :

Je n'ai pas d'autre bien à défendre
Que ce lac d'hydromel bouillant
Ce brouet sauvage
Qui me nourrit dehors et dedans
Le breton est ma patrie

Je n'ai d'autre drapeau à suivre
Que ces mots d'un chanvre inusable
Retissé de ma salive
Et qui dérobe aux yeux ma nudité
Le breton est ma patrie
Tout le reste est géographie.

Sa géographie ? Elle la mérite aussi, cette Bretagne multiple, et elle a jusqu'ici toujours voulu en être digne.

Philippe Gallouédec a trente ans de moins que moi. Son arrière-grand-oncle, géographe, était issu d'une famille morlaisienne. Philippe connaît son pays par cœur, un cœur totalement breton, cela va de soi.

Naître et grandir... à Morlaix

La Bretagne apparaît comme un îlot ancien au bord de la France moderne. Cela s'explique tout d'abord par la situation écartée de la péninsule bretonne. La Bretagne tourne en quelque sorte le dos à la France. Les routes par lesquelles le progrès a circulé en France la laissent de côté... La Bretagne est un pays pauvre. On y trouve des prés, des prés d'un vert maladif que paissent ces petites vaches bretonnes, pauvres bêtes rustiques, biques plutôt que vaches d'apparence [...]

Il y a aussi des cultures, des champs de blé noir surtout, cette céréale des pays pauvres. Mais ce qui domine, c'est la lande, la lande étendue à perte de vue, triste et froide sous le ciel gris ou par le vent d'hiver, plus triste peut-être encore sous la grande lumière du soleil d'été [...]

Ce n'est que d'hier, depuis l'invention des chemins de fer, que la Bretagne est devenue facilement accessible. Ces voies ferrées amènent de plus en plus d'étrangers qui viennent surtout pour la saison des bains de mer. Il n'est pas un coin du littoral qui ne reçoive chaque année sa colonie de baigneurs.

Ainsi écrivait mon arrière-grand-oncle Louis Gallouédec, inspecteur général de l'Instruction publique, en 1921, dans sa *Géographie de la France et de ses colonies,* douzième édition, conforme à la paix du 28 juin 1919, publiée chez Hachette. Fils d'émigrants bretons, installé à Paris à la fin du XIXe siècle, il portait quelques lignes plus bas le coup de grâce à cette mère infâme dont il était issu, cette Bretagne qui l'avait affublé d'un patronyme qu'il traînait comme une auge de granit dans les couloirs du ministère ; il ajoutait, allégeance et jacobinisme obligent : « heureusement les voyages d'étrangers et l'émigration ont déterminé la formation de courants qui amènent la Bretagne à se mêler de plus en plus à la vie générale de la France. Comme conséquence, la langue bretonne recule au profit du français. Les vieux costumes sont moins portés. De nouvelles mœurs, de nouvelles habitudes s'établissent. Toutes ne marquent pas un progrès. L'alcoolisme fait en Bretagne de terribles ravages... »

Ce portrait réducteur d'un pays qui venait de laisser cent vingt mille de ses fils sur les champs de bataille de la der des der m'attriste encore aujourd'hui. Sans doute, en lisant ces lignes dans mon enfance, entrais-je en Bretagne définitivement pour venger ma terre de cet ancêtre félon qui devait répondre, lorsqu'on l'interrogeait sur ses origines, qu'il portait un vieux nom corse ! Ce n'est que bien plus tard que je compris que ce pays du bout du monde, ce « Far West » que décrivait Louis Gallouédec, cette Bretagne oubliée par le progrès correspondait pourtant à une triste réalité en ce début de XXe siècle : les exagérations, les dramatisations du texte étaient bien évidemment volontaires ; il fallait marquer les esprits de ces centaines de milliers de petites têtes blondes, inscrire dans leurs cerveaux l'image d'une sorte de colonie lointaine, isolée et sous-développée. L'économie bretonne connut, il est vrai, sa période la plus déprimante entre 1850 et 1950. La politique centralisatrice et surtout continentale de l'État français après le blocus de 1806 ruina le pays breton. Rien n'y fit, même pas les deux grandes lignes de chemin de fer Paris-Brest et Paris-Quimper. La Bretagne devint un important foyer d'émigration. Ce train qui devait apporter le nécessaire désenclavement à une région dont les seules bonnes routes dataient du XVIIIe siècle joua le rôle inverse. En cinquante ans, il vida la Bretagne de plusieurs centaines de milliers d'hommes et de femmes qui s'installèrent en d'importantes colonies autour des ardoisières de Trélazé en Anjou (en général des hommes originaires de Châteaulin, où il y avait également des ardoisières), au Havre, où près d'un quart de la population était formée de Bretons, à Paris, enfin, dans ce quartier de Vaugirard où mon arrière-grand-père paternel installa son commerce de vins et de charbon avant de retrouver, fortune faite, le chemin de la Bretagne. Et je n'oublie pas Versailles et les quartiers de Montparnasse et de Saint-Denis et les armées de saisonniers, les plus nombreux, plus de vingt mille chaque année qui allaient en Beauce, en Normandie, dans la Brie, pour les travaux de la moisson. Et les terrassiers par centaines qui allaient surtout à Paris pendant l'été, et les marchands d'oignons de Roscoff qui partaient vendre leur marchandise en Angleterre. Les quelques milliers de privilégiés qui pouvaient s'engager dans la Royale (la marine nationale) ou « embarquer pour le commerce » (la marine marchande) – ce fut le cas des Ouessantins pendant près d'un siècle – échappaient ainsi à cet exode hémorragique et bénéficiaient en prime d'une solide instruction. Leurs familles se trouvaient alors à l'abri du besoin pendant quelques générations car on était bien évidemment marins de père en fils...

Ainsi, la branche maternelle de ma famille sacrifiat-elle à cette tradition : ma grand-mère Marie-Josèphe Bastard, née à Plougasnou en 1905 au sein d'une famille de paysans-marins, épousa mon grand-père Guillaume Réguer, marin de son état, qui fit carrière sur le paquebot *Normandie.* Leur fils, mon oncle Guy, fut marin à son tour mais choisit la Royale, certainement encouragé par une mère qui ne voulait pas voir son fils terminer sa carrière comme gardien de yacht (elle prononçait yak) dans un port sans marées fréquenté par des millionnaires oisifs. Un climat délétère eut raison du brave Guillaume au bout de deux ans de gardiennage et ce fut une raison suffisante pour que cette veuve de quarante-cinq ans conduisît son fils jusqu'au port de Brest, avec « ses matelots généreusement semés dans la rue de Siam comme des coquelicots dans un chemin de terre », l'image est de Pierre Mac Orlan. Mon oncle fit une belle carrière dans les transmissions et embarqua deux fois sur la *Jeanne d'Arc* avant de mettre sac à terre dans les années soixante. La relève fut assurée vingt plus tard par le petit-fils de Guillaume, mon frère Jean-Pierre, que j'accompagnai lorsqu'il vint se présenter en uniforme de midship devant notre grand-mère. Cette simple visite eut l'effet d'une apparition de sainte Anne et de sa fille réunies sur le visage de cette vieille femme discrète ; elle laissa échapper un « ma doué » de surprise, son visage s'illumina, elle sourit – ce qui était exceptionnel – puis joignit ses deux mains avant d'entamer les deux tours d'inspection du costume taillé sur mesure tout en murmurant et en hochant la tête. Mon frère, un peu gêné par le comportement inhabituel de sa grand-mère, tenta de bouger mais elle le retint et ce geste apparemment anodin trahit le secret d'une véritable admiration qu'elle portait depuis toujours à l'uniforme bleu à boutons dorés. Je compris alors, en contemplant le portrait de mon grand-père posé comme un regret sur le buffet de la cuisine, que cette photographie était une invitation à la reconquête du bonheur oublié de cette veuve de marin, silencieuse et volontaire.

C'est au carrefour de deux époques, de deux Bretagne devrais-je dire, que je naquis à Morlaix en 1961. Cette sous-préfecture paisible, à la frontière du Léon et du Trégor, vivait bourgeoisement à l'ombre d'un viaduc ferroviaire. Un hôpital, une manufacture des tabacs et une entreprise de presse, une chambre de commerce et un théâtre à l'italienne, un musée et une bibliothèque, quelques marchés et un vestige de port que l'on continuait à couvrir car la reine automobile avait un besoin pressant de places de stationnement, Morlaix tournait définitivement le dos à la mer qui l'avait enrichie pendant trois siècles grâce aux exportations maritimes de toiles et de peaux et aux exploits de quelques hardis navigateurs... autrement dit des pirates qui furent en leur temps les terreurs de toutes les flottes d'Occident !

Fini donc le temps de l'aventure maritime, oubliés les Portzmoguer, Coëtanlem et autres Cornic, Morlaix semblait vouée à une croissance paisible grâce à un développement industriel basé sur l'exploitation du marché régional qui devait permettre d'absorber le surplus d'une population agricole trop nombreuse et souvent très pauvre. La manufacture des tabacs employait alors sept cents personnes qui comptaient parmi les privilégiés de la classe ouvrière. Morlaix était bourgeoise et ne le cachait pas : il y avait encore à cette époque des classes sociales bien marquées. Parmi celles-ci, la grande bourgeoisie qui régnait sur la ville et les environs et regroupait les négociants en gros, les quelques hauts fonctionnaires de la cité et les membres des professions libérales. Tout ce beau monde habitait les immeubles cossus des quais ou ceux, plus discrets, de la rue de Paris. Les commerçants, les fonctionnaires, les professeurs et les magistrats subalternes constituaient la bourgeoisie moyenne. On prenait des vacances au bord de la mer, privilège réservé aux Morlaisiens fortunés et la possession, ou simplement la location, d'une résidence secondaire à Carantec, Primel, Locquirec, par exemple, conférait un certain prestige. Morlaix n'avait rien d'un gros bourg agricole et revendiquait, à juste titre d'ailleurs, le nom de ville. L'esprit d'entreprise, que les Morlaisiens avaient hérité de leurs ancêtres armateurs, confortait cette pensée dominante dans la population. Aussi, cette bourgeoisie d'affaires ne voyait-elle pas d'un très bon œil les progrès de l'enseignement et l'activisme accru de certains syndicats agricoles comme la JAC (Jeunesse agricole chrétienne) qui réveillaient les campagnes et d'où pouvait s'élever une élite concurrente. Mais son argent lui paraissait un rempart encore solide contre les menaces de l'avenir.

C'est dans ce milieu bourgeois, catholique mais libéral, que je grandis, au sein d'une famille nombreuse et unie. Mon père était huissier de justice et avait hérité d'une affaire prospère que mon grand-père paternel avait fondée. Ma mère nous aimait et nous élevait dans la grande maison de la rue des Brebis, aidée par deux femmes exceptionnelles de dévouement : notre grand-mère maternelle, qui incarnait à elle seule tout le matriarcat breton et Cécile, notre bonne, qui rythmait la journée de ses cantiques qu'elle égrenait en fumant des Gauloises. La vie n'était pas monotone à l'abri de ces hauts murs : ils abritaient une marmaille bruyante qui déferlait du troisième étage lorsque mon père nous appelait à rejoindre la salle à manger. Cette pièce, qu'une porte-fenêtre ouvrait sur un jardin en terrasse, fut le grand laboratoire de ma jeunesse morlaisienne.

Mes parents recevaient. Il s'agissait d'abord du clergé auquel ma mère vouait un culte raisonnable. Dans l'ordre de préférences, il y avait les salésiens implantés à Coat an Doch (« le bois du sanglier ») dans les Côtes-d'Armor et dont la colonie de vacances se trouvait à Primel-Trégastel, station balnéaire où nous louions une villa ; le curé de la paroisse de Saint-Matthieu dont le couvert était dressé chaque jeudi ; et le chanoine Le Meur qui lisait *Le Monde* dans le salon. Ensuite venaient la politique et la magistrature : le député de Morlaix, le président du tribunal et le procureur de la République. Enfin, le docteur Paugam et sa femme – nos voisins – et le secrétaire général de la sous-préfecture, René Guyomard, un personnage extraordinaire, voyageur et poète, hôte curieux de tout et qui aimait voir ce qui se passait derrière les apparences. Nous l'aimions parce qu'il sollicitait notre avis et nous engageait dans la conversation alors que la parole était bannie de la table familiale ; grâce à lui, nous existions une fois tous les deux mois pendant cinq minutes. Merci René !... Régulièrement, mon père accueillait un autre personnage dont le rire tonitruant et contagieux avait pour effet de nous propulser dans la cuisine, en punition, ou plus rarement dans la serre au fond du jardin lorsque le fou rire gagnait l'assemblée tout entière. Ce trublion, comme le surnommait le général de Gaulle, était un homme bruyant et sympathique. Il s'appelait Alexis Gourvennec : une boule de nerfs, des cheveux en brosse, un regard perçant et une fougue qui nous entraînaient loin, très loin, au large, vers un avenir doré auquel nous voulions croire. L'agriculture bretonne moderne était en marche grâce à la volonté de ce leader syndical jaciste, issu d'un milieu plus que modeste et dont l'ardeur au combat allait bouleverser et mobiliser ceux qui avaient refusé de partir pour la ville. Il incarnait alors à lui tout seul l'espoir d'un monde agricole en ébullition : le sol de la Terre des Prêtres ne nourrissait plus son homme car les cours de l'artichaut et du chou-fleur s'étaient effondré après une période de surproduction. La saison suivante, en 1959, malgré un effort de responsabilisation chez les producteurs, une nouvelle crise secouait la campagne finistérienne. Cette fois, c'était la suppression de l'indexation des prix. Le bras de fer avec l'État était engagé. Alexis Gourvennec, le tribun, le véritable moteur de cette révolution paysanne naissante, prenait pour cible Morlaix, avec une armée de cinq mille paysans déterminés qui bloquèrent les rues et la voie ferrée Paris-Brest. Cette sous-préfecture avait des allures de Bastille. Son locataire, un certain Serron, dont l'héroïsme trop discret lui valut le sobriquet de Serron les Fesses, dut quitter précipitamment son logement de la rue Ange-de-Guernisac avant l'ultime assaut des troupes d'Alexis. Ce dernier, satisfait par cette prise de premier choix, posa devant les photographes, la mine réjouie, avec, sur la tête, la casquette du fuyard. C'en était trop ! Le gouvernement fit arrêter les meneurs qui furent incarcérés ; l'émeute devint alors quasi insurrectionnelle, les manifestations se multiplièrent dans toute la Bretagne, les édifices publics furent sabotés, les lignes téléphoniques coupées, les trains bloqués et nous, enfants sages d'une villa sage, découvrîmes que ce diable d'homme était notre héros.

Trente-cinq ans plus tard, empruntant cette même voie sacrée de la paysannerie qui mène du quai de Léon à l'ancienne sous-préfecture de la rue Ange-de-Guernisac, nous dressions rapidement, avec notre équipe de reportage, le bilan de cette « révolution agricole » des années soixante. La chute de l'exode rural : trente pour cent de départs de jeunes de vingt ans entre 1954 et

1962, huit pour cent seulement entre 1975 et 1982, l'investissement productif d'agriculteurs ayant bénéficié alors d'une répartition plus équitable des budgets de l'État. Un marché commun d'origine, offrant des prix garantis, qui entraîna le développement du mode intensif de production et la naissance d'une puissante industrie agroalimentaire, notamment dans le secteur du lait et de la viande. Comment ne pas remarquer aujourd'hui, érigées par dizaines au milieu des champs, ces nouvelles cathédrales de l'agro-business que sont les silos géants des grandes coopératives ? Il n'y a pas que des médailles d'or au palmarès de ce miracle agricole breton. Alexis Gourvennec en est bien conscient : pesticides, engrais chimiques de toutes sortes et lisiers détruisent nos rivières, et la prise de conscience des jeunes agriculteurs est dramatiquement lente. Le combat pour la reconquête de la qualité de l'eau sera long et extrêmement coûteux. Nous le verrons plus loin.

C'était en 1972. À l'invitation d'Alexis, nous nous rendions chaque dimanche en famille, comme beaucoup de Morlaisiens d'ailleurs, sur un chantier en bord de mer à Roscoff. Drôle de promenade dominicale que cette pointe de Bloscon affublée d'une presqu'île artificielle, sorte d'appendice géant pénétrant dans la mer : on nous racontait que c'était un « port en eau profonde » et nous souriions dans nos cabans devant ce tas de cailloux prétentieux sans quai ni bateau. Nous, les Morlaisiens, qui avions armé des centaines de navires pour le cabotage et la course, qui connaissions tous les mouillages de la côte nord, imaginions le premier rafiot qui viendrait s'échouer devant ce « machin » que quelques paysans léonards de la SICA (Société d'intérêts collectifs agricoles) en mal de vue sur mer avaient construit pendant leurs congés, très certainement influencés par l'ambitieux et visionnaire Alexis. Nous revînmes un dimanche d'hiver voir si la lande n'avait pas repris possession de ce terrain vague et, à notre grande surprise, nous trouvâmes un port avec un bateau et des camions chargés de pommes de terre et de choux qui embarquaient pour l'Angleterre. « Une bonne connaissance de l'histoire, de l'anticipation et beaucoup d'audace... Aviez-vous oublié les Johnies ? » nous demanda mon père. Nous qui pensions que le seul port du Finistère à pouvoir accueillir ce type de navire était Brest restâmes sans réponse. Nous n'avions pas, à ma connaissance, d'ancêtre connu parmi les marchands d'oignons de Roscoff et je le regrettais sincèrement car cela m'aurait sans doute permis de comprendre, dès notre première visite, que ces paysans roscovites étaient aussi d'excellents marins. Depuis plus de cinq cents ans, ils entretenaient en effet des rapports plus que mouvementés avec l'Angleterre mais, entre deux batailles navales, ces contrebandiers de talent commerçaient avec la Hollande, l'Espagne et le Portugal. Roscoff fut ainsi une cité florissante jusqu'à la fin du XVIIIe siècle. Cinquante ans plus tard, en 1828, un jeune Roscovite de vingt ans s'embarqua avec quelques chapelets d'oignons roses à destination de l'Angleterre. Il s'appelait Henri Olivier et fut le premier « Johny » d'une longue série de marchands qui remontaient parfois jusqu'en Écosse vendre leur production. Ce phénomène dura jusque dans les années soixante-dix avant que la compagnie Bretagne-Angleterre-Irlande ne naisse... dans un chou... entre deux promenades dominicales.

Il fallait oser. Aujourd'hui, la BAI, qui doit faire face à la guerre tarifaire sur le Transmanche, fait appel aux collectivités pour la soutenir. Tunnel sous la Manche, livre dévaluée et pavillon français furent les principales causes d'une « voie d'eau » financière pour la compagnie maritime qui emploie le quart des navigants français et assure avec ses huit navires le transport de trois millions de passagers par an et de plus de deux cent mille camions. Parmi les fleurons de l'armement finistérien, des unités superbes comme le *Val de Loire* ou le *Normandie* défendent avec panache le pavillon français sur le Transmanche mais pèsent lourd dans la gestion actuelle.

Cela fait plus de vingt ans que j'embarque, au départ de Roscoff ou de Saint-Malo, sur les bateaux blancs de l'armement breton. Ils sont un peu comme les compagnons de ma jeunesse finistérienne, fidèles à leurs attaches et fiers de leur histoire.

Créée pour exporter les légumes de la Ceinture Dorée, la turbulente compagnie roscovite se mit rapidement à vendre des produits touristiques. Dès 1978, des séjours chez l'habitant, dans des hôtels ou des relais-châteaux furent proposés à la clientèle anglaise : les Britanniques se précipitèrent au service de réservation. La Brittany Ferries venait de remporter sa deuxième bataille, celle du tourisme, dont elle allait faire désormais ses choux gras : plus d'un million de nuitées vendues directement par la compagnie en 1995. Aujourd'hui, cet armement dépense en promotion trois fois plus que le Club Med et autant que Michelin ! Là encore, il fallait oser. Car le contexte de l'époque était particulièrement défavorable.

Le printemps 1978 fut un calvaire pour la Bretagne. Le 16 mars, le pétrolier géant *Amoco Cadiz,* gouvernail bloqué, s'échouait devant Portsall. Sur deux cents kilomètres, plus de deux cent mille hectares de surface marine furent pollués par deux cent vingt mille tonnes de pétrole brut. J'étais alors pensionnaire chez les salésiens de Coat an Doch, à l'intérieur des terres, entre Guingamp et Saint-Brieuc. Nous fûmes surpris, au début de l'après-midi, par la forte odeur de fuel qui incommoda bientôt certains de mes camarades. Nous nous trouvions pourtant à plus de cent kilomètres du lieu de la catastrophe ! La Bretagne et la France tout entière se mobilisèrent, mais la saison touristique était compromise. Qui prit alors une initiative pour tenter de sauver l'essentiel ? Quelques Léonards, ceux-là mêmes qui subissaient de plein fouet la marée noire. J'avais dix-sept ans et la rage au ventre. Avec mon frère Michel, nous parcourions de long en large la plage de Trestraou à Perros-Guirec en retenant nos larmes. Les deux grands sacs-poubelle que nous traînions étaient remplis d'oiseaux morts. Un veau marin, totalement désorienté, semblait jouer à éviter les épaisses nappes noirâtres qui étouffaient le bruit des vagues. Nageant à quelques mètres du bord, il finit par s'échouer, épuisé, et nous pûmes constater alors que l'extrémité de ses nageoires était rongée par le pétrole... Triste printemps de mon adolescence sur cette côte de granit jadis rose dont les villages avaient été rebaptisés par quelques Trégorrois dépités Ploumazout et Trégasoil !

Cet accident pétrolier majeur s'inscrivait dans une série (noire !) qui toucha la Bretagne de 1967 avec le *Torrey Canyon* à 1980 avec le *Tanio.* Entre ces deux dates, le Finistère reçut en 1976 l'*Olympic Bravery* à Ouessant, l'*Amoco* à Portsall et le *Gino* en 1979, de nouveau à Ouessant. Depuis, ce sont les dégazages, les fûts toxiques et les détonateurs qui, tous les hivers bon an mal an, viennent souiller nos côtes en quantités plus ou moins importantes. Trop rarement hélas, les fortunes de mer nous apportent quelques containers de cigarettes ou de whisky et le chargement de chaussures qui échoua à Ouessant en 1990 fut un véritable cadeau empoisonné pour la population qui dut s'évertuer à reconstituer chaque paire en fonction bien évidemment de la pointure et du coloris... Mon pauvre Jules Michelet, vos pilleurs d'épaves ont bien changé !

Alain Croix, professeur d'histoire à l'université de Rennes-II, nous racontait comment, trois siècles et demi avant la naissance de la Brittany Ferries, s'organisait le commerce entre le port de Morlaix et l'Angleterre. Le port finistérien, installé au fond d'une profonde ria, permettait les échanges directs entre l'intérieur des terres et la mer. Morlaix importait essentiellement des draps anglais, légers, aux couleurs vives et bon marché qui se vendaient dans toute l'Europe. Le climat du pays de Morlaix, doux et humide, était favorable à la culture du lin et du chanvre et à leur préparation. Les marchands morlaisiens, qui prospectaient les marchés extérieurs, comprirent très vite que l'Europe tout entière, dont le niveau de vie progressait, achetait de plus en plus de toile pour la confection de draps, de chemises, de serviettes ou de voiles de bateaux. Un nouveau marché apparut à la même époque, au-delà des mers : à la suite de grandes découvertes maritimes, ce furent des centaines de colons portugais et espagnols qui réclamèrent des toiles de lin blanches et légères sous ces climats tropicaux. La fortune des marchands morlaisiens était faite et l'enrichissement de tout le Léon par conséquent.

Les toiles bretonnes étaient déchargées surtout dans les ports anglais du Sud-Ouest, dont le principal était Exeter, qui entretenait des relations très étroites avec Morlaix. Les riches marchands de ces deux villes échangeaient mutuellement leurs fils qui venaient apprendre dans le pays voisin « l'art de la marchandise » et la langue. À Morlaix, c'était le français et le breton. On aurait compté ainsi, dans la seconde moitié du XVIIe siècle, jusqu'à six cents commissionnaires anglais à Morlaix !

Aujourd'hui, les échanges culturels entre nos deux villes sont beaucoup plus limités et les quelques dizaines de descendants des grands marchands d'Exeter ne prennent plus le temps de séjourner dans nos familles pour apprendre le breton ou le français. Après avoir débarqué au port de Bloscon, ils préfèrent se précipiter dans les hypermarchés de Morlaix pour faire ample provision de vins et de bières avant de repartir pour Roscoff prendre le bateau du retour, dans la même journée. Ils n'auront pas vu les beaux hôtels particuliers des quais de Léon ou de Tréguier où leurs aïeux séjournèrent studieusement trois siècles et demi plus tôt ! Mais qu'importe. Nous enseignâmes le breton aux Anglais il y a trois siècles, ce fut et cela demeure encore aujourd'hui une performance ! Mes parents et mes grands-parents parlaient et écrivaient le breton. Lorsque nous accompagnions notre mère au marché du samedi, place des Halles, le breton était la langue en usage chez la grande majorité des marchands forains. Mon père, qui fut président de la foire-exposition de Morlaix, présentait les bêtes en français et en breton. Nous baignâmes ainsi dans le breton pendant toute notre jeunesse, mais jamais nous n'apprîmes à le lire et à l'écrire, sans doute parce que son enseignement n'était pas encore reconnu et surtout parce que l'on avait inculqué à nos parents, quarante ans auparavant, cette notion d'interdit qui assimilait l'usage de la langue bretonne à l'échec scolaire et à l'échec tout court, d'ailleurs... Le breton, idiome mineur ; le français, langue du pouvoir. Pour s'élever dans la société, il était indispensable de parler français. Mes parents nous élevèrent donc en français. Mais le dimanche, à la grand-messe, nous chantions en breton. Oh ! ce n'était pas par esprit de contradiction car, en 1970, à Morlaix, le français était depuis longtemps en usage dans le rituel liturgique, mais parce que celui qui dirigeait la paroisse de Saint-Matthieu était le plus fameux animateur du chant choral breton. Lorsqu'il arriva au presbytère de la paroisse en 1959, l'abbé Roger Abjean apporta dans ses valises dix années de travail intense au sein des Kanerien Bro Leon de Landivisiau, une magnifique chorale dont le répertoire était issu, à l'origine, d'un recueil de cantiques de l'île de Sein. Ce fut d'ailleurs le premier poste du jeune vicaire en 1949. Un choc ! Ce petit morceau de terre du bout du monde alors peuplé de plus de mille âmes possédait un extraordinaire chœur d'hommes. Dans son souci de promouvoir le chant, Roger Abjean rassembla les chorales de Morlaix, de Landerneau et de Landivisiau. En 1968, il créa l'Ensemble choral du Léon, après avoir publié en 1964 le premier disque de chant liturgique en langue bretonne. Ce chef de chœur infatigable, aujourd'hui curé de Carantec, poursuit son ministère dans la passion du chant, de la Bretagne et de ses hommes. Nous le retrouvâmes, le temps d'un court enregistrement, à l'intérieur de la minuscule chapelle de l'île Callot, au nord de Carantec, dans la baie de Morlaix. Il nous offrit, avec son merveilleux Quatuor vocal du Léon, une de ces chansons à danser de la région de Morlaix, *Merhed a Lokénolé* (« Les filles de Locquénolé »). La magie de l'interprétation remarquable de cette formation qui accompagnait Éliane Pronost, dont la voix extraordinaire paraissait elle-même être un héritage quelque peu fabuleux, nous laissa une impression inoubliable. Nous marchions quelques instants plus tard, le cœur gai, sur la lande rase qui protège cette petite nef de granit posée au sommet de l'île, et je fouillais dans mes souvenirs, lorsque j'étais enfant de chœur à Saint-Matthieu. Non, leurs voix n'avaient pas changé et, en vérité, elles n'avaient pas d'âge. Ce chant collectif, à l'écoute d'une culture populaire et d'une foi profonde, semblait échapper à l'épreuve du temps. « Le trésor musical des Celtes est assez riche pour nous donner le témoignage du génie des peuples pour l'invention mélodique [...] et ces chants qui viennent du fond des âges réjouissent encore le cœur des hommes d'aujourd'hui », déclarait Roger Abjean à un journaliste il y a quelques années. La Bretagne n'a pas encore rendu à cet homme extraordinaire l'hommage qu'elle lui doit.

L'abbé Abjean partageait régulièrement nos repas. Autour de la grande table familiale, tout n'était que mastication silencieuse et bruit de couverts entrechoqués ; seuls quelques pouffements venaient de temps en temps troubler cette quiétude substantielle. Il fallait attendre le dessert pour accéder à un espace d'expression libre et quand ce dessert était servi, exceptionnellement, dans le service en porcelaine de Chine ayant appartenu à Édouard Corbière, ce quart d'heure de conversation polie se prolongeait souvent en une sorte de forum où s'agitaient les idées les plus audacieuses. Cette frénésie éphémère gagnait l'assemblée tout entière, certains allant même jusqu'à mettre en doute, en présence d'un Aotrou Person (Monsieur le curé, en breton) surpris et embarrassé, la foi catholique qui animait leur quotidien depuis plus d'un demi-siècle. Ma mère levait les yeux au ciel, implorant sans doute les saints pour qu'ils intercèdent en faveur de sa famille momentanément égarée. Monsieur le curé calmait alors les esprits, après avoir impeccablement nettoyé son assiette des dernières miettes du délicieux moka acheté chez Fagon, le maître pâtissier morlaisien de l'époque :

Ar veleienn ne garont ket
Beza distroet euz ho fred
Gortozit Ôta gad pasiantet,
Pe an absolvenn n'ho po ket.
« Les prêtres n'aiment pas
Qu'on les dérange à l'heure des repas
Avec patience attendez donc,
Ou vous n'aurez l'absolution. »

Moka, faïence de Chine auraient dû nous fournir de précieux indices : en plongeant un peu plus le regard au fond de nos assiettes peut-être aurions-nous découvert une des plus belles pages de l'histoire littéraire et maritime du XIXe siècle breton. Rapportée de Chine via Le Havre jusqu'au quai de Tréguier à Morlaix par un certain Édouard Corbière, marin, journaliste, armateur et père du poète Tristan Corbière, cette vaisselle peinte en camaïeu vert fut achetée par mon grand-père paternel chez un antiquaire morlaisien dans les années trente. Elle racontait deux destinées singulières, aux antipodes l'une de l'autre. Celle du père, Édouard Corbière, à qui tout réussit. Son roman *Le Négrier,* premier roman maritime français, fut un best-seller du vivant de son auteur. Succès, fortune, santé sourirent à ce Brestois qui créa à quarante-six ans la Compagnie des paquebots à vapeur du Finistère, compagnie qu'il dirigea jusqu'à sa mort en 1875. Un succès populaire et commercial pour les steamers au pavillon rouge et blanc qui assuraient la liaison régulière Le Havre-Morlaix en une journée. Déchargeant draps et faïencerie, thé et cacao sur les quais du port finistérien, ils embarquaient au retour de nombreux Léonards qui constituaient l'essentiel de la main-d'œuvre immigrée du Havre à la fin du siècle dernier et dont les descendants forment encore une communauté importante.

Tristan, le fils, naquit au manoir de Coatcongar-en-Ploujean près de Morlaix. Cet enfant disgracieux et malade abandonna ses études à dix-sept ans et s'installa, sur les conseils de son oncle, le docteur Chenantais, à Roscoff, dans la maison de vacances de ses parents. Il prenait ses repas à la pension Le Gad où il rencontra Herminie, la maîtresse du comte de Battine. Tristan, perclus de rhumatismes et tuberculeux, suivit à Paris celle qu'il surnomma Marcelle et dont il était éperdument amoureux. Pour elle, il écrivit la *Pastorale de Conlie* et *La Rhapsodie foraine* en 1871. Deux ans plus tard parurent *Les Amours jaunes,* dédiées à son père qui en finança l'édition. Dernier sursaut de vie pour ce jeune homme à bout de souffle, ignoré par le succès et qui revint mourir à Morlaix dans sa trentième année. « On m'a manqué ma vie », dit-il. Encore méconnu aujourd'hui du grand public, il laisse dans une langue sobre et claire des poèmes magnifiques comme ce « Petit Mort pour rire » extrait des *Amours Jaunes* :

Va vite, léger peigneur de comètes !
Les herbes au vent seront tes cheveux ;
De ton œil béant jailliront les feux
Follets, prisonniers dans les pauvres têtes...

Ne fais pas le lourd : cercueils de poètes
Pour les croque-morts sont de simples jeux,
Boîtes à violon qui sonnent le creux...
Ils te croiront mort – Les bourgeois sont bêtes –
Va vite léger peigneur de comètes !

Tristan mourut, poète maudit, le 1er mars 1875 !

Édouard, son père, le suivit dans la tombe quelques mois plus tard à l'âge de quatre-vingt-deux ans...

Terrassée par le train, la compagnie maritime d'Édouard Corbière disparut à l'aube de la Première Guerre mondiale. La mémoire collective morlaisienne a laissé un peu à l'écart ces deux illustres enfants ; un lycée pour le fils, une rue pour le père, est-ce suffisant pour honorer ces deux héros ? Alors, messieurs les élus, pourquoi ne pas y ajouter un quai au nom du père et une maison de la poésie au nom du fils ? Cette poésie que sert si merveilleusement notre ami poète morlaisien, René Guyomard. Dans sa petite maison de la venelle aux Prêtres, accrochée à l'ombre du viaduc, il nourrit avec la passion d'un éternel jeune homme voyageur une œuvre magistrale d'une bienfaisante mélancolie :

Les amis en allés ne reviennent jamais,
Aux lointains de notre jeunesse
Frissonne encore parfois à l'heure où le jour baisse
Le vent des dunes que j'aimais.

(Extrait de *Aux amis perdus*)

Après le temps des steamers et des locomotives à vapeur vint le temps des aéroplanes. Ceux de mon adolescence naquirent dans un bureau de la chambre de commerce et d'industrie de Morlaix en 1973. Ils étaient le fruit de l'imagination d'un certain Xavier Leclerq qui, à l'instar de son ami Gourvennec, misa sur le développement de la zone légumière du pays de Morlaix. Il proposa donc un service d'avions-taxis pour répondre aux besoins de déplacement rapide des nouveaux « Paysans Directeurs Généraux » de la Ceinture Dorée. Succès immédiat pour la petite société finistérienne qui transporte aujourd'hui cinq cent mille passagers par an à bord d'une vingtaine d'appareils.

Vue du ciel, cette Bretagne en pleine révolution agricole montrait, dès le début des années soixante-dix, son nouveau visage où apparaissaient les premiers stigmates du progrès : d'immenses tas de souches et d'innombrables cicatrices qui marquaient les limites d'un bocage disparu. Dans le seul département du Finistère, huit mille kilomètres de talus furent rasés entre 1954 et 1974 ! En l'espace de quelques années, grâce à l'intensification du système de production, la ferme bretonne devint la première de France avec seulement sept pour cent de la surface nationale cultivée. Audace, innovation et courage furent les moteurs de ce développement exponentiel.

Morlaix, à l'étroit dans sa cuvette et n'arrivant pas à mettre en place une indispensable intercommunalité, rata quelque peu le virage du développement des années 1960-1970. Ce furent à nouveau les agriculteurs qui réclamèrent un réseau routier de qualité pour l'exportation de leurs produits. Il fallut attendre le discours du général de Gaulle à Quimper en 1969 pour que naisse officiellement le Plan routier breton. Il était temps ! En 1968, la Bretagne comptait cinq kilomètres de quatre-voies !

À l'annonce de la mise en chantier de ces trois axes rapides que sont Rennes-Brest, Rennes-Quimper et Rennes-Châteaulin (la construction de cette route paraît interminable et son tracé en de nombreux endroits très contestable ; la Bretagne centrale semble, une fois de plus, être la grande oubliée du désenclavement routier breton...), un député léonard particulièrement enthousiaste déclara devant une assemblée de responsables agricoles que « la Bretagne qui n'avait jusqu'à présent que de mauvaises routes aura bientôt, grâce au Général, des bi-routes ! »... Une autre fois, ce même brave député, qui attirait désormais de plus en plus de journalistes à chacun de ses meetings, exhortant des légumiers de la Ceinture Dorée au courage et à la patience, lâcha cette phrase qui le rendit définitivement célèbre : « Paysan, souviens-toi, lorsque tu es sur ton tracteur, que tu as l'avenir de la France entre tes jambes ! » Chaque sortie dominicale était l'occasion, il est vrai, de découvrir, comme l'avait annoncé ce député gaffeur, un nouveau tronçon de départementale ou de nationale fraîchement goudronné. Les différents chantiers des futures quatre-voies étaient d'ailleurs un but de promenade et nous croisions régulièrement des familles entières de paysans qui inauguraient, quelques semaines avant le ministre, leur nouvelle voie expresse. L'aménagement du territoire était en marche. Après la mécanisation et l'organisation de la profession, ce fut le développement des techniques qui conforta l'agriculture bretonne dans son rôle d'aménageur du territoire. Il ne faut pas oublier que les Bretons, avant d'être des marins, sont d'abord des paysans et que la Bretagne c'est encore aujourd'hui un réseau de petites villes liées à l'environnement rural, essentiellement. Si mon enfance a été marquée par les profondes transformations du paysage qui entraînèrent la disparition d'un bon nombre de repères « affectifs » ou « identifiants », je n'oublie pas que cette jeunesse des années 1960-1970 dans le Finistère fut aussi et surtout une chance d'apprendre à aimer et à respecter celles et ceux qui bâtirent cette nouvelle Bretagne, forte et généreuse, qui sut ramener ses fils au pays. Qui aurait parié sur le redressement économique de la Bretagne en 1950 ? Personne ou presque. C'est la capacité d'innovation et l'entêtement de quelques Bretons qui relevèrent le pays. Certains se seraient satisfaits d'une Bretagne folklorique et sclérosée, à visiter surtout l'été. Mais sous les coiffes et les chapeaux ronds, il y a aussi des têtes qui pensent...

Aller-retour ou aller simple

Depuis mon premier voyage, entrer en Bretagne par le chemin de fer est toujours, à la saison des genêts et des ajoncs en fleur, l'impression de foncer entre les talus dans des éclats de soleil. Ah ! ce jaune d'or, la seule couleur à percer la bruine ! C'est elle qui, à l'époque où l'on pouvait ouvrir les fenêtres des trains, me faisait mettre le nez dehors le plus longtemps possible... et tant pis pour les escarbilles.

Sans doute, les peintres étrangers du XIXe siècle qui vinrent rejoindre par le train la colonie d'artistes de Concarneau et de Pont-Aven, à la suite de l'Américain Robert Wylie, eurent-ils cette première fascination jusqu'aux gares de Quimperlé, où le Paris-Quimper s'arrêtait depuis 1863, et de Concarneau, inaugurée vingt ans plus tard et où descendit Paul Gauguin en 1886. Les peintres qui ne logeaient pas au Grand Hôtel ou à l'hôtel des Voyageurs de Concarneau se faisaient conduire à Pont-Aven à l'hôtel Julia ou à l'auberge Gloanec. De Quimperlé à Pont-Aven, ils prenaient la patache, la brinquebalante diligence à quatre chevaux qui faisait un arrêt à Riec-sur-Belon pour y déposer quelques rapins.

La Bretagne vivait une nouvelle révolution de l'ère industrielle avec le rail en pleine explosion en Europe et aux États-Unis depuis la moitié du XIXe siècle : Paris-Rennes en 1857, Paris-Brest en 1863. Les premiers touristes découvraient la mer, les ports de pêche, l'hydrothérapie naissante, les costumes et les coiffes parés du mot « folklore » et la pauvreté rurale comme un exotisme.

Le peintre Eugène Boudin avait déjà abordé la Bretagne en 1855 par la mer. Il en coûtait dix francs pour un passage sur le bateau à vapeur *Le Morlaisien* qui reliait Le Havre, sa ville d'origine, au port de Morlaix. Vingt heures de voyage. Il n'est pas impossible qu'il ait enragé en voyant construire, de 1861 à 1863, le viaduc de deux cent quatre-vingt-douze mètres de long sur cinquante-huit mètres de haut, quatorze arches, deux étages, qui fermait le bassin de cette belle rivière de Morlaix et que, du coup, il préféra aller peindre l'embouchure de l'Elorn, à Kerbor et Landerneau, la rade de Brest à Plougastel, la rivière marécageuse d'Hôpital-Camfrout.

Dans le même temps, Tristan Corbière, qui avec ses *Amours jaunes* laisserait une géniale grimace à la société de l'époque tellement Napoléon Troisième, prenait tout de même le train direction Paris pour dire aux Montmartrois ce qu'était « l'âme en pièces d'un franc breton ».

Ce viaduc de Morlaix, les Morlaisiens l'avaient voulu, ils l'eurent. L'Empereur accorda à la ville le passage du Paris-Brest ; la Compagnie des chemins de fer de l'Ouest, qui préférait des vallées davantage franchissables, s'inclina. Le spectacle de ce gigantesque monument des chemins de fer, hors de proportion avec la ville qu'il coupe en son plus petit travers, est celui d'une inconvenante, monstrueuse aberration d'urbanisme et, pourtant, d'une beauté saisissante. On n'imagine plus Morlaix sans son viaduc.

TGViste par nécessité, je passe parfois sur ce viaduc. Morlaix alors ne m'apparaît que comme dans un éclair. En fait, je ne vois plus rien depuis ce train. Je m'installe en première, billet payé par l'entreprise ou avec la « réduc » de la carte Vermeil, je déploie ma tablette, je travaille mes notes sur la prochaine émission de télé, je bouquine, je ne vois pas le temps passer – c'est pratique –, ni le paysage – c'est dommage ! Comme tout usager de la SNCF, consommateur auprès de son sous-traitant, Servair, je trouve mon croque-monsieur, ma bière et mon café hors de prix aux voitures quatre ou quatorze. Qu'est-ce donc qui me retient de voyager avec mes provisions comme jadis : grand mouchoir de grand-père étalé sur mes genoux, pain gris, œufs durs, lards gras et maigre également partagés, flacon de cidre avec sa capsule blanche et son caoutchouc rouge, et le beurre salé bien tassé dans un petit verre à moutarde ? Mais enfin, je m'étouffe avec mon sandwich dit campagnard au thon, je fais Paris-Rennes en deux heures cinq et bientôt en une heure trente ou quarante, me promet-on, quand la ligne sera vraiment équipée TGV après Le Mans. Paris-Nantes en deux heures, Paris-Brest en quatre heures, la Bretagne, c'est la porte à côté pour l'Europe, le Nord de la France, son Sud-Est, son Sud-Ouest. Bretagne ouverte comme toujours mais plus facilement. Attention danger ! Cela devrait être écrit à la place de *« E pericoloso sporgersi »* : « Ne poussez pas ! N'allez pas trop vite ! Vous entrez en Bretagne, aussi belle que fragile. N'y allez pas trop fort ! »... ou quelque chose de plus court.

L'avion pour Quimper, Brest, Rennes, Nantes, et même Lannion ou Saint-Brieuc, ne vous fait pas cet effet-là. Dans les airs, la peine des hommes est aussi minuscule que la peine des arbres. Mais en chemin de fer, si je lève mon nez de mes fiches, j'entends des rythmes qui me racontent les souffrances des tombés au champ d'honneur[1] du terrassement, des poses de rails sur les traverses, des tombés du haut des ponts en construction. Un train, ça fait « Potom Potom, Potom Potom, Potom Potom » avec les intervalles de dilatation. C'est le chant des anonymes. Mais sur un pont faussement attribué à M. Eiffel, vous entendez le son plus clair, plus continu qui célèbre les ingénieurs. Des géants, certes. Ils en avaient suspendu bien d'autres, des ponts, et ils ne s'arrêteraient pas là pour faire passer les trains puis les voitures d'une rive à l'autre de la

1. Il y eut pire : les souffrances des ouvriers du canal de Nantes à Brest. Mais défense de s'apitoyer... C'étaient des bagnards, en majorité !

Loire : le pont de Cheviré à Nantes, le pont Albert Louffe à Plougastel, dû à l'ingénieur Freycinet : trois arches en béton armé pour un double tablier de huit cent quatre-vingts mètres, inauguré en 1930, alors véritable prouesse technique, dépassée en 1996 à cause du trafic automobile, réservé maintenant aux piétons et aux cyclistes et remplacé, pour les voitures, par un extraordinaire pont suspendu à quatre voies.

Le rail a fourni bien des emplois dès le XIXe siècle, et suscité bien des vocations. Avant Fulgence Bienvenüe, originaire d'Uzel près de Loudéac, créateur du métro de Paris inauguré en 1900, celui qui allait devenir le peintre Yan d'Argent, auteur d'allégories religieuses modernes sur toiles et vitraux de plusieurs églises du Finistère, dont la cathédrale de Quimper, participa dès 1840 à la construction de la ligne Paris-Brest. Dans les premières années du XXe siècle, de nombreux Bretons pourvus de leur certificat d'études s'embauchent dans les chemins de fer à Montparnasse ou à Saint-Denis ou encore, et même davantage, aux usines à gaz.

Quand mon père prit le train pour Paris, lui qui n'avait pas son certificat, cela faisait déjà un demi-siècle que des centaines de milliers de Bretons l'avaient précédé à la gare de l'Arrivée à Montparnasse ou à la gare d'Orsay pour ceux du Sud-Bretagne. Le quatre cent millième avait mis le pied sur le quai en 1897, le six cent millième avait sauté du train en marche en 1902 pour rejoindre un corps de l'État. S'ajoutant à leurs anciens, venus à pied comme à cheval, ils allaient faire de Paris la première ville bretonne, et bon nombre des deux millions d'émigrés des cinq départements bretons en banlieue contribueraient à tisser la « ceinture rouge » de la capitale [1] aux côtés du Paimpolais Marcel Cachin. Le sénateur communiste, directeur alors de *L'Humanité,* présidait de temps à autre le pardon de la Courneuve créé en 1930. Cela n'avait rien de religieux. Pardon veut dire simplement fête, soutient-on à ceux qui s'étonnent.

Les évêques bretons réagirent en 1947 : ne fallait-il pas réévangéliser les Bretons de Paris au lendemain de la guerre ? Ils favorisèrent la renaissance du pardon de la Saint-Yves, menant en cortège une jolie duchesse Anne à cheval jusqu'à Notre-Dame ou Saint-Germain-l'Auxerrois. Et la fête se poursuivait aux arènes de Lutèce où, sous les bannières des défilés en costumes, on ressortait les binious presque oubliés en Bretagne au profit de l'accordéon, on ressuscitait les danses et les jeux sportifs. Là, on ne craignait pas de montrer son folklore puisqu'il répondait à la définition de Per Jakez Hélias :

« Folklore : Expression d'une conscience collective traditionnelle propre à une population donnée.

« Fêtes folkloriques : au début de ce siècle, manifestations spontanées. Aujourd'hui, elles ne servent plus qu'à représenter certaines valeurs que nous sommes en train de perdre et dont nous savons désormais qu'elles sont essentielles.

---

1. Avant guerre, la liste électorale de Saint-Denis comptait 60 % de noms d'origine bretonne.

« Mouvement folklorique : les historiens devront rendre justice à la contestation permanente... » (qu'il a représentée).

Pourquoi la Saint-Yves des arènes de Lutèce tomba-t-elle en désuétude ?

Le train ! me répond-on. Le train rapide qui fait que les Bretons rentrent faire la fête chez eux ! Ce n'est pas une explication suffisante. C'est aussi que la musique traditionnelle que Stivell arrangeait pourtant sur des rythmes nouveaux a recommencé à rendre un peu honteuse la jeunesse de la fin des années soixante-dix. C'est encore qu'à la sortie d'une messe à Paris un grand chahut avec drapeaux bretons brisés sur la tête de quelques badauds moqueurs fit peur aux autorités qui, elles-mêmes, firent peur aux organisateurs de la fête. Ils la suspendirent. Et puis, c'était aussi l'époque où le gouvernement voyait des autonomistes partout et jusque sous la coiffe de fête d'une Versaillaise née de parents quimpérois émigrés.

Revenons à nos exilés et accessoirement à nos évêques. Ceux-ci, au lendemain de la guerre, ont beaucoup de raisons de soutenir la création d'une Mission bretonne en Île-de-France, dans le quartier de la gare Montparnasse, même s'ils savent qu'elle ne sera qu'un modeste havre pour les déplacés, les brebis égarées et les âmes que Montparnasse a mises en perdition.

Le premier directeur de la Mission fut l'abbé Élie Gautier. La couverture de l'ouvrage qu'il va publier au début des années cinquante dit tout sur ses préoccupations :

« La dure existence des paysans et paysannes.

« Pourquoi les Bretons s'en vont...

« Chômage, misère, dégoût, manque de débouchés, aspiration vers une vie meilleure. »

Pour l'époque, cela passait pour un pamphlet. Son étude, fort bien documentée, prend les Côtes-du-Nord comme exemple. Ce département a perdu cent quinze mille habitants de 1866 à 1946 ! Une séquence d'un film d'actualités de 1936 est particulièrement éloquente. En cette première année des congés payés qui va connaître une première ruée vers l'Ouest et ses plages, une longue file d'attente de marins-pêcheurs des Côtes-du-Nord n'ayant pas trouvé d'embarquement chez eux stationne devant la soupe populaire du IIIe arrondissement de Paris. La caméra insiste sur les visages amaigris, les casquettes enfoncées jusqu'aux oreilles, les cols de veste relevés et sur tous les signes du désœuvrement. Même si l'abbé Gautier note une certaine amélioration des emplois en Île-de-France pour les Bretons immigrés au moment où il achève son travail de recensement – moins de « soutiers », moins de domestiques, davantage de placements dans les services publics –, il conclut qu'on n'enrayera pas fondamentalement l'émigration bretonne sans un développement du pays. Élémentaire, monsieur l'abbé ! Mais il faudra vingt ans encore pour que ce plaidoyer soit vraiment compris. La ligne TGV ouverte en 1989 ne saurait faire oublier la « bataille du Rail » de 1962. Des dates défilent dans nos mémoires :

1951, création du Celib (Comité d'études et de liaison des intérêts bretons de Joseph Martray, Jo Halleguen, André Morice et, plus tard, René Pleven) ; 1953-1956, Plan breton de Michel Philiponneau que Paris laisse... en plan ; 1961, présentation d'une loi-programme pour rattraper le retard de la Bretagne. Mille cinq cents élus et responsables économiques et culturels réunis à Pontivy pour un « ultimatum du développement », ça se remarque tout de même et ça ne peut pas être qualifié de mouvement subversif. Michel Debré, Premier ministre obsédé par le tabou de l'autonomisme, avait accepté de venir rencontrer, chez eux à Rennes, ces « Extrême-Ouestiens » (les mots Bretagne et Bretons lui écorchaient la bouche). Il leur refusa leur loi-programme, mais leur fit toute une série de promesses de désenclavement et de soutien aux zones rurales défavorisées. Certaines de ces promesses furent tenues, comme l'autoroute Paris-Le Mans en 1965. Mais là où cela dérailla, ce fut sur les tarifs SNCF. Le handicap breton du coût du transport par chemin de fer était patent depuis le XIXe siècle. On promit au Celib une baisse tarifaire conséquente. Or, l'année suivante, une réforme de la SNCF, non seulement annulait la baisse mais proposait une hausse de quinze pour cent aux secteurs les moins rentables, dont la Bretagne. Pour faire reculer la SNCF, les Bretons barrèrent les voies et stoppèrent les trains, les maires menacèrent de faire grève et les dirigeants des chambres de commerce annoncèrent leur démission... La hausse fut annulée.

Le 23 octobre 1966, c'est le père Quemeneur qui succède à l'abbé Gautier, jugé un peu roide, à la Mission de Paris... Lui qui s'attendait à partir évangéliser en Amérique latine... C'est une drôle de colonie qui lui est offerte !

Vingt-huit ans plus tard, la petite salle du 22 rue Delambre, dénommée Ti Ar Vretoned (« Maison des Bretons »), à la fois chapelle, bureau d'aide sociale, cabaret et bistrot, était archicomble pour les soixante-dix ans du père Quemeneur. Là, il avait dit ses messes, aidé celles et ceux qui sortaient de la gare à poser leur valise dans une chambre en ville ou dans un foyer. Les bénévoles de son équipe avaient appris des rudiments de français à ceux qui ne parlaient que breton, donné des cours à d'autres pour une entrée dans l'administration. Lui avait surtout entendu les confidences des paumés, des errants de la ville, trente-six misères, trente-six péchés, autant d'absolutions. « Il n'y a pas meilleur confessionnal que ce petit comptoir », me dit-il en me tirant une bière pression.

Cabaret, la Mission ? Disons plutôt salle pour festou diez, festou noz, et passage obligé pour les musiciens et chanteurs bretons dont certains iraient plus tard à la conquête de l'Olympia, de Bobino, de la consécration officielle à laquelle leur vie de galère contestataire ne préparait pas. Ainsi avait-on fait la fête à Glenmor, trois ans avant sa disparition. Le barde anticlérical, « homme de foi et par là d'irréligion » avait ses aises et beaucoup d'amis dans ce local missionnaire. Le père Quemeneur lui est reconnaissant d'avoir fait partie de ses commandos anti-proxénètes.

Dans le cimetière Montparnasse, sa promenade favorite, le père Quemeneur raconte : « On les envoyait à quatre ou cinq, Glenmor et d'autres, faire l'arrivée des trains, repérer les types qui abordaient les jeunes filles désorientées au seuil de Paris, attendant parfois soit un parent, soit un employeur. Le maquereau, reconnaissable à son allure de gommeux bien mis, avait une technique très au point. Il commençait par demander à la fille qui elle attendait. Si ça n'était personne, il se proposait comme guide, il offrait une chambre, un repas ou simplement de porter la valise. Si elle donnait un nom, l'homme disait : “C'est bien ça. Cette personne n'a pas pu venir, elle m'a envoyé vous chercher...” Si elle suivait le gars, la naïve avait toute chance de se retrouver sur les trottoirs d'une prostitution alimentée par les Bretonnes pour près de la moitié ! »

Les « chargés de mission » du père Quemeneur empêchaient au moins le premier pas qui coûte si cher. Ils s'approchaient du bonimenteur avec leurs façons bourrues tranquilles, cela suffisait généralement pour qu'il déguerpisse. Sinon, il y avait d'autres moyens... sur lesquels mon bon père n'insista pas. Quant à la fille, elle était aiguillée dans la bonne direction : vers son emploi si elle en avait un, le plus souvent de domestique, le clergé le recommandait et dissuadait les filles d'aller en usine... ou bien l'esseulée était dirigée vers le réseau associatif catholique ou laïc mis en place par les Bretons de Paris à partir de la fin du XIXe siècle.

« Vous souvenez-vous, père Quemeneur, de la chanson de Servat, *Exode* ? – Oui, très bien... »

Elle s'installe au hasard
Dès qu'elle trouve une place
Les gens crient au revoir
Et s'embrassent

Le compartiment gris
Et toutes ces présences
Sur elle se rétrécit
En silence

Elle n'a plus de chagrin
Elle se sent un peu morte
Elle attend que le train
L'emporte

Par la fenêtre elle voit
Les feuilles tourbillonnantes
Voler devant les toits
de Nantes

Des feuilles qui sentaient bon
Au temps de sa jeunesse
Autour de la maison
Qu'elle laisse

« C'est vrai, reconnut le Père Quemeneur, on se procurait la domestique bretonne comme on irait plus tard chercher sa bonne portugaise. Le réseau fonctionnait bien entre les bourgeois d'origine bretonne, leurs paroisses parisiennes et les paroisses des départements bretons. Ça rendait de grands services à tout le monde, enfin... oui, si l'on veut. »

Ça ne nous servait pas à grand-chose, le père et moi, de nous étendre sur les abus de certains de ces employeurs. Bretonne ou pas, la payse engrossée devait aller se faire voir ailleurs en ces temps-là où, de toute façon, Bécassine était montrée plus finaude que bêtasse, pas à plaindre par conséquent.

Et Bécassin, lui, comment faisait-il ? Papa ne cirait plus les parquets de l'hôtel du Louvre mais les pompes des golfeurs de Mortefontaine, dont celles d'un autre Alphonse, Alphonse XIII, roi d'Espagne en exil. Et quand on tournait un film dans le décor de ce qui est l'un des plus anciens et des plus huppés golfs de France, il faisait de la figuration : chauffeur en livrée dans *L'Homme à l'Hispano*.

À l'autre bout de l'échelle sociale... Étienne Manach, dans ces mêmes années 1925-1930, pouvait témoigner de la difficulté d'être Breton et étudiant à Paris. Ce garçon de Plouigneau, futur ambassadeur de France à Pékin, avait quitté son collège du Finistère pour le lycée Louis-le-Grand, puis la fac de lettres. Il nous avait fait, à l'âge de la retraite, cette confidence : « Mon accent breton, que j'ai gardé, détonnait devant les petits Parisiens. J'étais une personne qui venait d'une région sous-développée avérée. Je paraissais en retard même au point de vue intellectuel. Et il a fallu, par orgueil, que je résiste à cette emprise des Parisiens, à leurs rires, à leurs sarcasmes, y compris ceux des professeurs, sauf des plus intelligents d'entre eux car il y avait des exceptions heureusement. J'ai eu beaucoup de peine pour me mettre à niveau dans cette vie nouvelle. Ce qui m'a sauvé, c'est le foot. J'étais bon footballeur. C'est de faire partie de l'équipe qui m'a sauvé. Et puis, la compétition aidant, je suis devenu le premier en français. Mon honneur a été sauvé et alors j'ai eu des camarades. Mais au début, c'est traumatisant d'arriver à Paris pour un provincial breton. »

Quant à Glenmor, Milig Ar Scanv, j'y reviens. Né dans l'entre-deux-guerres à Maël-Carhaix, il ne s'enfantera lui-même barde, jusqu'à l'Olympia 79 de *Lutèce la Salope,* qu'à partir d'une solitude, même si celle-ci fut partagée par les hauts-buveurs de whisky-crêpes de chez Ti Jos. Une solitude celte par essence, de celles qui font extraire des tourbières profondes les diamants de la poésie authentique. Le français n'étant pas sa langue maternelle, lui aussi jura un jour qu'il écrirait cette langue au moins aussi bien que « les Français ». Il ne devint la locomotive de la libre expression nationale bretonne qu'en « sabordant ses galères ». Il dut tant ramer pour trouver le vent du large, il dut tant s'atteindre lui-même pour chercher la vraie vie qu'il en perdit presque tout son souffle bien avant l'heure. Concrètement, lorsque nos caméras lui rendirent visite et hommage à Glomel au manoir de Saint-Péran, l'un de ses anciens bons refuges, Milig survivait seize heures sur vingt-quatre avec l'assistance respiratoire de ses bouteilles d'oxygène. Mais il avait toujours cette surprenante beauté physique qui, chez lui, traduisait bien la beauté d'âme. Habité par le rêve de la Bretagne... « Si, un matin, le soleil se levait sur la Bretagne et qu'il n'y ait plus personne pour la chanter d'une manière ou d'une autre, et pour l'écrire, la Bretagne cesserait d'exister. Car c'est un pays rêvé. C'est pour cela que l'on peut toujours le rebâtir, le reconstruire. »

Sous son bonnet de laine de couleur tricotée genre écossais, semblable mais en plus large à ceux que portait Mac Orlan, son visage est particulièrement serein malgré l'oppression dans sa poitrine. Lucide est son jugement sur lui-même et les événements qui lui firent prendre si fermement parti pour son pays, sa patrie : « J'ai été un homme d'une certaine époque, qui aurait pu avoir moins d'impatience et de colère rentrée et mal sortie, pour mieux défendre ses idées. »

Je l'interroge : autonomiste ? nationaliste ? séparatiste ? Sous lequel de ces mots ranger sa conviction ?

« Le nationalisme est à un peuple ce que le "personnalisme" est à l'individu. Ce n'est pas un choix ! J'appartiens naturellement à la famille bretonne, donc je suis du peuple breton, de la nation bretonne. Et si le nationalisme d'État est effectivement dangereux – je suis heureux que les Bretons aient voté pour l'Europe de Maastricht donc contre Le Pen et peut-être précisément parce qu'il est Breton –, le nationalisme comme revendication de la reconnaissance culturelle de ce qu'on est, est-ce dangereux ? Non, n'est-ce pas ? Est-ce que nous avons une chance d'obtenir notre dû, cette réparation historique de notre langue, de notre culture, de notre façon de vivre, de notre mystique ? Il y a une façon bretonne de percevoir et d'appréhender le réel, le monde d'aujourd'hui. C'est notre richesse à nous de pouvoir l'apporter aux autres. Voulant tuer cela, faisant cela partout, l'État français se prive de cette richesse. L'État français s'appauvrit culturellement. Voilà pourquoi je ne condamnerai jamais aucune des activités bretonnes. » Il voulait dire « aucun combat ». Et « à son chant, ne cherchez point querelle ».

Face à la caméra, il pensait évidemment à ces activistes du FLB [1] emprisonnés pour plasticages divers qui ne firent aucune victime mais de gros dégâts et pour lesquels, en 1979, il avait fait une grève de la faim. Désabusé, il avoue : « J'ai fait ça pour rien. Je voulais que ces militants soient jugés par la Cour de sûreté de l'État avant que celle-ci ne se mette en vacances – pourquoi les laisser mijoter en cellules ? J'ai appris plus tard que c'étaient leurs avocats qui avaient demandé le report du procès... » Les FLB furent amnistiés en 1981 et la Cour de sûreté de l'État supprimée. Devant cette Cour, le père Quemeneur avait été appelé comme témoin de moralité. Il n'avait pas mâché ses mots au risque de passer pour un dangereux gauchiste alors que sa parole venait de l'Évangile :

« Ôtez donc la poutre de votre œil avant de prétendre enlever la paille dans l'œil de mes frères. Mes frères qui sont là en accusés – une quinzaine – n'ont fait que casser des cailloux [2]. Malheureusement, les cailloux de l'État français, c'est sacré plus que père et mère ! Mais

1. Front de libération de la Bretagne.

2. Cailloux : façades de gendarmeries, de perceptions, d'emblèmes du centralisme jacobin.

en bon cartésien, je crois pouvoir vous dire que, par ventes d'armes interposées, vous assassinez à travers le monde...

« "Ça suffit !" m'intima le Président, mais j'ai continué quand même... Je souhaite que votre justice ne soit pas trop la caricature de celle du Christ. Amen. »

À part cela, le père Quemeneur pensait comme la grande majorité de ses congénères : les explosifs n'étaient pas le meilleur moyen de faire avancer les choses. Mais il est resté perplexe. À la même époque, les émeutes paysannes de Morlaix, Quimper ou Brest précédèrent ou préparèrent le « miracle agroalimentaire » breton et l'irrésistible ascension d'Alexis Gourvennec.

Par Nantes... bretonne malgré tout

Entrer en Bretagne par Nantes n'est plus administrativement correct depuis la création des régions qui fit de la septième ville de France la capitale des Pays de la Loire. Ce qui ne saurait renforcer les liens culturels, puisqu'ils n'existent pas, entre un Sarthois du Mans et un Vendéen de la Roche-sur-Yon. Les impératifs d'un soi-disant équilibre économique ont eu raison de la logique géo-historique...

Toujours est-il que la Bretagne, elle, fut amputée d'un de ses cinq départements : l'ex-Loire-Inférieure, aujourd'hui Loire-Atlantique.

Naoned, le nom revendiqué pour Nantes par les militants bretons, n'a guère plus de réalité. On y a très peu parlé leur langue, sauf dans les petites communautés bretonnantes venues chercher du travail dans la grande ville où ils étaient considérés comme des étrangers.

Pourtant Nantes fut indiscutablement la capitale de la Bretagne d'un point de vue historique, dès le IXe siècle. Le magnifique château des Ducs est là pour en témoigner. François II, le père d'Anne de Bretagne, y entretenait, à la fin du XVe siècle, une cour prestigieuse au-dessus d'un fleuve qui s'affichait déjà comme une des portes de l'Europe. C'est par Nantes que passèrent tous ceux qui voulurent s'approprier le si enviable duché. Mais c'est à Rennes, en pleine guerre avec la France, que fut couronnée, fillette, Anne de Bretagne. Si les Nantais avaient pleuré beaucoup et spontanément en procession, en 1440, pour le repos de l'âme de Gilles de Rais qui avait avoué avant sa pendaison des dizaines de meurtres d'enfants, leurs larmes furent plus discrètes, en tout cas plus officielles, à la mort de la reine de France et duchesse de Bretagne en son château royal de Blois en 1514. Certes, les rues de Nantes seront tendues de linges de deuil quand son cœur, contenu dans un reliquaire d'or [1], sera déposé dans le magnifique tombeau de son père [2] qu'elle avait commandé quelques années plus tôt au sculpteur Michel Colombe. Certes les cloches sonneront le glas, comme à Saint-Denis quand son corps fut inhumé à la basilique. Certes prélats et nobles bretons feront escorte au reliquaire gravé de ce quatrain :

En ce petit vaisseau de fin or, pur et munde
Repose un plus grand cœur que oncqué dame eut au [munde
Anne fut le nom d'elle, en France deux fois reine
duchesse des Bretons royale et souveraine.

1. Visible au musée Dobrée.
2. Visible à la cathédrale.

Mais allait s'installer dans l'esprit des Bretons l'idée qu'Anne avait, par ses mariages successifs avec Charles VIII et Louis XII, vendu la Bretagne à la France. Rien de plus injuste pourtant. S'il est vrai que sa fille Claude, fiancée à sept ans au futur François Ier, mariée à ce roi quatre mois après le décès d'Anne, dut léguer à son fils le Dauphin le duché dont elle avait hérité, ce n'est qu'à la demande des états de Bretagne convoqués à Vannes en 1532 que la Bretagne fut officiellement réunie à la France. On imagine quelles pressions s'exercèrent sur les dignitaires bretons : promesses, récompenses ou menaces... toujours est-il que c'est par eux que commença le processus d'intégration. L'Édit d'Union fut publié à Nantes. Il fut assorti du maintien des institutions bretonnes dont le roi de France ferait... ce qu'il voudrait.

L'image d'Anne de Bretagne, enfant de Nantes, reste brouillée. Le personnage de légende, la Duchesse en sabots a pris le pas sur le personnage historique. On la confond avec sainte Anne, révérée en Bretagne. Elle a ses rues, ses maisons où elle se serait arrêtée pendant ses voyages. D'innombrables crêperies, restaurants, boutiques de souvenirs l'utilisent pour leurs enseignes. Quelques églises rappellent ses libéralités à l'égard de paroisses comme Saint-Jean-du-Doigt. L'homme de la rue sait très peu de chose d'elle. Mais depuis le renouveau breton des années soixante-dix, les historiens même les plus tièdes reconnaissent qu'elle fut une femme exceptionnelle et qu'elle mérite d'être le symbole de la résistance au pouvoir central avec lequel elle fut mariée deux fois.

Couronnée duchesse en 1489, quelques jours après son douzième anniversaire, on l'imagine forcément obéissant à ses conseillers, alors que dans son jeune âge s'affirme sa très forte personnalité, comme l'atteste Michael Jones, professeur d'histoire de l'université de Nottingham, spécialiste des XVe et XVIe siècles. Son pouvoir de décision, évidemment limité par ses gardiens tutélaires et par la guerre avec les Français, s'exerce contre l'avis de son conseil, par exemple en 1490 quand, pendant deux mois, elle fait la tournée de son duché à cheval ou en litière, personnifiant ainsi la nation bretonne à travers un pays secoué par les combats, les pillages et la trahison d'une partie de l'entourage ducal.

La nation bretonne ? Oui, estime Michael Jones, la dynastie des Monfort, installée à Nantes, a su la réunir et la fortifier par de véritables structures d'État financières, judiciaires, politiques, pendant plus d'un siècle. Le pays a peu souffert à cette époque des grands désastres, famines, épidémies, qui n'ont pas épargné d'autres régions. On envie ses richesses, son sel, ses toiles et son autosuffisance agricole. Trente-trois villes et sites féodaux ont leur ceinture de remparts [1] derrière lesquels s'épanouissent les activités culturelles, les négociants, les juristes et les scribes.

L'alliance tumultueuse avec les Anglais est un jeu

1. Dinan a gardé les siens, presque intacts.

essentiel dans la stratégie des ducs. « Les Bretons n'aiment pas beaucoup les Anglais, mais dans leur politique d'indépendance, ils ont besoin d'alliés. »

Cette situation plutôt favorable de la Bretagne ne manqua pas d'attirer les prétendants à la cour de Nantes. Ils ne furent pas moins de douze à bourdonner autour d'Anne que leur promit plus ou moins François II. Plus tard, orpheline de son père et devenue duchesse, Anne en choisit un treizième : Maximilien d'Autriche. Mariage par procuration facile à annuler. Elle avait besoin de renforts contre Charles VIII. Aux Anglais décidément peu fiables, aux Espagnols peu nombreux, s'ajoutèrent les Allemands très « festifs » dans les murs de Rennes.

Le roi de France avait quelques raisons de s'émouvoir des sentiments européens de la jeune bretonne exprimés de cette façon. Ayant pris Rennes après Nantes, il prit la fille qui était dedans. Il n'en fut pas complètement vainqueur ; Anne porta haut l'hermine avec le lys. Devenue veuve, elle retourna dans son duché, rétablit sa chancellerie, présida les états de Bretagne, fit battre monnaie d'or à son effigie. La cour ducale, au château de Nantes, retrouva un peu de son lustre d'antan... jusqu'à ce que, dans la chapelle de ce même château, Anne, en épousant Louis XII, confirmât son titre de reine de France sans abandonner celui de duchesse des Bretons ni les prérogatives et garanties successorales... mais on a dit ce qu'il en advint puisqu'elle ne put garder aucun de ses héritiers mâles de la dizaine d'enfants qu'elle eut.

Elle mourut à Blois à trente-sept ans, laissant aussi le souvenir d'une femme de grande culture, « modèle de mentalité d'ouverture au monde » et d'un féminisme rare à son époque.

Nantes serait-elle oublieuse ? Nantes tellement désirée, jamais vraiment conquise fut longtemps mal à l'aise avec son histoire. D'abord, elle laissa filer le Parlement, institution majeure de la Bretagne, au profit de Rennes dans d'étranges circonstances. Certes, ce Parlement devenu provincial dépendait de la Justice royale. À sa création en 1554, il fut décidé que la majorité de ses membres seraient des « non originaires », des non-Bretons. Nantes et Rennes réclamèrent d'en être le siège exclusif. Henri II trancha en faveur de Nantes, avec l'appui des états bretons. Cependant, les magistrats appelés à siéger s'y trouvèrent fort mal logés. Rennes offrait mieux avec, en plus, une enveloppe au Trésor royal. Nantes s'aligna dans ces enchères, puis céda. Plus tard, Charles IX remboursa les Nantais. Le destin d'une ville tient parfois à des choses très ordinaires.

Mercœur, gouverneur de Bretagne et chef des ligueurs, eut beau vouloir constituer en 1589 un Parlement de Bretagne dissident à Nantes et reconstituer l'ancien duché, la conversion d'Henri IV l'arrêta. Et quand ce dernier vint établir en 1598 l'édit de Nantes instituant pour la première fois en Europe la liberté de culte, les Nantais ne l'apprirent qu'un an plus tard ! Les connaissant, on avait préféré le leur cacher. Et au moment de célébrer le quadricentenaire de la Tolérance, on peut rappeler avec l'historien Alain Croix qu'à la fin du XVIe siècle il y eut peu de villes aussi intolérantes : protestants traqués, juifs persécutés, de même que la colonie portugaise réfugiée en Bretagne.

Intolérante, la Révolution le fut aussi. Outre les noyades organisées par Carrier, on lui reproche d'avoir chassé de Nantes l'université de Bretagne créée par le duc François II en 1460 avec cinq facultés : art, droit civil, droit canon, théologie, médecine. Pour soutenir cette initiative, le pape Pie II eut des mots... universels, rapportés par Armel de Wismes : le rôle de l'université est « d'aider perpétuellement toute activité louable pour que les hommes soient amenés à acquérir le sommet de la condition humaine et qu'ayant acquis la science ils puissent en faire bénéficier les autres. » Il a pourtant fallu attendre 1962 pour voir renaître une université qui pourrait un jour rivaliser avec celle de Rennes et qui se distingue notamment en médecine et chirurgie.

Nantes mal à l'aise avec son histoire, c'est encore vrai de son passé maritime. Et d'abord de son passé négrier... on préférait écrire « commerce antillais ».

La plupart des Nantais de vieille souche jurent que leur lignée n'a jamais eu à voir avec la traite des Noirs. Ceux qui seraient concernés ont un arbre généalogique dont les racines nantaises ne paraissent commencer qu'il y a cent cinquante ans. On évalue pourtant à deux cents familles celles qui faisaient de Nantes le premier port de l'Atlantique sans scandaliser personne au XVIIIe siècle. Il était alors juste, honorable et profitable de faire fabriquer dans la région nantaise la pacotille, les armes, les tissus imprimés, l'alcool sous forme de tafia qui seraient troqués en Guinée et au Congo contre de futurs esclaves transportés par les mêmes bateaux à la Martinique ou à Saint-Domingue pour peupler nos Antilles avec un coefficient de pertes effrayant mais jugé acceptable. Les colons avaient besoin de cette main-d'œuvre et l'Europe ne pouvait plus se passer de sucre (raffiné à Nantes), de café, de coton, de cacao, etc. : le troisième côté du commerce triangulaire. Certes, Saint-Malo, La Rochelle et d'autres ports européens se livraient au même trafic, et les capitaines de quelques-uns des centaines de bateaux qui faisaient voile en tous sens de l'histoire donnèrent à leur nom la majuscule de l'Aventure. Mais Nantes fut la première, au top niveau, avec quelque quatre cent cinquante mille Africains entassés dans les soutes de ses quarante trois-mâts jusqu'à l'abolition de l'esclavage de 1793 qu'on doit ne considérer que comme une trêve.

Honteuse peut-être de cette ancienne richesse en partie due aux « Bois d'Ébène » et à leur martyre, Nantes, où l'on n'avait pu organiser le tricentenaire du Code noir de Louis XIV – les oreilles coupées à la première tentative d'évasion de l'esclave, le jarret à la seconde, la mort à la troisième –, a attendu le bicentenaire de la Révolution pour dérouler enfin les « anneaux de la mémoire », une mise au clair historique, suscitant un vrai débat sur cette époque. Du coup, on sait à quoi, dans l'« Île » Feydau passablement délabrée, se rapportent les mascarons sculptés aux frontons de certains édifices, non loin du « Bar des Esclaves ». Les têtes de Neptune sculptées y ont des airs de rois nègres.

Dans la cour mal pavée d'une de ces bâtisses du XVIIIe, qui commence à chavirer faute de restauration sérieuse, Armel de Wismes, un des meilleurs historiens nantais, attire mon attention sur les ferronneries raffinées des escaliers de pierre et des balcons où s'appuyaient les membres des familles des vingt-quatre grands négociants auxquels l'île Feydau fut, pour ainsi dire, donnée : on les dispensa d'impôts afin qu'ils construisent sur cette ancienne prairie inondable un rectangle parfait de beaux immeubles.

Voilà encore un divorce, Nantes et son eau, qui fait soupirer en vain la génération de l'entre-deux-guerres, quand la fièvre du comblement des rivières saisit les édiles de la Venise de l'Ouest entre 1926 et 1938. Ainsi disparurent, en partie pour cause de lutte contre les inondations, les deux bras de la Loire qui enserraient l'île Feydau, celui qui coulait au pied du château a été remplacé par un boulevard et l'Erdre, une des plus belles rivières de France, ne rejoint plus le fleuve que par un tunnel. Son ancien lit nantais a été sacrifié à la circulation des automobiles et des tramways sur le cours des Cinquante-Otages, belle réussite urbaine toutefois mais d'où l'on voit trop la hideuse tour de Bretagne. Je suis pour qu'on la débaptise puisqu'on ne peut la détruire. C'est le genre de phallus présomptueux attribués à certaines impuissances publiques comme il s'en dresse un au cœur de Lyon. Ce fut une épouvantable mode, comme celle des austères cathédrales de béton vouées à une communication qui en dit long sur les aspirations en la matière du XXe siècle finissant. Quand on entre dans le palais des congrès de Nantes, on sait tout de suite que c'est dans un luxueux gouffre !

Que n'a-t-on laissé à cette ville son pont transbordeur, sa tour Eiffel à elle en quelque sorte. Deux pylônes de soixante-seize mètres de haut soutenaient un tablier de cent quarante et un mètres de long auquel était suspendu le grand chariot électrique pour faire traverser d'une rive à l'autre les ouvriers du port et des chantiers. Un téméraire pilote d'avion contribua à sa célébrité nationale en passant dessous en 1925. Né au début du siècle, il fut démonté en 1958. Il laisse un vide énorme dans le paysage, même pour ceux qui ne l'ont connu qu'en photographie. J'imagine la levée en masse des Nantais si on osait reparler de mettre à bas la grande grue des anciens chantiers Dubigeon, témoin de la fierté des charpentiers-fer, de ces deux mille cinq cents ouvriers reconnus comme l'élite, l'aristocratie même de la construction navale.

On m'a souvent dit que la majorité des Nantais, la bourgeoisie, les employés des biscuiteries, les maraîchers prenait ceux des chantiers comme un monde à part et redoutait ses jours de violence (1955, 1968, 1988-1989). « Faux, me répond un syndicaliste, la foule immense qui venait assister au lancement d'un bateau, c'était une reconnaissance très forte de notre travail. On leur montrait alors comment on aimait notre usine et ce qu'on savait y faire. Oui, nous étions une famille. D'ailleurs, notre centre de formation, nous le surnommions La Crèche. »

Lorsque fut lancé en 1982 le *Scandinavia,* paquebot pour mille six cents passagers et quatre cents membres d'équipage construit en vingt-huit mois avec subvention d'État, la foule des quais savait déjà que pour éponger son déficit Dubigeon s'allierait avec Alsthom-Atlantique et partirait à Saint-Nazaire... Et la sirène du *Bougainville,* le dernier bateau qui quitta son ber de l'île Sainte-Anne pour plonger dans la Loire, ne sonna pas seulement en 1987 la fin d'un chantier qui avait fait naître en 1896 le trois-mâts à voiles carrées et coque d'acier *Belem.* La ville qui s'était laissé chahuter, bouleverser de fond en comble pour sauver son port et ses chantiers en abandonnait finalement l'essentiel au courant du fleuve et avec lui sa culture industrielle et maritime. Les anciens ont encore des éclats de colère dans la voix quand ils parlent de la destruction quasi immédiate des ateliers du chantier dès le lancement du dernier bateau. Ce fut une humiliation collective... « Ils n'avaient pas le droit de faire ça aussi vite ! C'était nous cracher à la gueule, c'était nous nier ! »

À Saint-Nazaire [1], les gens du marais de la Brière, formidables fils de ceux qui construisirent l'*Île de France,* le *Normandie,* le *France,* ces Briérons pêcheurs d'anguille et fins chasseurs de gibier d'eau (une religion !) furent titrés un jour par leur P-DG « grands couturiers de paquebots ». On leur a demandé de battre des

1. Visitez absolument le musée des Paquebots.

records pour que les chantiers de l'Atlantique restent compétitifs. Ils l'ont fait. *Sovereign of the seas, Nordic Empress* et le *Vision of the seas* sont les plus grands et les plus fameux des bateaux de croisière naviguant des Caraïbes à l'Alaska dans les années quatre-vingt-dix. Ils se sont aussi contentés de navires plus modestes comme le *Paul Gauguin,* cent cinquante-six mètres, millésime 1997, et qui est tout de même le premier paquebot depuis le *France* à avoir été commandé aux Chantiers de l'Atlantique par un armateur français du Havre. Entre-temps, ils ont sorti de Penhoët des méthaniers et des pétroliers géants. Ceux qui n'ont pas subi les restructurations – on est passé de sept mille cinq cents à quatre mille quatre cents salariés en vingt ans – rêvent qu'on ne pourra pas se passer de leur savoir-faire. Ils n'en sont pas sûrs. Car il est loin le temps où cent mille personnes bouleversées assistaient au lancement du *France.* C'était en 1960.

Le port de Nantes n'est plus guère à Nantes. Il est tout près, pour le bois d'importation, à Cheviré, sous l'un des plus beaux ponts d'Europe, avec celui de Saint-Nazaire qui est l'un des plus longs. Entre ces deux ponts, le terminal méthanier est à Montoir, Donges reçoit le pétrole de ses raffineries, Cordemais le charbon pour sa centrale thermique. Quantité d'autres trafics divers et moindres se font le long des soixante kilomètres de la rive droite de l'estuaire jusqu'à Saint-Nazaire, mais laissent encore des espaces naturels surveillés de près par les écologistes.

Cela s'appelle Port-Atlantique et constitue le quatrième ensemble portuaire français, handicapé de temps à autre par un célèbre bouchon vaseux qui se déplace au gré des marées et des crues de la Loire.

Les années quatre-vingt-dix ont vu Nantes et sa population se cramponner à son image maritime, donc d'ouverture sur le monde. « Vous êtes la porte du monde, OSEZ ! » s'écrie un responsable culturel cauchemardant sur un éventuel émule de Jules Verne fou amoureux de sa ville mais dénonçant, avant d'en partir pour Paris à dix-neuf ans, « son sot Préfet, son clergé nul, ses cerveaux creux, ses trafiquants de sucre... et l'absence de fontaines ! » Jules Verne se trompait sur l'état d'esprit des Nantais. Tandis qu'il publiait *Vingt Mille Lieues sous les mers* (1877), des millions de boîtes de conserve sortaient des cent cinquante conserveries bretonnes ou vendéennes parce qu'un confiseur du nom de Colin eut l'idée d'appliquer, c'était un risque majeur, la méthode Appert pour la conservation des aliments inventée au début du siècle. Une chaîne pragmatique se mettait en route autour de la sardine à l'huile et du petit pois nantais. Fabriquer le fer-blanc, les boîtes, inventer leur ouverture facile, imprimer sur métal, etc. Premiers clients, les gens de mer, las des viandes fumées et du scorbut. Il s'embarque toujours à bord de tous les bateaux du monde la boîte de pâté Hénaff fabriquée à Pouldrezic.

« Voyez-vous... me dit-on, on ne peut tout de même pas élever une statue à la sardine à l'huile au motif qu'elle a bouleversé l'alimentation mondiale grâce à un

Colin. Vous voyez la difficulté... Ni aux biscuits Petit Lu et à l'invention de la publicité artistique par ses concepteurs ! [...] Nantes n'a jamais eu de grands leaders restant y vivre. Cambronne pourtant n'a pas fait que dire "merde", Aristide Briand, prix Nobel de la Paix, eut une carrière trop nationale après avoir bercé le Parti socialiste aux premières années du siècle. » Ce serait à Nantes qu'on entendit pour la première fois en France chanter *L'Internationale* et qu'on eut l'idée du Front populaire. Le premier tramway fut mis sur ses rails à Nantes en 1875, mais qui se souvient de l'ingénieur Mekarsk qui le mit au point ? En 1958, adieu les tramways surnommés Périls jaunes. On les a rétablis à partir de 1985. Bien sûr, ils ont changé de couleur. Qui se souvient de Jacques Vaché dont la courte vie fut parallèle à celle de Tristan Corbière et qui fut sans doute le premier des surréalistes alors que c'est le nom d'André Breton qui s'impose pour ses phrases éternellement célèbres ? Ce recteur intransigeant du surréalisme eut le mérite d'écrire dans *Nadja :* « Nantes : peut-être avec Paris la seule ville de France où j'ai l'impression que peut m'arriver quelque chose qui en vaut la peine, où certains regards brûlent pour eux-mêmes de trop de feux, où pour moi la cadence de la vie n'est pas la même qu'ailleurs, où un esprit d'aventure au-delà de toutes les aventures habite encore certains êtres. » André Breton militaire fut interne en médecine une année à Nantes que, d'autre part, il eut l'occasion de « traverser en automobile ». Je me demande s'il se fût entendu avec Jacques Demy dont la trace du faisceau de la caméra reste incrustée passage Pommeraye pour une séquence de *Lola*, vingt-deux ans avant *Une chambre en ville.* Là, le cinéaste faisait chanter par ses acteurs l'amour impossible entre un ouvrier des chantiers navals et une jeune fille de la bourgeoisie, deux mondes qui, montrait-il, s'ignoraient. Plus le temps passe, plus le regretté Jacques Demy, originaire de Pont-Château, est reconnu comme un héros nantais.

Mais ce qui compte le plus dans l'histoire de Nantes, ce sont ses mécènes : Jean Joseph Louis Graslin, économiste de la fin de la royauté, dont la mémoire se célèbre dans le théâtre néo-classique de la place du même nom. Thomas Dobrée, fils d'industriel et d'armateur, collectionneur de première classe, qui a laissé à la ville un musée appelé Palais dont Nantes a célébré le centenaire en 1997. Et mécènes encore, ceux qui firent du musée des Beaux-Arts un des plus riches de province, les Cacault, Fournier, Clarke, Saint-Bedan, Fardel, anonymes illustres qui accumulèrent ou léguèrent des Delacroix, Ingres, Courbet, Monet, Rubens, Doré, Dufy, Denis... De La Tour, bien sûr, qui à la lueur de sa bougie a fourni l'occasion de penser que les collectionneurs de Nantes et de Rennes avaient eu une meilleure intuition artistique que les conservateurs parisiens lesquels, en 1997, ont réparé le dédain de leurs prédécesseurs !

Du belvédère de la butte Sainte-Anne, on s'imagine parfois Nantes s'efforçant d'empêcher que la mer ne s'éloigne davantage. Quand le *Belem,* racheté par la Caisse d'Épargne, confirme que son port d'attache est bien Nantes, quand il se range à quai non loin de l'escorteur-musée *Maillé-Brezé.* Quand un cargo se transforme en lieu de spectacle pour se faire ambassadeur culturel de la ville. Quand celle-ci organise depuis bientôt une décennie de grandes fêtes sur plusieurs jours pour accueillir et faire connaître le *melting-pot* culturel d'autres grands ports du monde, de Buenos Aires à Saint-Pétersbourg, n'est-ce pas une volonté d'être maritime ? l'envie folle de le redevenir ? Une ville peut-elle avoir conscience d'avoir raté sa vie ?

Réinvestir la Loire et ce qu'il reste de ses insularités ? On comprend que l'architecte conseil de la ville, Dominique Perrault, concepteur de la Bibliothèque nationale de France avec qui j'arpentais la friche industrielle de l'île Sainte-Anne, ait nourri ses premières réflexions de toutes les lenteurs disponibles. Peut-être avait-il en mémoire le mot de Paul Guimard : « Nantes, une ville autant abîmée par la paix que par la guerre. » Nous marchions dans les herbes hautes des anciens chantiers, évitant les amas de petites ferrailles, trébuchant dans les ornières profondes laissées par les gros engins de la démolition. « On a d'abord pensé construire ici un centre d'affaires. Y renonçant pour l'instant, on peut consacrer de l'espace à une cité judiciaire. Et ce n'est pas rien, l'île Sainte-Anne. Par rapport à Paris, vous y mettriez les Champs-Élysées de la Concorde à l'Arc de Triomphe. Il faut des projets à dix, vingt, trente ans, faire naître des actes fondateurs, aider les Nantais à se réapproprier cette friche, à sortir du traumatisme post-industriel. Ça commence. »

Nantes bouge, m'affirme-t-on. Cette ville a en effet des ferments d'identité et le brassage n'est pas négligeable, en l'absence des marins. Aux temps des Rendez-Vous de l'Erdre, des créations théâtrales et du Festival des trois continents, d'une exposition d'art russe, on parvient à de hauts degrés de satisfaction. Parfois, la nuit, Nantes est triste comme une pensée de tango. Parfois elle disjoncte, s'éclate, avec ses déjantés. Elle se dessine nostalgiquement sur une aire piétonnière en patchwork de tous les tapis du monde, en répétant « Nantes Atlantique, Nantes ville ouverte ». Elle s'ennuie, en foule, de repas mesquins dans l'éblouissant décor rococo de La Cigale.

Julien Gracq, le reclus de Saint-Florent-le-Vieil, qui enseigna l'histoire au lycée Clemenceau, sut voir et décrire Nantes dans toute « la forme d'une ville [qui] change plus vite, on le sait, que le cœur d'un mortel. [...] Pour s'être prêtée sans commodité, pour ne s'être jamais donnée, peut-être a-t-elle enroulé autour d'elle comme une femme le fil de notre rêverie, mieux jalonné à ses couleurs les cheminements du désir. [...] Ville difficile à cerner, emmitouflée dans son nom capitonné comme dans une défense élastique. Ni tout à fait terrienne, ni tout à fait maritime ! Ni chair, ni poisson. Juste ce qu'il faut pour faire une sirène. »

L'histoire s'entend aussi dans les chansons. Depuis un quart de siècle et plus, Gilles Servat et le groupe Tri

Yann, Nantais et tellement Bretons, émaillent avec un rare succès leur itinéraire poétique d'hommages à Anne de Bretagne et de compositions à partir de l'actualité de leur ville. Quand l'un chantait *Nantes s'endort,* les autres répondaient *Nantes s'éveille, Belle et Rebelle*[1]. Et le vieux monsieur Armel de Wismes, dans son appartement où les livres, les grimoires, les documents rares lui laissent juste la place de passer d'une pièce à l'autre, ressuscitait la mémoire millénaire du philosophe presque nantais Abélard. L'exilé du pays de Retz souffrant si injustement du haut mal d'amour partagé cherchait chez les poètes de la Table ronde au XIIe siècle les fondements de l'hypothèse selon laquelle le roi Arthur avait tenu sa cour à Nantes et lancé depuis les bords de

1. Jossic, pour les Tri Yann, argumente leurs chansons à partir de recherches précises ou fantaisistes qu'ils ont le talent de rendre populaires sur des musiques d'inspiration traditionnelle aux arrangements d'une évidente modernité. Ils se payent le culot de placer des vers de Meschinot, contemporain d'Anne de Bretagne, sur une musique de danse d'un chanoine du XVIe siècle. Ou bien, ils font une sorte de samba bretonne en souvenir de l'activité portuaire sur l'ancien quai de la Fosse : « On débarque en vrac des bateaux la réglisse et le coco, le girofle de Davao, les bananes de San Pedro. On décharge en chariots, en billes, en planches, en plaques, en panneaux, l'okoumé de Bornéo, l'acajou du Congo. On débarque, en sacs sur le dos, le café, le cacao, le riz, le thé de Macao, le soufre de Bilbao... On décharge en caisses, en cageots les oranges de Curaçao, la cannelle de Porto Rico, la vanille et l'indigo... le vin de Porto, le zinc de Vigo, le tabac de Santiago, le charbon de Glasgow, etc. »

la Loire le jeune Perceval à la quête improbable mais nécessaire du Graal. C'est là que Perceval aurait commencé la découverte de nos celtitudes. La preuve rêvée que Nantes était bien la grand-porte de l'État breton.

Par Rennes, l'étudiante ambitieuse

Quand Mlle Dantec, animatrice du patrimoine, répéta pour nous son habituelle visite des principaux monuments de Rennes, elle ne manqua pas d'attirer notre attention sur le vide laissé au centre de l'harmonieuse façade de l'hôtel de ville sous la tour de l'Horloge. En 1911, Jean Boucher, sculpteur originaire de Cesson, avait réussi à grouper une dizaine de personnages dans un ensemble allégorique célébrant l'union de la Bretagne à la France (et non pas de la Bretagne *et* de la France). On ne sait quelles étaient en 1911 les intentions des commanditaires rennais de cette œuvre – avec le recul, on peut juger qu'ils surfaient sur l'anachronisme –, toujours est-il qu'ils ne trouvèrent rien à redire au sculpteur qui avait fait s'agenouiller, soumise, Anne de Bretagne devant le roi, son futur époux. La scène devait se rapporter à l'année 1491 quand la fillette, dernière héritière des ducs de Bretagne, se trouva dans l'obligation d'épouser Charles VIII, sauvant ainsi ce qui pouvait être sauvé des menues chances des nobles institutions bretonnes. Cette Bretagne agenouillée en façade de l'hôtel de ville vit passer la guerre de 14 et les années pas si folichonnes que cela à Rennes. Mais par une nuit d'été de 1932, la ville fut réveillée par une explosion. Fut-ce le premier attentat indépendantiste ? On le dit. Le monument ne fut ni reconstruit ni remplacé. S'il l'avait été, qui l'aurait vu ? Cette place destinée aux piétons, surtout quand il y a fêtes, improvisées ou organisées, nous paraît, pendant un tournage de nuit, comme l'union de la pesante histoire à l'ardente actualité d'une jeunesse inquiète, mais joyeusement.

Montez ensuite vers les rues de la soif étudiante, flânez en ville. Le jour, dans des quartiers plus tranquilles, extasiez-vous place des Lices le samedi, jour de marché, l'un des plus beaux de France –, vous entendrez confirmer tout ce que disent les enquêtes d'opinion accumulant les critères de qualité publiées régulièrement par plusieurs hebdomadaires : Rennes est en tête des villes bonnes à vivre. Et je vois comme une performance que dans un décor parfois bien austère les Rennais aient mis en centre-ville tant de gaieté au ras des pavés, à nous en faire ignorer quelques pompeuses architectures au pied desquelles s'endorment, par groupes, avec leurs chiens, parfois leurs chats, des jeunes sans logis. Dans cette ville, un crime n'est pas seulement odieux comme partout, il est inconvenant.

Entrer en Bretagne par Rennes, c'est donc presque une obligation. Comment éviter en effet la capitale régionale qui dispose depuis longtemps déjà d'un réseau routier en étoile extrêmement dense, récemment renforcé et modernisé pour accueillir la nouvelle route des

Estuaires Rouen-Bordeaux ? À une heure de sa cousine et rivale Nantes, à trois quarts d'heure de Saint-Malo et des plages de Dinard, Rennes s'impose également comme nœud ferroviaire du Grand Ouest, à deux heures de TGV de Paris. Les liaisons aériennes avec les autres métropoles de région sont nombreuses et l'aéroport de Rennes-Saint-Jacques, doté récemment d'une piste toute neuve, affiche des ambitions européennes.

Passons sur les panneaux en français et en breton qui marquent l'entrée de la commune : ils peuvent prêter à sourire quand on sait que le breton n'a jamais été parlé à Rennes sauf peut-être par quelques nobles de Basse-Bretagne qui venaient siéger au Parlement sous l'Ancien Régime !

Ah ! le Parlement de Bretagne. Le plus célèbre des monuments rennais qui abritait la cour d'appel fut détruit par un gigantesque incendie, dans la nuit du 4 au 5 février 1994. Il venait d'être entièrement restauré et nous l'avions filmé quinze jours avant ce désastre qui traumatisa la Bretagne tout entière. Après coup, dans ce genre de presque coïncidence, on se reproche de ne pas avoir fixé plus de détails pour la postérité. La télévision se prépare à la « nécro » des grands hommes, peu à celle des monuments. Quelle indécence de se dire « Tiens, et si le Parlement brûlait ? Faisons vingt cassettes de plus que nécessaire au cas où... ! » J'imagine d'ici la tête du chef de centre de la chaîne de télévision, économe comme il se doit de nos dépenses : « Quoi ? Filmer les détails de bois sculpté de la salle des pas perdus, cette voûte de treize mètres de hauteur –

prenez vos échelles, cadreur et électro –, le médaillon central où bien sûr hermines et fleurs de lys sont accolées, la série de caissons, cercles, rectangles, losanges doucement dorés ? Qui cela intéresserait-il ? » Moi-même j'aurais pensé : « C'est hors sujet dans une heure d'émission consacrée à présenter la ville de Rennes ! » Nous nous contentâmes de plans généraux. Pas filmée non plus la première chambre civile et ses tapisseries des Gobelins : allégorie de la Justice tenant en laisse par un simple ruban le lion de la Puissance. Pas filmé le cabinet détruit du procureur général, où il pendait sa robe de justice entre une superbe armoire-bibliothèque et une cheminée aux parements inestimables. Il en pleurait. Le cabinet aux lambris encore plus dorés du premier président, pas filmé non plus, mais plus tard ses décombres. Filmée en revanche la grand-chambre, la rescapée par miracle de l'incendie. Le plafond de Charles Errard et Nicolas Coypel, hallucinant d'italianisme français de l'époque – encore dit-on que Coypel atténua les effets de cette mode –, est une œuvre unique de la fin du XVIIe siècle. Unique par l'extraordinaire profusion de « lambris splendidement ouvragés et ruisselants d'or » de ses quinze caissons. Unique par ses allégories magistralement peintes, d'un grand intérêt historique sur la conception imagière que l'on avait de la justice. La Justice, sur son trône, tend la main à l'Innocence, laquelle a un genou en terre et la main sur le cœur. Trois femmes, Bonté, Douceur et Équité, sont sur le même nuage où se retrouve le lion tenu en laisse. Au centre de ce grand tableau octogonal (cinq mètres trente sur trois mètres quarante-sept), Minerve casquée, cimeterre brandi, censée représenter la Sagesse et la Science, précipite dans les limbes la fraude et les passions mauvaises représentées sous les traits de beaux jeunes gens...

Nous nous étions promis de revenir. Le Parlement de Bretagne valait une émission à lui tout seul. Nous aurions tenté de montrer, par exemple, une lettre du peintre du roi, Jean Jouvenet, proposant en 1694 pour un autre plafond décoré – qui devint celui de la première chambre civile – le thème de la Religion, mère de la Justice. L'artiste explique sans aucun état d'âme pourquoi le personnage principal de son tableau central est la Religion, « mise sur une espèce de trosne » et tenant « un calice d'une main et le feu divin de l'autre » tandis que la Justice s'appuie sur elle : « Elle repose, écrit Jouvenet, dans le sein de la Religion parce que la justice des hommes est fort imparfaite quand elle n'est pas appuyée sur la Religion. »

Nous nous étions promis de revenir... Nous ne le fîmes hélas qu'après la catastrophe.

On se pose encore aujourd'hui des questions sur les origines de l'incendie. On sait qu'il ne fallait pas laisser quatre mille marins-pêcheurs manifester leur désespoir et leur colère dans le centre d'une ville à peine protégée par quelques cordons de policiers. On sait également que cette visite du Premier ministre de l'époque et son installation volontaire dans les salons de l'ancienne préfecture de région située à quatre cents mètres du Parlement était une grossière erreur et que sa rencontre avec une délégation de marins-pêcheurs était par avance vouée à l'échec. Mais rien n'y fit et Rennes fut livrée à une horde armée de bâtons, de haches, de fusils lance-amarres et de fusées de détresse. Le centre-ville fut saccagé. Il y eut de nombreux départs d'incendies dans les immeubles avoisinant les places de la mairie et du Parlement. Les combats furent très violents et c'est miracle qu'il n'y ait pas eu mort d'homme. En fin d'après-midi, une fusée de détresse heurta la toiture du palais du Parlement, brisant quelques ardoises sans que cela attire l'attention, les pompiers étant par ailleurs appelés pour cent quatre interventions. Le feu couva de longues heures dans les voliges et, attisé par un vent violent, embrasa la charpente au milieu de la nuit. Cette charpente, un monument historique à elle seule, était faite dans des chênes destinés à la construction des navires malouins au milieu du XVIIe siècle : ce fut une forêt d'énormes arbalétriers magistralement agencée qui prit feu et, pour les cent cinquante pompiers qui combattirent courageusement, cette bataille de la toiture était déjà perdue d'avance. Mais les soldats du feu réussirent, en relation avec les techniciens des monuments historiques, à extraire du brasier un grand nombre d'œuvres d'art et à sauver le joyau du Parlement, la grand-chambre et son magnifique plafond décoré.

Hormis quelques historiens, les Bretons ne connaissaient pas l'histoire de leur Parlement avant l'incendie de l'hiver 1994. Les Rennais étaient fort peu nombreux à l'avoir visité après sa restauration l'année précédente.

L'institution judiciaire, à l'étroit dans le monument où l'apparat contredisait l'ergonomie pour l'organisation des services, se gardait d'en faire la promotion. Les responsables du patrimoine de la ville ne commentaient le bâtiment que de l'extérieur. Et puis, qui s'intéresserait à l'histoire du Parlement devenu palais de la cour d'appel ? Devenait-il un symbole justement parce qu'il était en feu ? Les Rennais éprouvaient tout à coup, dans une certaine confusion des sentiments celui d'être dépossédés d'un bien qu'ils connaissaient mal. Ils avaient les larmes aux yeux derrière les barrières, tandis que toute la ville rougeoyait en cette nuit d'hiver des flammes de l'incendie. « C'est une catastrophe, tout le symbole de la Bretagne qui part en fumée », se lamentait Edmond Hervé, le maire socialiste de Rennes. À ses côtés, Pierre Méhaignerie, maire centriste de Vitré et ministre de la Justice à l'époque, s'étranglait dans un presque sanglot à vouloir comprendre et déclarait vivre un moment terriblement noir pour Rennes et la Bretagne. « Ça fait du mal de le voir partir comme ça », murmurait un badaud. Repoussant un micro, une jeune fille ajoutait : « J'ai très mal au cœur, j'ai pas envie de parler... » Le grand incendie de Rennes en 1720 avait détruit les maisons à colombages de la place mais épargné le Parlement. Celui de 1994 épargna les immeubles du XVIIIe siècle, certains très proches des flammes. « On a eu chaud ! » proclamait une banderole à un balcon tandis que l'habitante d'un de ces beaux logements reconnaissait que pour elle cet incendie nocturne « ... ce fut horrible ! Mais... c'était... oui, c'était...

beau ! La beauté dans l'horreur. » La brave dame n'avait pourtant rien d'un Néron. Ce qui avait fasciné un de ses voisins, c'était une sorte d'ange doré embouchant sa trompette de la renommée qui, jusqu'au dernier moment, apparut à la foule comme un emblème de la résistance à l'embrasement au faîtage de la somptueuse toiture. Quand il s'écroula lentement à son tour, des « Ah... » de désespoir parcoururent l'assistance.

Que virent-ils, les Bretons, dans cette destruction ? Une atteinte définitive à une certaine idée de l'indépendance ancienne de la Bretagne ou plutôt un symbole du rattachement de la Bretagne à la France ? « C'est ça et c'est en même temps l'histoire d'une institution qui a commencé à prendre naissance avant la réunion de la Bretagne et de la France », nous répondit maître Emmanuel du Rusquec, avoué honoraire près la cour d'appel de Rennes, alors que nous marchions en sa compagnie dans les ruines encore fumantes de ce palais qu'il fréquentait depuis près d'un demi-siècle. « Cette histoire s'est perpétuée, ajouta-t-il, lorsque la France est devenue souveraine en Bretagne parce que le Parlement de Bretagne est devenu le Parlement du roi de France. » En pénétrant avec lui dans une des bibliothèques en ruine de la cour, nous mesurions à nouveau l'étendue du désastre. « Certaines pertes sont irréparables, mais heureusement les registres secrets du Parlement ont été sauvés. Ils constituent un ouvrage exceptionnel parce que chaque jour, depuis sa création en 1554 jusqu'en 1789, tout ce qui s'est produit dans le Parlement ou à travers lui a été noté. Or ces registres qui étaient entreposés dans la bibliothèque historique du troisième étage ont brûlé. Mais il en existe un double aux Archives départementales. C'est extraordinaire ! C'est une chance inespérée ! » s'exclama-t-il au milieu d'un amoncellement de cendres. Puis, poursuivant en sa compagnie la visite des décombres, nous lui demandâmes quelle sorte de justice était rendue ici lorsque le Parlement fut construit au début du XVIIe siècle, grâce d'ailleurs à une taxe que les Rennais durent acquitter sur la bolée de cidre ! « La justice était fondée depuis le XIIIe siècle sur la Coutume de Bretagne, une œuvre collective bâtie par des jurisconsultes bretons. Cette coutume a été le droit commun de la Bretagne jusqu'à la Révolution. Le Parlement appliquait donc un droit qui était particulier à la Bretagne mais, sur le plan constitutionnel, le Parlement de Bretagne était une émanation du pouvoir royal, et les juges, les conseillers, rendaient la justice au nom du roi. Tout cela est d'ailleurs matérialisé de façon très nette par le port de la toge rouge, le rouge étant la couleur royale. [...] Le Parlement de Bretagne était aussi un régulateur de la société, poursuivit notre intarissable historien, parce qu'en dehors de son rôle judiciaire de juridiction d'appel il avait également un rôle politique. Les édits – les lois – promulgués par l'autorité royale ne pouvaient être appliqués que lorsqu'ils avaient été enregistrés par le Parlement de Bretagne. Et à l'occasion de cet enregistrement, les conseillers du Parlement avaient un droit de "remontrance", c'est-à-dire qu'ils disaient au pouvoir : "Attention ! Vous êtes en train de faire quelque chose qui est contraire aux lois fondamentales du royaume ou au traité d'Union de la Bretagne à la France de 1532 !" Dans la plupart des cas, le pouvoir tenait compte de ces "remontrances" et il modifiait. Mais quand il ne voulait pas modifier, il envoyait des lettres de jussion qui signifiaient que le Parlement devait enregistrer. Les conseillers bretons, un peu sourds d'oreille, restaient la plupart du temps sur leur position. Le roi devait alors se déplacer ou envoyer un de ses hauts dignitaires siéger au sein du Parlement pour enregistrer, car c'était le roi qui détenait le pouvoir judiciaire... »

En nous racontant avec passion cette grande page de l'histoire bretonne, Emmanuel du Rusquec nous confortait dans l'idée que ce symbole de la Bretagne ne pourrait pas rester longtemps à l'état de ruine. « Les Bretons sont tenaces et puis regardez, les travaux de reconstruction ont déjà commencé », nous lança-t-il avant de descendre le grand escalier noirci du palais fantôme.

En 1997, la cour d'appel siégeait toujours provisoirement dans les locaux de la très grande et très ambitieuse gare de Rennes. Le Parlement avait reçu une nouvelle charpente et désormais on le regardait moins. Les Rennais savaient que le plus dur était passé. Ils préféraient imaginer, à défaut de pouvoir l'observer, le gigantesque chantier de construction du Val (Véhicule automatique léger) qui fera de la capitale bretonne la plus petite ville du monde à posséder un métro. La réalisation de cette ligne de transport lourd sera très coûteuse : environ cinq milliards de francs, avec (seulement) trois cent soixante-treize millions de francs de subvention de l'État. Les Rennais, certes ambitieux pour leur ville et modernistes dans l'âme, n'en finissent pas de s'interroger sur leur futur métro automatique et non polluant. Le désengorgement de la circulation automobile, l'image de marque très attractive pour les entreprises désireuses de s'implanter dans la métropole bretonne de recherche et les performances de ce nouveau mode de transport, qui permettra la création de huit cents emplois sur cinq ans, constituent les principaux arguments avancés par les « pro-Val » pour justifier la construction de cette ligne de neuf kilomètres quatre cents mètres qui reliera en 2001 Villejean, au nord-ouest, à la Poterie, au sud-est. Les « anti-Val », quant à eux, déplorent l'absence de concertation voire de démocratie dans cette affaire qui fut très rapidement portée sur le devant de la scène politique. Le plan de financement du Val s'appuyant essentiellement sur des recettes fiscales en augmentation, les entreprises du district dénoncent, à travers le très symbolique versement-transport, les risques de transfert ou d'absence d'investissements pour l'avenir. Selon Michel Philipponeau, ancien président du Conseil de district de Rennes, « la réaction des entreprises pourrait se traduire sur le plan spatial par la formation d'une sorte de bourrelet entourant le district et se prolongeant le long des grands axes routiers. Cela produirait un affaiblissement des recettes fiscales du district, compromettant le plan de financement du Val. » De plus, annoncent les anti-Val, la concentration sur le territoire communal rennais des activités et de la population devra accroître la rentabilité d'une opération dont le recensement démontre le caractère aberrant, avec la diminution de la population dans les deux grands ensembles traversés par le Val et la forte augmentation dans les communes suburbaines. En clair, une reprise de la densification urbaine sur le parcours du Val semble obligatoire avec pour conséquence la diminution des espaces verts, etc.

Le « roman du Val » aura duré quinze ans, de 1980 à 1995, avec de multiples rebondissements qu'il serait fastidieux d'énumérer tant ils furent nombreux et complexes. Avec le démarrage des travaux il y a deux ans, le futur métro a emporté dans le sous-sol rennais les querelles intestines, les débats passionnés et les propos parfois outranciers... Cinq années de travaux avant sa mise en service en 2001 et les habitants du Grand-Rennes auront à leur disposition un moyen de transport efficace et prestigieux. On pourra alors apporter un commencement de réponse à la question qui habitera encore certainement l'esprit de nombreux Rennais : le Val est-il un instrument de développement ou d'endettement pour le district de Rennes ?

Les principaux utilisateurs du Val seront certainement les étudiants. Ils occupent à Rennes une place essentielle. En « agitant » les quartiers et les idées, ils participent activement à la vie de la cité. Rennes attire les jeunes et les forme bien. Deux grands campus, Villejean pour les lettres et Beaulieu pour les sciences et... la philosophie, la faculté de droit – rue de Fougères –, l'École nationale de la santé publique, l'École nationale supérieure des télécommunications, l'Institut national des sciences appliquées, l'École supérieure d'électricité (Supélec) à Cesson-Sévigné, l'École normale supérieure de Cachan sur le campus de Ker Lann à Bruz et la vénérable et élégante École nationale supérieure agronomique – rue de Saint-Brieuc... La liste est encore longue et représente un total de près de soixante mille étudiants ! Cette population universitaire a permis la concentration de plus de trois mille chercheurs dans les domaines des télécommunications, de l'électronique civile et militaire et de l'informatique. Le cœur de ce secteur tertiaire hautement qualifié se situe à Rennes-Atalante, la technopole du futur, qui inventa le Minitel et qui développe depuis plusieurs années un important programme de recherches sur les applications du son numérique dans les télécommunications.

Matière grise et industrie font aussi bon ménage dans la capitale bretonne : l'Institut national de la recherche agronomique implanté au Rheu, près de Rennes, est l'un des moteurs du développement de l'agroalimentaire pour toute la Bretagne orientale. Mais l'industrie rennaise, c'est d'abord et surtout l'automobile avec l'implantation de Citroën à Chartres-de-Bretagne près de Rennes en 1959. Sortie de terre en trois ans, l'usine géante de La Janais représenta la première expérience de décentralisation pour la marque aux chevrons et une chance extraordinaire pour des milliers de jeunes ruraux bretons qui purent rester travailler au pays. Le premier modèle sortit des chaînes de l'usine bretonne en 1962 :

ce fut l'Ami 6, modèle intermédiaire entre la DS et la 2 CV, une petite berline originale avec sa lunette arrière inversée... Six mille salariés à la fin de l'année 1962, douze mille en 1970, Citroën marqua l'urbanisation de la ville de Rennes avec notamment la construction de la ZUP Sud et l'aménagement de la rocade Sud. C'est aussi tout un système de sous-traitance qui s'établit bien au-delà des limites districales. Ainsi, Citroën diffusa dans un large rayon – près de cent kilomètres – des activités industrielles de qualité.

Aujourd'hui, la première usine de Bretagne rencontre quelques sérieuses difficultés malgré la réalisation d'investissements lourds pour le lancement de chaque nouveau modèle. Les réductions d'effectifs et les nombreuses journées chômées ont des répercussions chez les sous-traitants et le marché de l'automobile, plutôt morose ces dernières années, n'incite pas forcément les ouvriers bretons à l'optimisme.

Parmi les grands noms de l'industrie rennaise, il faut citer aussi le groupe Ouest-France qui emploie plus de deux mille personnes. Le premier quotidien régional de France, créé à la Libération par Paul Huttin, est devenu un véritable empire avec ses quarante éditions et ses neuf cent mille exemplaires journaliers, auxquels il faut ajouter des journaux gratuits, des revues spécialisées et des maisons d'édition. Le grand journal démocrate-chrétien eut un ancêtre, *Ouest-Éclair,* qui fut créé à Rennes en 1899 par Emmanuel Desgrées du Lou. Et que se passe-t-il à Rennes pendant l'été 1899 ? Un événement qui va raviver les passions en France et dans l'Europe entière : c'est le premier procès en révision du capitaine Alfred Dreyfus.

Rennes et l'affaire Dreyfus, c'est le deuxième épisode d'un scandale judiciaire et politique qui va diviser le pays de 1894 à 1906. Un épisode honteux de l'histoire de France qui voit condamner un officier français de confession juive, victime de complots entrecroisés : ceux de l'ambition politique et de l'antisémitisme d'une part et ceux de l'« intox » des services secrets d'autre part. Dreyfus, condamné sans aucune preuve pour espionnage, est déporté à l'île du Diable au large de Cayenne. Il ne sera réhabilité que douze ans plus tard en 1906. Entre temps, sa femme, son frère, ses amis et ceux qui ont le courage de se proclamer « dreyfusards » comme Zola avec son célèbre « J'accuse » obtiennent la révision de son procès.

C'est un été particulièrement chaud qui marque l'arrivée de Dreyfus à Brest le 1er juillet 1899. Le célèbre prisonnier est conduit à la prison de Rennes qui se trouve juste en face du lycée où se tiendront les audiences du procès. Pourquoi a-t-on choisi Rennes ? Sans doute pour trois raisons : d'abord parce que la capitale bretonne est le siège d'une région militaire, ensuite parce que Rennes est une ville paisible, pour ne pas dire assoupie, enfin parce qu'il y a très peu de dreyfusards à Rennes. La ville compte de nombreux couvents et surtout quelques casernes... Ce qui paraît indispensable pour garantir la bonne tenue du procès.

Mais l'opinion rennaise est déjà conditionnée par la

presse locale. Certains titres antidreyfusards font paraître des articles dont l'antisémitisme atteint un degré de violence inouï ! C'est le cas du nauséabond *Patriote breton.* En face, les dreyfusards ont le soutien de *L'Avenir de Rennes,* animé par Victor Basch, celui que la presse nationaliste appelle « l'Austro-hongrois », « l'enjuivé », « le youtre », ou encore « le professeur circoncis » parce qu'il est juif et qu'il enseigne la littérature allemande à la faculté des lettres de Rennes. Du 1er juillet au 8 septembre 1899, date du verdict, Rennes est saisie par l'Histoire. Selon le mot de Charles Chincholle, journaliste au *Figaro,* c'est « l'endroit du monde d'où va sortir le plus de bruit ». Et voilà que débarque le Tout-Paris. Il faut être vu à Rennes, avenue de la Gare ou au café de la Paix. Pas question de bains de mer ou de festival de Bayreuth, les comédiens, les journalistes et les personnalités les plus en vue se précipitent dans la capitale bretonne : l'actrice Réjane, l'écrivain Courteline, Jean Jaurès, Maurice Barrès, ils sont des dizaines à faire salon dans la cour du lycée qui jouxte la salle des fêtes où se tient le procès. La tension monte. Des manifestants sont refoulés sur le pont Saint-Georges. Le 14 août, sur les bords de la Vilaine, on tente d'assassiner maître Labori, un des défenseurs de Dreyfus.

Le 8 septembre, le tribunal militaire rend sa décision : le verdict est confirmé contre Dreyfus qui est condamné à dix ans de réclusion mais avec des... circonstances atténuantes ! Comment peut-on imaginer des circonstances atténuantes si Dreyfus est un traître ? La culpabilité a été votée par cinq voix contre deux, ce qui traduit le trouble d'une partie des juges militaires. Quinze jours plus tard, Alfred Dreyfus est gracié par le président de la République Émile Loubet. Un autre procès en révision aura lieu en 1906 ; Dreyfus sera réhabilité, réintégré dans l'armée et fait officier de la Légion d'honneur.

Rennes, à l'époque du procès Dreyfus est encore la capitale d'un pays essentiellement agricole. Élevage et cultures céréalières, commerce de gros et minoteries constituent l'essentiel des activités du Pays rennais. La seule véritable entreprise rennaise de l'époque est une imprimerie créée en 1842 par un Alsacien, François-Charles Oberthür. L'homme est ingénieux et ambitieux. Dans ses ateliers de brique et de fer situés rue de Paris, il va inventer en 1854 l'Almanach, le célébrissime calendrier des Postes que les soixante-dix mille facteurs français vendent encore aujourd'hui en porte-à-porte en guise d'étrennes. Oberthür est riche désormais et il veut que ça se sache. Après s'être fait construire un superbe hôtel particulier en 1875, véritable palais néo-Renaissance, il fait venir les frères Bühler, architectes paysagistes renommés, à qui il va demander de dessiner un parc de six hectares dans la plus pure tradition des jardins du XIXe siècle. Convaincu par Oberthür, le maire de Rennes décide d'engager à son tour les frères Bühler pour aménager un terrain de sept hectares à quelques pas du cœur de la ville. L'objectif est double : dessiner un jardin à la française et un parc paysager dans lequel on retrouvera les allées sinueuses, les essences exotiques semblables à celles du parc Oberthür. De plus, le jardin à la française viendra en symétrie des serres dessinées par Martenot, l'architecte de la ville. Ce sera le seul jardin à la française dessiné par les frères Bühler. Le succès populaire est immédiat et durable. Tous les Rennais fréquentent le jardin du Thabor et leurs invités aussi... Dommage qu'il soit interdit de rêver allongé sur les immenses espaces engazonnés, à l'ombre d'un séquoia majestueux... Il faut aussi parfois savoir « vivre en intelligence » (c'est la devise de la ville de Rennes) avec les gardiens siffleurs du grand jardin rennais.

Rennes sera profondément marqué par le XIXe siècle, à la fois sur le plan de l'urbanisme et de l'architecture. Après l'incendie de 1720 qui a détruit trente-deux rues et plus de huit cents maisons, c'est Robelin, directeur des fortifications, puis Jacques Jules Gabriel, architecte du roi et maître du classicisme, qui vont donner à Rennes son nouveau visage : « des rues larges et droites, des places spacieuses, des quais réguliers sur la rivière », écrira Saint-Simon dans ses *Mémoires*. Gabriel, à partir de 1724, va poursuivre le travail de son prédécesseur en orientant son activité vers les édifices publics. On lui doit le Présidial, la tour de l'Horloge de l'hôtel de ville et l'hôtel du Gouverneur mais également la très belle place du Palais. La pierre blanche et grise s'insère dans un décor de maisons à pans de bois et le boulevard vient s'opposer aux ruelles tortueuses du quartier de la Cathédrale. Rennes tire de ces grands chantiers un certain prestige qui va s'étendre au siècle suivant quand la canalisation de la Vilaine va permettre l'aménagement des quartiers sud de la ville jusqu'alors inondables. De plus, la navigation des chalands sur la Vilaine canalisée permet l'apport de matériaux divers et d'engrais pour les cultures. La Vilaine devient ainsi une véritable artère économique au cœur de la cité. Oberthür, la Société des chemins de fer de l'Ouest, le Palais du commerce, le nouveau théâtre, le Palais universitaire (aujourd'hui musée des Beaux-Arts et musée de Bretagne) confirment la « montée en puissance » de Rennes. La capitale administrative devient également capitale économique, universitaire et culturelle d'une Bretagne quelque peu oubliée par le progrès à l'aube du XXe siècle. Joue-t-elle déjà son rôle de centre de redistribution en accueillant des agences ou des entrepôts pour des firmes extérieures ? Sans doute, mais c'est surtout après guerre que Rennes, la « belle bourgeoise endormie », va se réveiller et imposer progressivement un nouveau visage : celui d'une métropole jeune et ambitieuse. Aux industries traditionnelles qui disparaissent ou évoluent en limite d'agglomération, Rennes préfère les établissements de recherche privés et publics qui viennent s'installer chez elle dans les années 1960-1970. Affirmant son rôle de capitale, Rennes va également attirer bon nombre d'établissements de services haut de gamme aux entreprises : bureaux d'études et d'ingénierie, organismes professionnels, cabinets conseil, etc. Rennes jouera encore de manière plus efficace son rôle de pôle de croissance si elle réussit à retenir la « matière grise » qu'elle forme dans ses universités et ses écoles supérieures. C'est le défi de la prochaine décennie : attirer encore plus d'entreprises de haute technologie employant un personnel très qualifié, à hauts salaires. Pour cela, la capitale bretonne devra user de ses charmes qui sont multiples : la formation, l'environnement et les activités culturelles. Mais elle devra, parallèlement, consentir à une révision à la baisse de ses impôts locaux qui sont excessivement élevés. On peut être intelligente, belle et ambitieuse sans pour autant mener grand train...

Enfin, un épisode de l'histoire de Rennes nous ramène au Parlement de Bretagne. Deux cent cinq ans avant les événements de février 1994 eut lieu sur cette même place une insurrection qui marqua le début de la... Révolution française. Rien que ça ! C'est en tout cas la thèse que soutint devant nous Roger Dupuy, professeur d'histoire à l'université de Rennes-II, avec qui nous visitions le Parlement, fraîchement restauré, en décembre 1993. Que se passa-t-il donc à Rennes pendant ces journées des 25, 26, 27 et 28 janvier 1789 ? Les états de Bretagne qui réunissent la noblesse bretonne sont « semoncés », selon l'expression de Chateaubriand, pour la fin de décembre 1788. Le Parlement symbolise la toute-puissance de cette noblesse qui joue un rôle politique prépondérant dans la province. Dans le même temps la bourgeoisie, c'est-à-dire les avocats rennais, les négociants nantais, souffre de moins en moins la morgue de cette aristocratie bretonne et notamment la centaine de conseillers – le nec plus ultra de cette noblesse – qui représente la justice aristocratique au sein du Parlement. Le 26 janvier au matin, cette noblesse hautaine accueille des manifestants sur le seuil du Palais. Des gens du petit peuple qui protestent parce que le prix du pain est trop élevé. La récolte a été mauvaise, l'hiver est très rigoureux, les moulins ne tournent plus et le prix de la farine flambe. C'est la ville de Rennes qui fixe le prix des farines et le peuple estime que la municipalité ne fait rien pour eux. Il va donc demander justice et les nobles les accueillent en leur disant en substance : vous faites bien de venir ; nous sommes les protecteurs attitrés du bon peuple ; nous avons des pouvoirs de police et nous allons exiger de la mairie qu'elle baisse le prix du pain... Satisfaits, les manifestants s'éloignent du Parlement aux cris de « Vive la noblesse ! Vive le Parlement de Bretagne ! » et ces acclamations vont provoquer l'agacement certain d'une poignée de jeunes gens qui se trouvent au bas de la place du Parlement, réunis au café de l'Union. Ce sont des étudiants en droit favorables au changement, à la réforme des états de Bretagne et des états généraux. « Vous êtes manipulés par les nobles ! » lancent-ils au bon peuple qui réagit très vivement. Les domestiques de la noblesse, les porteurs d'eau saisissent alors des bûches entreposées au pied des immeubles et matraquent les étudiants pour leur faire passer le goût de la contestation. À deux heures de l'après-midi, le 27 janvier, les étudiants en droit, qui ont été copieusement molestés, viennent à leur tour demander justice. Ils sont nombreux, le Parlement est fermé, et bientôt la foule s'amasse autour d'eux :

tous réclament justice ! La noblesse s'est rassemblée. Elle estime être assiégée et vers quatre heures de l'après-midi une trentaine de jeunes nobles sortent l'épée au poing. C'est le début d'une bataille de rues car les étudiants maltraités la veille sont revenus armés. On se bat place du Parlement. Il y aura deux morts dans les rangs de la noblesse et de nombreux blessés. Les événements de Rennes, en janvier 1789, apparaissent donc comme une sorte de préface à ce qui va se passer aux États généraux de Versailles quatre mois plus tard.

La contestation bretonne s'explique en fait par la très faible représentation du Tiers État (ils sont quarante-sept à siéger à Rennes contre une centaine pour la noblesse). C'est en effet dans cette province que l'aristocratie avait le plus de pouvoir. Le Breton de cette fin du XVIIIe siècle était donc par réaction un revendicateur, contrairement à l'image qui viendra se superposer au XIXe siècle, celle du « Blanc », du chouan tapi derrière un talus avec son fusil pointé sur la République.

Chateaubriand vécut les événements de Rennes, qu'il décrivit trente années plus tard dans ses *Mémoires d'outre-tombe.* Il mesura avec beaucoup de justesse la portée de cette « insurrection » :

« Lecteur, je t'arrête : regarde couler les premières gouttes de sang que la révolution devait répandre... Passe maintenant lecteur ; franchis le fleuve de sang qui sépare à jamais le vieux monde dont tu sors du monde nouveau... »

Rennes fut donc révolutionnaire avant de devenir la reine de l'Ouest technologique. On devrait enseigner cette page de l'histoire bretonne à tous les étudiants rennais qui fréquentent les quartiers de la rue Saint-Georges et du Parlement. Et puis non, ce serait une mauvaise idée... Imaginez qu'il leur vienne à l'esprit de faire la même chose...

Par la couronne des îles

Si vous voulez aller sur la mer sans aucun risque de chavirer, alors n'achetez pas un bateau : achetez une île.

Fanny – Acte II, scène 3.

Cette boutade de Marcel Pagnol devrait être inscrite en lettres lumineuses à l'entrée de chaque Salon nautique car elle est une invitation à la sagesse pour les plaisanciers et, par conséquent, une promesse d'été paisible pour les sauveteurs bénévoles de la SNSM [1].

Hélas pour ces derniers, il est exceptionnel qu'une des huit cents îles (et îlots) qui bordent les côtes bretonnes soit à vendre. À défaut de chavirer, il est arrivé que certaines d'entre elles soient submergées par les

1. Société nationale de sauvetage en mer.

flots en furie. Ce fut le cas de la légendaire ville d'Ys, au Ve siècle de notre ère. Ys était une île-palais construite par Gradlon, roi de Cornouaille, pour sa fille Dahud qui s'ennuyait à mourir dans la capitale du petit royaume Kemper-Corentin, l'actuel Quimper. Cette majestueuse résidence secondaire était protégée des flots par une immense digue : Ys était une île-polder, construite sous le niveau de la mer. Posée sur l'eau au milieu de la baie de Douarnenez, dans le Finistère, la cité était florissante et possédait un grand nombre de terres et de villages sur le continent, tout proche :

Seiz mantel skarlek ha triugent, hep henvel ar re-all,
A zeue euz ar ger a Is dan offerenn da Lanval.
Soixante-sept manteaux d'écarlate, sans parler des
[autres,
Allaient de la ville d'Ys à la messe à Lanval.

Mais Ys la riche était devenue Ys la débauchée. « Ne vous livrez pas à l'amour, ne vous livrez pas aux folies. Après le plaisir, la douleur ! » Malgré les avertissements répétés de saint Gwénolé, ami, conseiller du roi et évêque de Quimper, la belle Dahud faisait tout le contraire. Alors Dieu, très en colère, décida de rayer de la carte des îles bretonnes cette cité de perdition. Pour ce faire, il autorisa le diable à pénétrer dans l'île sous les traits d'un beau jeune homme qui se retrouva très rapidement dans le lit de Dahud, mante peu religieuse qui avait la fâcheuse manie d'étouffer ses amants à l'aide d'un masque magique qu'elle leur faisait porter lors des ébats amoureux. Plus le plaisir de son partenaire augmentait, plus le masque se resserrait... Le diable, qui connaissait le tour pervers de la jeune femme, refusa cet accessoire mortel et se contenta de séduire Dahud. La perfide trouva son maître et tomba éperdument amoureuse. Le Malin exigea lors, en gage d'amour, la clef d'or que le roi Gradlon portait autour du cou, l'unique clef qui permettait l'ouverture des portes-écluses de la ville. Dahud, envoûtée, pénétra dans la chambre de son père, lui retira le précieux objet et s'empressa de le remettre à son diabolique amant. Ce dernier se précipita alors en ricanant vers les portes-écluses qu'il ouvrit. Les flots se déversèrent en torrents, noyant les rues de la cité maudite. Gradlon, alerté par saint Gwénolé, parvint à s'enfuir sur son cheval, avec Dahud en croupe. Mais la pécheresse, considérablement alourdie par le poids de ses fautes, ralentissait la course du brave destrier qui luttait désormais contre la mort. Par trois fois, saint Gwénolé exhorta Gradlon à abandonner aux flots celle qui était la responsable de tous leurs malheurs. « Repousse le démon qui est derrière toi ! » lui criait le saint moine. Le malheureux père obéit et aussitôt son cheval, libéré, galopa vers la côte.

Les deux rescapés, à leur grand étonnement, constatèrent que leur ville n'était pas détruite mais seulement engloutie. Dieu voulait ainsi que l'île fut visible sous les flots par beau temps. Une façon de mettre en garde celles et ceux qui oseraient enfreindre les lois divines...

Le pauvre Gradlon s'en revint dans sa bonne ville de Quimper, le moine courageux regagna son abbaye de Landévennec et la perfide Dahud erra sans fin, transformée en sirène, dans les eaux troubles d'un purgatoire marin dont elle devint la gardienne. Les pêcheurs entendent parfois ses chants plaintifs comme les flots.

Le *Barzhaz Breizh* de Théodore Hersart de la Villemarqué va, en 1839, redonner des couleurs à cette merveilleuse légende. L'auteur de ce collectage monumental qui accompagne chaque texte d'un argument et de notes affirme que le poème de « la submersion d'Is offre plusieurs preuves incontestables d'une antiquité reculée ». La Villemarqué cite dans ces mêmes notes le témoignage du chanoine Moreau, daté du XVIe siècle : « Il se trouve encore aujourd'hui des personnes anciennes qui osent bien assurer qu'aux basses marées, estant à la pesche, y avoir souvent vu des vieilles maseures de murailles. »

Au-delà du fondement historique ou non d'une telle légende, apparaît aussi un scénario initiatique où chacun peut lire, selon l'écrivain Michel Le Bris, certaines interrogations fondamentales, dont cette « tension créatrice », ardemment bretonne, suggère-t-il, d'assumer en soi les conflits qui nous déchirent afin de les surmonter. Redonner son sens à la légende. « Ne sommes-nous pas à la fois Gradlon et Dahud et Gwénolé, tour à tour et simultanément ? » s'interroge à son tour Christian Querré dans les *Mystères et Légendes de Bretagne*. De tout temps, le propre de l'île fut de tendre à la société « continentale » le miroir de ses peurs et de ses envies. Aujourd'hui, les envies l'emportent largement sur les peurs. L'idée de Darwin d'un « petit monde replié sur soi-même », protégé par la mer, où l'homme vit en équilibre avec la nature, séduit les touristes qui viennent chaque année plus nombreux visiter les îles bretonnes. Ce sentiment de bien-être est largement renforcé par la dimension de ces territoires insulaires : le citadin y retrouve des repères visuels et affectifs. « Une île ne peut être trop grande faute de perdre son caractère insulaire quand, rappelle le chercheur A. Moles, le sentiment de la fermeture de son contour échappe à la continuité du champ de vision [...] Un seul village ou une seule ville, un seul marché, un seul port, un seul gendarme, un prêtre et un guichet postal, une église et une place, l'unicité agit ici comme un renforçateur de "l'îléité"... » La spécificité insulaire résistera-t-elle à certains facteurs déstabilisants dont le tourisme est un exemple classique ? Les îles bretonnes ont décidé depuis plusieurs années déjà de prendre le problème à bras le corps avec le concours de l'APPIP (Association pour la protection et la promotion des îles du Ponant) dont le président actuel est le maire de l'île de Sein, Alain Leroy. Dans un contexte de déclin des activités traditionnelles, le tourisme est apparu comme une véritable bouffée d'oxygène. Malheureusement, il est aussi à l'origine de déséquilibres démographiques et de problèmes liés à l'environnement.

Certains affirment que sans les touristes les îles s'ennuient. D'autres au contraire vous disent que les touristes, « ça laisse des traces ». Ce qui est certain, c'est que les deux cent mille visiteurs transportés chaque année sur les îles pendant les deux mois d'été font l'effet d'un raz de marée. Imaginez le spectacle à Sein lorsque débarque, sur les cinquante-huit hectares de l'île (dont les deux tiers ne sont jamais visités...), la cargaison quotidienne de touristes : plus de mille lorsque le temps est beau ! À Bréhat, ils sont plus de quatre mille à déferler sur « l'île aux Fleurs », venus pour quelques heures, parfois avec leurs plateaux-repas compris dans les forfaits des autocaristes... On vend du Bréhat, déchets compris...

Il faut aborder les îles bretonnes de préférence en dehors de la saison touristique. De novembre à février, vous vous contenterez des plus proches car les coups de vent de suroît sont assez fréquents et les traversées peuvent s'avérer parfois épiques. Ainsi, nous partîmes un 20 décembre de l'année 1993 tourner un reportage sur l'île de Sein dans des conditions météorologiques particulièrement difficiles. Le départ prévu à Audierne avait été annulé et nous partîmes de Douarnenez, mieux protégée des vents de sud-ouest. L'*Enez Sun III* était au rendez-vous, prêt à remplir sa mission quotidienne de service public, ignorant, grâce à ses stabilisateurs, l'énorme houle qui interdisait toute navigation au sortir de la baie. Joël Ruz, le patron du bateau-ravitailleur, nous annonça simplement une traversée un peu plus longue que d'habitude. Nous étions une vingtaine de passagers dont une majorité de Sennans qui rentraient chez eux pour les fêtes de Noël. Le navire mixte de trente-trois mètres, propulsé par deux moteurs de mille sept cents chevaux, véritable cordon ombilical entre l'île et le continent, était chargé jusqu'à rabord de vivres, de gasoil pour le groupe électrogène de l'île et transportait le traditionnel sac de courrier. Sein nous attendait et le bateau s'élança à pleine puissance dans une mer démontée. Les creux atteignirent bientôt dix mètres de profondeur et le solide courrier des îles, vibrant de toutes ses tôles, entama alors une série de plongeons spectaculaires dans le bouillonnant raz de Sein. Une heure et demie plus tard, le bateau était à quai. La plus petite des onze « grandes » îles bretonnes habitées nous accueillait dans la tempête. La moitié de la population de l'île, qui comptait alors cent quatre-vingt-dix-sept habitants (et non pas quatre cent cinquante ni trois cent quarante-huit comme l'annoncent certains guides au demeurant fort bien documentés...) était là, trop affairée pour sentir le grain qui s'abattit sur nos crânes avec une violence inouïe. Velleda, la dernière des neuf vierges qui desservaient le sanctuaire druidique, l'antique Gallicène qui avait le pouvoir de déchaîner la tempête, se chargeait de guider nos premiers pas dans ce petit village du bout de la France. « *Mirabile visu !* » se serait exclamé Pomponius Mela qui fut, en 43 avant Jésus-Christ, le premier à décrire les prêtresses de l'île. En effet, le spectacle auquel nous assistions était saisissant : la houle, gonflée par la pleine mer, passait largement au-dessus des plus hautes digues et ces montagnes liquides terriblement destructrices semblaient dédaigner les chétifs remparts que les Sennans leur opposaient. Les vagues géantes se contentaient de raser longuement les défenses de l'île en lâchant de temps à autre quelques crachats d'écume par-dessus la maçonnerie de granit. Nos chariots à bras, seul moyen de transport autorisé, alourdis par le matériel et les bagages, n'étaient pas très manœuvrables lorsqu'il fallait se faufiler dans les ruelles du bourg. La pluie ne nous lâchait pas, les bourrasques non plus et nous pressâmes le pas pour rejoindre la maison de notre logeuse, car Sein reçoit toute l'année et de manière très chaleureuse. Seule restriction : si l'eau est à profusion dehors, son usage est limité dans les maisons de tout temps alimentées par des citernes et, depuis quelques années, par une installation de désalinisation fonctionnant avec l'énergie du phare.

« Ça se passe comment avec les touristes ? » demandions-nous à notre îlienne. « Très bien en général. L'été, nous sommes une dizaine à loger les vacanciers, mais on manque de places... Et puis l'été, c'est agréable, les enfants peuvent se baigner le long du quai... » Les enfants. Le mot était lâché ! Ces enfants qui manquent si cruellement à Sein ; ces enfants natifs de l'île et qui resteront, comme tant d'autres, travailler « en France ». Mille cent cinquante habitants en 1956 dont beaucoup d'enfants en âge scolaire. Aujourd'hui, ils sont à peine une dizaine entre l'école primaire et le collège de l'APPIP. Ils étaient encore vingt-cinq au collège en 1973. « Les parents s'en vont, donc il n'y a plus d'enfants, plus personne... » lâche avec dépit une des deux enseignantes de l'école du Ponant, cette école de l'espoir créée en 1975 pour essayer de fixer les enfants sur les îles, au moins jusqu'à leur entrée au lycée.

Après ? C'est la pension sur le continent, obligatoire ou presque... À la rentrée de septembre 1997, le « collège » de Sein avait trois élèves et deux professeurs...

L'histoire de Sein aujourd'hui, c'est une histoire de trop peu d'enfants ! Une histoire moins porteuse d'espoirs que celle de ses héros discrets partis en juin 1940 rejoindre le général de Gaulle en Angleterre. Tout le monde ou presque la connaît : l'odyssée des Salaün, Guilcher, Fouquet et autres Couillandre, ces cent trente-trois garçons qui se retrouvèrent le 6 juillet 1940 à Londres, dans le vaste hall de l'Olympia où l'on avait réuni les premiers volontaires. La scène, merveilleusement relatée par René Pichavant dans son livre *Sein, l'île des cormorans bleus,* est un petit moment de bonheur :

Charles de Gaulle interrogeait chacun sur son origine :

– Île de Sein !

Ils le répétèrent près de cent quarante fois, comme une litanie, sur les cinq cent cinquante noms prononcés lors de la revue. Et jaillit la boutade correspondant à la réalité arithmétique du jour :

– L'île de Sein est donc le quart de la France ?

Suivie de la promesse :

– Quand tout sera fini, j'irai vous voir chez vous !

Pierre (un Sennan) notait au 7 juillet dans son journal : « Hier le général de Gaulle a passé l'inspection. C'est un homme très grand. Son discours n'a pas été long. Nous en avons assez des discours et des discoureurs. »

Ils allaient sillonner toutes les mers à mauvaises mines, pratiquer tous les combats.

Cette épopée coûta trente-deux vies. Sans doute plus fort que l'appel du 22 juin 1940 [1], c'est l'appel du cœur « *Doué ar ga vro* » (Dieu et patrie) qui fit partir les Sennans vers l'Angleterre. Cinq ans plus tard, quand ils rentrèrent, il n'y eut pas, sur l'île, de grandes manifestations de patriotisme. Chacun tout naturellement reprit son activité – la pêche, essentiellement. Très vite, de Gaulle tint sa promesse, laissa un beau monument, reconnaissance poursuivie par la ville de Paris qui finança la vedette de sauvetage.

Connus aussi les récits des raz de marée qui submergèrent l'île à plusieurs reprises jusque dans les années vingt, à tel point qu'on projeta par deux fois de l'évacuer définitivement. Plus célèbre encore est l'histoire de la construction du phare d'Ar Men, planté sur la chaussée de Sein : quatorze années de travaux pour bâtir cette tour à feu de trente-cinq mètres de haut et de sept mètres trente de diamètre sur un caillou recouvert en permanence par la mer. Les grandes histoires ne manquent pas à Sein et les îliens ont cent raisons d'être fiers de leur passé.

Mais l'avenir ? Au centre médico-social de l'île, on

1. Répétition, cette fois éventuellement entendue et publiée dans certains journaux, de l'appel du 18 juin.

soigne surtout la vieillesse et la solitude. Il y eut le service obligatoire des médecins de la Marine, la médecine libérale n'eut que de très rares candidats. C'est justement la solitude qui tua le prédécesseur du médecin que nous rencontrâmes ; ce dernier avait fait ce choix en fin de carrière après avoir exercé toute sa vie outremer, aux anciennes colonies. Mis à part quelques commerces et la poignée de marins-pêcheurs qui subsistent, il n'existe qu'une petite entreprise d'affinage d'huîtres dirigée par le maire. Le transport par la mer augmente le prix des produits de base de près de quarante pour cent ; c'est le surcoût à payer pour un jeune couple qui emménagerait demain à Sein. De nouvelles familles sur l'île et avec elles un redémarrage économique ? François Spinec y croit toujours dur comme fer. En décembre 1993, il employait trois marins sur son bateau *La Patience* ; trois marins célibataires qu'il voulait absolument marier, « pour avoir des enfants bien entendu ! » précisait-il en souriant. Malgré la crise de la pêche qui ruinait alors les ports bretons, il gardait espoir... « À Sein, notre avantage, c'est que nous sommes déjà sur les lieux de pêche... Il faut trois heures à un bateau d'Audierne pour venir jusqu'ici... Une cale réfrigérée dans le courrier de l'île et un petit camion au port d'arrivée, c'est ce qui nous manque pour valoriser notre poisson sur les criées du continent. » La pêche bretonne se porte beaucoup mieux aujourd'hui. L'espoir renaît. Souhaitons à François Spinec qui a connu dans ses jeunes années une flottille de cent bateaux à Sein de nouvelles et durables installations. Peut-être devrait-il recruter un équipage féminin... ?

Jean Marin, qui fut une grande voix de l'île après avoir été le porte-paroles du général de Gaulle à Londres, n'ignorait pas les difficultés auxquelles les îliens devraient faire face pour « maintenir le cap ». En 1992, il écrivait : « Aujourd'hui, de nouveau, des problèmes sérieux leur sont posés. On s'en tourmente avec eux mais, à l'île de Sein, le dernier mot n'est jamais dit. Il y a là, sous les yeux de l'Europe, dont à l'occident Sein est le plus extrême surgeon, tous les composants d'un incomparable observatoire de l'insularité celtique, conservée et soustraite au péril de la mer depuis plus de deux mille ans. » « Île de Sein, île de rien » aimait à répéter Jean Marin. « Un caillou dans l'océan », « un buvard posé sur une table », les périphrases sont innombrables[1] et Sein s'en accommode. « Si ça peut vous aider à écrire votre article, nous ça ne nous dérange pas... ».

Entrer en Bretagne par l'île de Sein comporte un risque non négligeable : celui de trouver la suite du voyage un peu fade de l'autre côté de la mer, là-bas, « en France »...

« Qui voit Sein voit sa fin »... Les dictons s'accrochent comme des berniques à l'histoire des îles bretonnes sans doute, à l'origine, à cause de leur difficile

1. « L'île peinte sur la mer », « le bout du monde », etc.

accessibilité. Il était plus facile d'approcher Groix (« Qui voit Groix voit sa joie »[1]) que Ouessant (« Qui voit Ouessant voit son sang »).

Aujourd'hui les choses ont changé et les marins pourraient nous proposer, par exemple :

« Qui voit Ouessant voit du bon temps »

ou bien encore

« Qui voit Belle-Île voit des automobiles »...

La plus grande et la plus peuplée des îles bretonnes a des allures de porte-avions par rapport à sa petite cousine, Sein, qui apparaît comme un frêle radeau émergeant à peine au-dessus de l'océan. Belle-Île-en-Mer (il existe dans les Côtes-d'Armor une Belle-Isle-en-Terre) est sans conteste le navire amiral de l'escadre des grandes îles bretonnes habitées. C'est un véritable petit continent de vingt kilomètres de longueur sur quatre kilomètres de largeur, en pente douce vers le nord et hérissé de falaises au sud. Un paysage qui invite au romantisme et auquel l'écrivain Charles Le Quintrec succomba lorsqu'il écrivit : « Il suffit d'accoster à Belle-Île pour sentir vibrer un air différent de tous les autres ; on se sent comme délesté d'un lourd et tragique héritage. Ici, plus rien que le battement des vagues au pied des fortifications et là-bas, du côté de Taillefer, plus rien que l'envol argenté d'un goéland au-dessus du sémaphore. »

Il est plus prudent de débarquer au Palais hors saison si vous voulez, comme le poète, « sentir vibrer un air

1. ... ou « sa croix » !

différent ». Belle-Île, qui fut occupée par les Anglais de 1761 à 1763, est désormais envahie chaque année à date fixe par une armée de quarante mille touristes. Le mois d'août en particulier est le mois des bouchons automobiles. « C'est le tourisme qui fait vivre l'île aujourd'hui, mais à quel prix ! » constate ce vieux Bellilois un peu nostalgique. Il est loin le temps béni du poisson d'argent qui faisait tourner les onze conserveries locales au début du siècle. Loin aussi le temps des champs cultivés par des agriculteurs qui nourrissaient leur île et qui exportaient le surplus de leur production vers le continent. Les derniers paysans bellilois sont l'objet de toutes les curiosités. René Thomas à Herlin près de Bangor – un des quatre villages de l'île – s'accroche à sa terre. Il est devenu malgré lui un des personnages les plus célèbres de l'île. « Mais si... La photo du type en train de tenir la charrue tirée par deux beaux chevaux de labour, au soleil couchant, eh bien, c'est René Thomas... » Sur les sept enfants de la famille, il est le seul à être resté. Une vingtaine de vaches, quelques champs de pommes de terre, un peu de maïs pour nourrir son troupeau et quatre chevaux avec lesquels il laboure sa terre. Un mode de travail archaïque qui rallonge considérablement ses journées de travail mais qui flatte l'œil des touristes.

Parmi les figures de l'île, la plus célèbre fut certainement Mlle Anne-Marie Clément. Elle n'était ni tragédienne, ni artiste-peintre, ni encore moins romancière ou star de la télé. Non, elle était gardienne de la citadelle. Nanie – c'était son surnom – passa les quatre-vingt-cinq années de sa vie dans « sa » forteresse. Elle habitait près de l'entrée, dans le logis du gouverneur. Son père était gardien et, presque naturellement, elle lui succéda en 1933, à l'âge de vingt-six ans, sans jamais avoir été autorisée à aller au bal. Un béret penché sur le côté comme celui des chasseurs alpins, une longue cape noire et un grand foulard autour du cou, elle arpentait bastions, casemates, poternes et poudrière avec l'aisance d'un officier de garnison. « Je n'ai pas l'âme guerrière, nous confia-t-elle, mais j'aime beaucoup les termes militaires... » Nanie l'aimait cette citadelle. C'était sa maison. Elle y était née. Son érudition et son impressionnante mémoire forçaient l'admiration. Mais plus encore, c'était son sourire et sa gentillesse qui vous charmaient. Elle avait connu Arletty, qui possédait une maison sur l'île, Colette, Marcel Carné, Blaise Cendrars. Elle rencontra après la guerre Messali Hadj, le fondateur du Mouvement national algérien, placé en résidence surveillée dans la citadelle. La petite gardienne était une grande demoiselle, décorée trop tard par Jack Lang (elle mourut l'année d'après). « Le soir, ici, c'est extraordinaire, il y a une paix, la paix de l'âme peut-être et en même temps on sent beaucoup de souvenirs accumulés qui rejaillissent. Des souvenirs gais et des souvenirs tristes aussi... » Les souvenirs suintent encore à travers les murailles de cette place forte maritime : Vauban, Fouquet, bien entendu, mais aussi les Blanqui, Barbès incarcérés ici après l'insurrection de 1848. Jusqu'en 1970, la citadelle abritait un institut d'éducation surveillée que les Bellilois appelaient moins pompeusement « le bagne d'enfants » et à partir duquel Marcel Carné voulut faire un film sur un scénario de Jacques Prévert. *La Fleur de l'âge* ne fut jamais achevé. L'hôtel où le tout jeune Serge Reggiani avait logé avec toute l'équipe du film était encore d'un charme fou bien qu'en ruines en 1986. La bêtise l'a non seulement rasé mais l'a remplacé par une hideuse construction granito-bétonique.

L'histoire du tourisme à Belle-Île commence à la fin du XIXe siècle, en août 1894 très exactement, avec l'arrivée d'un autre personnage extraordinaire, Sarah Bernhardt. La tragédienne, au firmament de sa gloire, vient se reposer chez son ami le peintre Georges Clairin. Coup de foudre immédiatement suivi de l'achat d'un insupportable ancien fortin qu'elle fait restaurer pour y recevoir ses amis parisiens. Elle reviendra ici chaque année, jusqu'à sa mort en 1923. La « grande dame de l'île » organisera des fêtes au profit des pêcheurs en difficulté et assurera à Belle-Île une formidable publicité.

Belle-Île en art, ce fut d'abord et surtout Claude Monet qui débarqua le 17 septembre 1886. Pendant soixante-quinze jours, il va crapahuter dans le site, après avoir recruté un marin-pêcheur qui l'aidera, parfois face au grand vent, à porter son chevalet et ses toiles. Fasciné par la côte sauvage aux environs de Port-Cotton, il va peindre trente-neuf tableaux durant son séjour !

Les artistes ont toujours aimé Belle-Île. De Flaubert à Mauriac, de Matisse à John Peter Russel, ils ont trouvé sur la grande île morbihannaise l'inspiration ou tout simplement le repos. Sauzon, la plage des Grands Sables, Locmaria et l'île de Bangor, Belle-Île n'a pas perdu son visage malgré le tourisme de masse. Elle a été bien protégée par les élus d'une part, qui ont su résister jusqu'à présent aux pressions des promoteurs immobiliers, et par les acquisitions du Conservatoire du littoral d'autre part, qui ont permis la revégétalisation de certains espaces menacés par le piétinement et par les parkings sauvages.

Souhaitons à Belle-Île que ses maisons, ses bateaux et ses champs restent le plus longtemps possible propriété des Bellilois. À défaut, la plus touristique des îles bretonnes pourrait y laisser son âme.

Changement de cap et de décor. Voici, à portée de boulet de Roscoff, dans le nord du Finistère, l'île de Batz.

Troisième de nos « entrées en Bretagne par les îles », Batz est un grand jardin cultivé au milieu de la mer. À un quart d'heure de bateau du continent, Enez Vaz, l'île de Batz, travaille avec bonheur ses deux cents hectares de terre morcelés en un inextricable cadastre parcellaire. Ce morceau de Finistère a une superficie totale de trois cent cinquante-sept hectares, est occupé par sept cent cinquante habitants, les Batziens, qui fournissent à partir de trente-cinq exploitations six mille tonnes de légumes avec, pour certaines variétés de primeurs, une avance d'un mois sur les productions de la Ceinture Dorée : qui ne connaît pas la pomme de terre nouvelle de Batz, aussi goûteuse que celle de Noirmoutier, a une lacune à combler... Enfin, Batz, c'est l'île de l'agriculture bio, qui représente vingt-cinq pour cent de la production légumière totale.

L'île, c'est vrai, possède un climat privilégié grâce à la proximité du courant du Gulf Stream. Il est vrai aussi que les algues « se ramassent à la pelle » sur les grèves et qu'elles constituent un précieux engrais naturel et... gratuit. On comprend mieux alors la volonté de ces femmes et de ces hommes qui travaillent obstinément leurs petits champs. Ici, pas une once de terrain n'est laissée à l'abandon. « Il faut la garder agricole, cette île, parce que sinon qu'est-ce qu'on va faire de nous après ? On va nous mettre au chômage comme ils font dans les usines là-bas... », confie ce cultivateur en pointant son doigt vers Roscoff. Ça fait des générations qu'on est là et ça va durer encore quelques temps, croyez-moi ! » À bon promoteur, salut !...

À Batz, on aime bien les touristes mais à dose homéopathique. Les quatre chambres aménagées dans la maison de famille de Mme Prigent – Ty Va Zadou – sont de toute beauté, sentent bon le propre et la cire d'abeille. L'extension des résidences secondaires fait l'objet d'une extrême vigilance de la part des îliens. Le maire, Guy Cabioch, est d'abord patron-pêcheur : « La flottille de Batz, c'est une quinzaine de bateaux, essentiellement des caseyeurs et des fileyeurs. Au début des années quatre-vingt, nous avons limité les investissements et nous avons bien fait... Et puis nous travaillons plus avec une main-d'œuvre familiale qu'avec des équipages. » Quand il n'est pas sur l'eau, M. le maire s'occupe d'urbanisme. Un plan a été déposé en 1996 qui vise surtout à préserver les terres agricoles en zone urbanisée, c'est-à-dire qu'on ne pourra pas construire de lotissement à la place des « dents creuses », ces petits champs entourés de murets de pierre appelés ainsi parce qu'ils occupent l'espace entre les maisons du bourg. Pour ce qui concerne les terres non cultivables, on pourra toujours bâtir, mais pas n'importe où et pas n'importe comment : les contraintes paysagères et environnementales existent et puis les Batziens sont prioritaires. Jure-t-on.

La proximité du continent est une chance pour Batz. Un pont ? La question a été souvent posée aux îliens mais pour l'instant ils vivent très bien sans pont ; la barge et les passeurs suffisent... Décidément, ces gens-là aiment rester chez eux, entre eux. La seule révolution en provenance du continent fut une conduite immergée qui apporta l'eau courante sur l'île en... 1971 !

Batz, le soir venu, s'enferme dans son silence. Un silence dense, obscur, presque mystique. Les quarante voitures de l'île se sont tues. Le grand calme est simplement troublé par les grondements assourdis de la mer. Raconte-t-on encore, à la veillée ou sur Internet, l'histoire du dragon mangeur d'hommes ? La légende veut que saint Pol Aurélien, venu d'Angleterre au VIe siècle, débarrassa l'île d'une grosse bête, un monstre qui dévorait hommes et chevaux. Saint Pol fait partie de ce bataillon de petits saints fondateurs de la chrétienté bretonne, aussi intrépides que malins. Il naquit outre-Manche en 492. Avec d'autres, il s'embarqua pour aller évangéliser la terre d'Armorique. Après un bref séjour à Ouessant, il s'installa à Ploudalmézeau quelques siècles avant Alphonse Arzel qui terrassa lui aussi un autre dragon, cracheur de pétrole celui-ci : l'*Amoco Cadiz*. Saint Pol apprit qu'un moine du nom de Withur était installé sur l'île de Batz, où il avait fort à faire avec un dragon. Saint Pol se rendit sur l'île, accompagné d'un gentilhomme de Cléder, pour faire disparaître la bête. Il se rendit à la caverne du monstre et lui ordonna de paraître. Fasciné par l'étole (l'assujettissement par étole ou fulmination fait partie des symboles forts de la christianisation) et par quelques petits mots secrets, le dragon marcha sous la conduite du gentilhomme de Cléder jusqu'à la pointe ouest de l'île. Là, d'un coup de bâton, il fut précipité du haut d'un rocher dans les profondeurs de l'océan. Ce lieu s'appelle depuis Toul ar Sarpant (« Le trou du serpent »). Tous ces efforts donnèrent soif à la petite troupe et, dans une grève découverte, en touchant un rocher de son bâton, saint Pol fit jaillir une source.

D'autres miracles eurent lieu sur l'île, bien des siècles plus tard. Celui de la prospérité agricole bien sûr, à la force des hommes surtout... Mais comment expliquer que les légumes poussent ici avec un mois d'avance sur Roscoff, dont les champs ne sont séparés de l'île que par un bras de mer ? Comment expliquer encore qu'un Parisien du nom de Georges Delaselle, condamné par la médecine de l'époque à quelques mois seulement de vie supplémentaire, ait réussi à faire pousser dans un trou de sable, à Penn ar C'hleger, pointe sud-est de l'île, un Éden exotique ? Ce jardin « colonial » créé au début du siècle, en 1902, par ce misanthrope malade et ruiné n'est pas une folie mais un miracle. Delaselle va d'abord creuser une énorme excavation pour mettre ses plantations à l'abri des vents salins, travaux qui vont mettre au jour le premier village de l'île ou, plus exactement, la première nécropole de l'âge du bronze. Ensuite, il réussira, on ne sait comment, à faire pousser toute une végétation tropicale qu'il abandonnera, toujours survivant, en 1937. Ce trésor botanique, sauvé à son tour, mais de justesse, cinquante ans plus tard, possède une collection de palmiers unique. Remarquablement restauré par l'Association des amis du jardin Georges-Delaselle, il appartient aujourd'hui au Conservatoire du littoral.

Mais le vrai miracle, celui de l'avenir, c'est la permanence de la scolarisation d'une centaine d'enfants sur Batz. Quand d'autres îles maintiennent quelques poignées d'élèves seulement, Batz a relevé le défi : en 1983, lorsque fut créé sur l'île le collège du Ponant, les jeunes Batziens alors pensionnaires sur le continent étaient près de quatre-vingts pour cent à abandonner l'école avant la troisième ! Ils sont aujourd'hui une quarantaine à réussir très correctement leurs études sur leur île. Explications de François Gautier, principal des Îles-du-Ponant en 1995 : « Il est vrai que ces gosses-là n'ont pas été habitués à vivre au milieu de cinq cents, voire de mille élèves... Ils sont habitués à des petites unités de trente-cinq à quarante élèves où tout le monde se connaît. Les professeurs et les élèves se tutoient, vivent le quotidien de manière tout à fait simple et naturelle. » Après l'école, les enfants deviennent les rois de l'île. Ils montent à cheval, ramassent du lichen « sur la grève du nord » pour se faire un peu d'argent de poche ou organisent des concours de course à la godille à l'abri du port. Batz, l'île des enfants-rois, a su réconcilier le patrimoine naturel et l'activité humaine. Enez Vaz a compris très tôt que la renommée et le bruit n'engendrent pas forcément le bonheur.

À propos de renommée et de bruit, la ville de Paris devrait se préoccuper de la création d'un Observatoire de la ville d'Ys, et le plus rapidement possible. En effet, un vieux dicton breton dit :

Pa ziveuzo Is
E veuzo Paris.
(« Quand des flots Ys émergera
Paris submergé sera. »)

Sein, Batz, Belle-Île... trois îles aux caractéristiques tellement différentes et qui pourtant ont cela de commun à toutes les îles de Bretagne qu'elles sont des mondes à part, figés et recréés à la fois par l'Atlantique ou la Manche, dans un isolement qui n'est qu'apparent. À Ouessant, l'île aux phares : Stiff, Men Corn, Kereon, La Jument, Nividic... Celui du Creac'h envoie depuis cent trente-six ans ses signaux à des dizaines de milliers de bateaux qui croisent sur une des routes maritimes les plus fréquentées du monde, tandis qu'à son pied on visite le musée de l'Administration des phares et balises où l'on s'effraie à étudier la carte d'innombrables naufrages. Du haut de la tour-radar du Stiff, on surveille le passage d'une mer à l'autre par le fameux rail de séparation du trafic, en espérant ne plus jamais revoir échouages ou accidents des pétroliers qui polluèrent si dramatiquement nos côtes. Nou gardons, pour avoir été témoin du désastre de l'*Amoco Cadiz,* des souvenirs précis de ce qui fut ressenti comme une humiliation, avec dégoût et désespoir par les Bretons, les bénévoles du nettoiement, les scientifiques, incapables pendant quelque temps de pronostics sur la régénération des côtes, de leur faune, de leur flore, et sur la restauration de l'image de cette partie de la Bretagne. Vingt ans après, ce serait comme un mauvais rêve. On invoque la force de l'oubli. Mais ce sont des idées de passant pressé. La marque de la marée noire historique est indélébile dans l'esprit de toute une génération, même si elle tient à rester secrète.

Ouessant ne fait pas qu'observer, « sentinelle », « chien de garde » de l'Europe, les dangers présents et futurs. Ouessant vit sa grandeur d'île des plus belles tempêtes, pour le bonheur des photographes qui peuvent aussi venir en avion. La pêche y est réduite à sa plus simple expression. L'aquaculture a un passé récent tourmenté mais de beaux jours devant elle. Rien de mieux que cette île, en dehors des flux journaliers de juillet-août des touristes, pour se recharger en iode et en oxygène dans une nature redevenue aux deux tiers sauvage, véritable palette de peintre au ras du sol : gamme du rose au rouge vif, bruyères, œillets marins, lichens, plaques dorées des ajoncs et des genêts... Les petits moutons noirs d'Ouessant, réputés pour leur résistance, ne paissent plus que dans quelques écomusées du continent. Les mille moutons blancs ordinaires ont toute liberté de moutonner sur les cinquante mille parcelles des mille cinq cents hectares – un record ? – jusqu'au temps où on les rassemble, prétexte à une fête, pour les attacher ensuite deux par deux. Louis Conq, le curé d'Ouessant et de Molène, a pris sa retraite à soixante-quinze ans fin 1997. L'Évêché n'a pas les moyens de le remplacer par un autre curé résident. Ouessant vieillit et se dépeuple. Il y a d'autres priorités et c'est un prêtre du continent qui vient pour les offices. Tonton Louis n'est plus là pour montrer lui-même aux visiteurs de l'église la petite croix de cire, la proëlla, qui jadis représentait le corps des marins « qui meurent loin de leur pays dans les guerres, les maladies et les naufrages », comme l'indique une inscription sur un petit caveau, sorte d'émouvante fosse commune des proëlla. Quant aux femmes d'Ouessant, elles sont réputées détentrices de l'autorité que les hommes soient en mer ou pas. Ce fut longtemps vrai comme dans bien des îles et des ports d'Armorique. Elles régnaient aussi sur les champs et les jardins exposés à tous les vents salins. Travaux des plus pénibles pour de bien maigres récoltes. La friche a pris le dessus.

En cette mer d'Iroise, l'île de Molène toute proche a conservé elle aussi quelques jardinets. Je salue pardessus la haie une jolie mamie occupée à sarcler son parterre de fleurs. Mai tient ses promesses, sous un soleil idéal. « L'hiver a été long », soupire-t-elle. Pas tant à cause de la rudesse des vents, dont cinq ou six vraies tempêtes, mais parce que, excepté les fêtes de fin d'année, les visites des parents et amis se font très rares de la Toussaint jusqu'à Pâques. Pas question pourtant d'aller vivre sa retraite ailleurs. Pas question non plus pour son mari qui vient de relever son filet pour son plaisir et sa consommation personnelle. Il est bredouille. La déchirure du filet le navre, ça se répète de plus en plus... Ce sont les phoques. « Ils sont les rois par ici. Ce n'est pas parce qu'ils sont protégés qu'ils sont autorisés à manger le poisson des autres ! C'est trop facile ! » bougonne-t-il, pas du tout concerné par l'appartenance de l'archipel au programme de l'Unesco, « L'homme et la biosphère », qui ambitionne de concilier le développement des activités humaines et la protection du milieu naturel. Les phoques, les dauphins, des dizaines d'espèces d'oiseaux de mer ou migrateurs, une flore exceptionnelle font en effet de l'archipel de Molène – avec les îles classées en réserves : Banneg, Banaleg, Trielen, Beniguet – une zone de préservation et d'études scientifiques prioritaire très fréquentée pourtant de mai à octobre par les bateaux goémoniers approvisionnant le port de Lannilldut sur l'aber finistérien le plus proche. Ils sont des dizaines à arracher des tonnes de laminaires avec leurs « scoubidous », sortes de tire-bouchons géants. C'est que ce plateau offre à faible profondeur la moitié de la production française d'algues servant sous diverses formes de gélifiants pour les industries alimentaire et pharmaceutique. À deux cent trente-huit francs la tonne en 1997, la récolte d'une journée est rémunératrice une fois déduits l'amortissement, l'entretien, le carburant, les frais de manutention, etc. Les sorties sont limitées à quatre jours par semaine en saison. Le reste de l'année le pêcheur va à la coquille Saint-Jacques ou bien redevient fileyeur ou caseyeur. Noël Tanguy, l'un des vingt-deux super pros du plateau de Molène, apprécie ces deux saisons de pratiques si différentes l'une de l'autre. Il a toutefois un net penchant pour le goémon. Les Tanguy ont ça dans le sang depuis 1850. Le dernier fils de Noël veut « faire les algues... » et « pourtant il travaille bien à l'école !... »

Autrefois les « pigouillers » du Finistère-Nord venaient s'installer à Trielen et à Molène pendant plusieurs semaines. Ils y retrouvaient leurs fours à goémon où par brûlage ils transformaient en pains de soude les algues récoltées. Une complainte écrite par Denez Abernot dans les années soixante-dix est restée célèbre :

Quand j'ai entendu la nouvelle
Que ma maîtresse devait partir
Faire du goémon sur les îles...
Des larmes me montaient aux yeux
Car la vie sur les îles est triste et dure
Tous les jours toutes les nuits dans la peine
Les goémoniers sont des gens damnés...

De ma chambre du Kastel An Daol donnant sur le port baigné de soleil ce jour-là, j'ai eu du mal à recomposer l'image sépia, vue cent fois, de la grande barque noire des goémoniers chargée aussi du cheval et de la charrette pour le transport des algues sur Trielen, ou ces autres images d'hommes et de femmes, l'eau à mi-cuisses, coupant à la « guillotine » et ramenant au râteau et à la hotte leur dérisoire et précieuse récolte.

Molène ! On peut y taper, quand elles sont là, sur le ventre de ses célébrités : Jo le Guen, auteur de deux traversées à la rame de l'Atlantique, la seconde fois avec son copain « taulard », ou bien encore Didier Squiban fraîchement adopté pour avoir fait venir son piano à queue dans l'église afin d'enregistrer un concert en solo devant un public exclusivement molénois. La tentation de rester dans cette île est forte. On n'y trouve pas le grandiose : c'est beau comme la paix ! Il y flotte un air de gaieté naturelle. On s'y promène tranquillement comme les mouettes, les ailes derrière le dos. Il se dit que les habitants se sont remis à l'heure solaire. On aimerait que ce soit vrai, mais il n'y a guère que l'hôtelière et deux ou trois de ses adeptes à se tenir à ce choix. Pour l'horaire des repas ou du bateau, on prend facilement l'habitude de deux repères : la pendule de l'hôtel et sa propre montre. Et quand on repart vers le Conquet dans le violent courant du Fromveur, ce que l'on voit derrière soi, c'est Molène la sereine.

La première information que l'on vous donne sur l'île de Groix avant que vous ne vous y rendiez, c'est que le clocher de son bourg est surmonté non d'un coq mais d'un poisson. C'est à peu près le seul souvenir évident, avec les tableaux, maquettes et objets conservés à l'écomusée, de l'ancienne grande spécialité des pêcheurs groisillons, la pêche au thon germon. À mieux y regarder, à mieux écouter sur place on saura que le musée de Port-Tudy est installé dans l'une des cinq anciennes grandes conserveries qui employèrent en saison la majorité des femmes de l'île ; que l'école de voile de Port Lay occupe la première de ces usines, fondée par un Jego en 1864, près de la première école de pêche créée en France à la fin du siècle dernier. Quand les dernières boîtes de thon blanc au naturel prirent le bateau pour Lorient vers 1980 et que le Parti socialiste imprima une affiche « Bretagne, ta conserve fout le camp ! » cela faisait déjà longtemps que la gloire des voiliers de douze mètres, les dundees de Groix, s'était éteinte. Leurs mâts faisaient du port une forêt. On les a estimés à environ trois cents en 1900, deux cents en 1936, rivalisant avec Étel, Concarneau, Saint-Jean-de-Luz. Des Açores à l'Irlande et au cap Finisterre, ils suivaient les bancs, cinq ou six hommes à bord jetant les lignes accrochées aux tangons pendant les quatre mois d'été. Au bourg, quelques belles maisons à étages témoignent de la prospérité des patrons et armateurs, et à mieux y regarder encore, les jolies maisons, dites de marins-paysans, que les nouveaux résidents n'ont pas encore agrandies, étaient de dimensions bien modestes pour loger des familles nombreuses. Les plus gaies sont celles dont les portes et volets ont été repeints avec ce qui restait de peinture quand on avait terminé l'entretien du bateau.

Souvent nous allons à terre avec nos barques vides
Brisés de fatigue et de honte
La mer est notre patronne, nous sommes ses valets
À son caprice elle nous traite, sans fin.

Ce désespoir, Yann Ber Calloc'h, le poète de Groix, l'a vécu avant de s'engager à la guerre pour être « le rocher breton aux frontières de l'Est », « grand veilleur debout sur la tranchée » et d'y laisser la vie et sa prière inachevées. En août 1913, il s'était embarqué avec l'équipage de l'*Aquilon.* Dix-huit jours de mer, neuf poissons ! Son poème [1] témoigne :

Dans les zones de pêche fréquentées par nos pères
Nous sommes passés, les lignes tendues
Nous n'avons rien pris là où ils obtenaient de pleins
[bateaux
Maître, nos cœurs faiblissent
[...]
Autour de nous voltigeaient les embruns des vagues
[d'Irlande
[...]
Plus loin au large nous avons été
À l'ouest aucun poisson, ni à l'est davantage

1. « La prière du marin » dans *Ar en deulin* (« À genoux »).

[...]
Hélas si cela continue, cette année dans notre pays
La nourriture du pauvre sera maigre
[...]
La Croix que vous traîniez jadis sur le calvaire
Etait lourde ; la nôtre aussi
Le métier de marin est un métier de peine.

C'est dit sans colère. L'amour est Armor et Dieu en son cœur. Au monument aux morts, il y a sur une sorte de rocher les plaques de marbre en souvenir des disparus en mer. Des Tonnerre, des Baron, Stephant, Penhoet, Le Berre, un Joseph Calloc'h en 1930, l'année terrible où six thoniers firent naufrage. Plusieurs plaques de cette année-là portent deux noms, le père et le fils : Pierre Guégan, soixante et un ans, Edmond Guégan, vingt-cinq ans ; Marius Le Bulze, quarante-sept ans, et son fils Joseph. Le garçon avait treize ans...

À partir de 1935, les uns après les autres, les dundees désarmèrent et furent remplacés par les chalutiers-thoniers à moteur et chambres froides. Mais ce serait l'affaire des Lorientais. Maints pêcheurs groisillons quittèrent l'île pour s'installer sur le continent. Pas tous. J'entends encore ce retraité du village de Locmaria me dire en souriant : « Je n'ai pas dû user plus de deux paires de draps dans toute ma vie ! » Plus souvent sur des bateaux que dans son pen-ty, deux ou trois pièces, bien serré contre les autres à l'abri d'une petite rue derrière ce port miniature. Il ne regrettait rien d'une vie de marin qu'il n'avait pas trouvée si dure que ça. Il en avait tant vu sur l'évolution de la pêche, des bateaux, de la navigation que plus rien ne l'étonnait. Même pas cette voiture amphibie, rare spécimen acquis par l'un de ses voisins, M. Klauss, citoyen suisse, récent propriétaire du café de l'Escale à Port-Tudy, qui ne voulait pas être tributaire des horaires du courrier de Lorient pour venir séjourner à Groix. Son engin, pourvu d'une hélice débrayable s'ajoutant à la transmission principale, fait la traversée en moins d'une heure même par mer formée et jusqu'à vent force six.

Mes souvenirs de l'île de Groix – cela tient-il à sa riche diversité minérale qui en fait un musée de géologie à ciel ouvert ? – sont plus résistants que d'autres. Montée du raidillon du port au bourg à vélo, avec arrêt obligatoire au bistro chez Ti Bedeuf, solitude sur la lande et, hors saison, sur la plage convexe des grands sables rouges ; soirées dans la petite Irlande de Kerampoulo où Gilles me chante encore une fois :

> « C'est elle mon île
> Terre épouse des flots...
> Voyez son abandon dans le lit de l'eau
> *Chal a dichal* [1]
> Sperme d'écume
> L'amour de la mer mâle... »

---

1. « Flux et reflux » en breton.

Par les portes maritimes

Bien avant les voies romaines, il y eut les routes maritimes. Le cabotage, c'est-à-dire la navigation marchande le long des côtes, se développa autour de la péninsule armoricaine, dans les nombreuses rias qui entaillent plus ou moins profondément la côte bretonne. Là, sur les vasières et les grèves s'échouaient les lourdes nefs et les gabarres ventrues chargées de sel, de lingots de plomb, de vins ou de bétail. Ainsi, la cité d'Alet, à l'embouchure de la Rance, fut dès le Ier siècle avant Jésus-Christ un important port de commerce entre la Bretagne et l'Angleterre. L'élévation du niveau de la mer et l'augmentation de la taille des navires marchands obligèrent douze siècles plus tard la population d'Alet à choisir un nouveau site mieux adapté aux exigences d'un commerce maritime en plein essor : ce fut une île entourée de vasières, le rocher de Saint-Malo, qui eut la préférence...

Il y a mille entrées en Bretagne par les ports. Certaines sont majestueuses, c'est le cas de Brest et de son impressionnant goulet, véritable sas de protection constitué de deux falaises hérissées de fortins et dans lequel l'océan vient s'étrangler avant de se répandre paisiblement dans l'une des plus belles rades du monde. D'autres, plus discrètes, sont tout aussi pittoresques : le minuscule port de Gwin Zegal entre Paimpol et Saint-Quay-Portrieux est très certainement le plus ancien port de plaisance de Bretagne. À l'abri d'un îlot, quelques bateaux sont amarrés à de longs pieux plantés au fond. Les pieux sont en fait des arbres arrachés dont les racines ont été ensevelies sous des galets. La légende raconte que ces pieux servaient aussi à punir les sujets qui avaient « fauté ». « À marée basse, le seigneur local y attachait les malheureux et laissait le flot faire son œuvre de bourreau », nous rappelle le journaliste Alain Le Bloas dans son guide *Bretagnes d'un jour* (Éditions Le Télégramme). À quelques heures de cabotage, plus à l'ouest, dans le pays du Léon, Porz Nevez, le port neuf en breton, n'a de neuf que le nom ; ici, pas de ponton ni même de jetée, seulement quelques corps-morts au milieu d'une ria aux eaux transparentes. Une vraie publicité pour le Comité régional de tourisme et sans maison sur la photographie ! Garantie sans procès !... La côte bretonne abonde en replis de ce genre qui forment des abris naturels. « Il suffit d'y construire une jetée en maçonnerie afin de faciliter le débarquement du poisson pour que l'abri naturel devienne un port », affirmait, sans l'ombre d'un doute, le géographe Louis Gallouédec. Il est vrai qu'en 1921 le problème de la diminution de la ressource halieutique n'était pas à l'ordre du jour...

En 1994, les pêches bretonnes sont en crise. Les cours sont au plus bas, la ressource est en baisse et le surendettement d'une partie de la flotte devient endémique. C'est l'explosion. Les ports de pêche bretons ont perdu plus de mille bateaux en six ans de 1988 à 1994. Des importations en hausse, un désordre monétaire qui déstabilise les marchés et une consommation très faible des ménages français ajoutent au désarroi et à la colère des patrons et des marins qui réalisent que la restructuration, obligatoire, sera longue et difficile. Quatre années ont passé et les ports de pêche bretons, d'une manière générale, se portent mieux. Mais le problème de la surexploitation de certaines espèces demeure, malgré la diminution du nombre de navires.

Les langoustiniers bigoudens du Guilvinec, de Loctudy, de Saint-Guénolé et de Lesconil ont dû, comme les autres, s'adapter aux grandes mutations économiques. Un meilleur suivi de la pêche et une gestion rigoureuse ont permis à ces ports uniquement artisanaux de maintenir le cap. « Il faut désormais rester très vigilant sur les circuits de distribution et surtout ne pas tout concentrer sur un même acheteur », souligne René-Pierre Chever, le responsable du Comité local des pêches du Guilvinec. « Sans quoi, poursuit-il, nous risquons de devenir les otages de la grande distribution, qui se présente aujourd'hui comme le "sauveur" des pêches bretonnes. »

Mais tous les ports bretons, faut-il le rappeler, ne sont

pas des ports de pêche. En terme d'emplois, la pêche bretonne représente à peu près l'effectif du seul arsenal de Brest, soit environ six mille personnes ! La plaisance, quant à elle, est en plein développement avec un effectif de deux mille personnes sur les principaux sites bretons – Brest, Port Crouestly à Port-Navalo, La Trinité-sur-Mer et Saint-Malo –, incluant les entreprises de réparations navales, de location et de gardiennage. Pour ce qui concerne les ports de commerce, les ports bretons représentent bien peu de chose dans le contexte international et même français. Et pourtant, paradoxalement, leur participation au commerce régional est vitale ; ils assurent trente-deux pour cent des exportations et quatre-vingt-un pour cent des importations !

Puisque nous sommes dans les chiffres, restons-y encore un peu avant de nous ancrer dans les trois principaux ports bretons : Brest, Lorient et Saint-Malo. Par rapport au trafic total des produits industriels français, la part des ports bretons ne représente que un pour cent ! En revanche, l'importance des activités agricoles et agroalimentaires explique l'importance des échanges liés à ces activités : avec un trafic de deux millions trois cent mille tonnes d'alimentation animale chaque année, le port de Lorient se place en tête dans cette spécialité au niveau national. Engrais, alimentation animale, produits énergétiques et matériaux pour le BTP constituent, dans le désordre, les quatre principaux tonnages des ports de commerce bretons. N'oublions pas de signaler le transport de passagers sur le Transmanche, à partir de Roscoff et de Saint-Malo : les deux ports totalisent plus d'un million trois cent mille passagers par an, ce qui est loin d'être négligeable.

Selon les spécialistes, pour pérenniser et développer l'outil portuaire breton, il faudrait impérativement réduire les coûts portuaires, afin de rendre les transports maritimes plus compétitifs – ils le sont déjà sur des distances supérieures à quinze cents kilomètres par rapport au transport routier. Dans un deuxième temps, il conviendrait de mettre en réseau les ports de l'Arc atlantique – régions maritimes de l'ouest de l'Europe, de l'Irlande à l'Espagne – au niveau de la façade française de cet arc. À cet égard, le site de Brest pourrait être retenu comme tête de pont pour le transbordement et le délestage des gros porteurs transocéaniques, essentiellement des porte-conteneurs. Dans le jargon du commerce maritime, cela s'appelle du *feedering,* c'est-à-dire la relation par voie maritime entre les ports de taille moyenne et les ports les plus importants (Rotterdam, par exemple). Un développement simultané du cabotage caractérisé, contrairement au feedering, par des rotations courtes et des fréquences importantes pourrait servir, au sein d'une stratégie de groupage-éclatement, les ports de l'Arc et par conséquent les ports bretons.

Pour l'heure et malgré la mondialisation des échanges économiques, la France – et a fortiori, la Bretagne – pays maritime de par sa position géographique, continue à tourner le dos à la mer, ignorant superbement celle qui l'a enrichie pendant plus de trois cents ans, jusqu'au début de notre siècle.

Les trois grandes entrées maritimes, Brest, Lorient, Saint-Malo, ont plusieurs points communs. Ce sont trois villes martyres, rasées par les bombardements alliés durant la Seconde Guerre mondiale. Brest et Lorient ont aussi en commun leurs arsenaux militaires, malmenés par les restrictions budgétaires de la Défense. Si le ciel est particulièrement sombre au-dessus des deux grands ports militaires bretons, le tonnerre gronde déjà sur le port de Brest. Malgré une « vocation » soudaine pour l'offshore avec un premier contrat, pour une plate-forme pétrolière, de cinq cents millions de francs et un million deux cent mille heures de travail passé par la société Forasol-Foramer, la Direction des constructions navales (DCN) doit impérativement poursuivre ses efforts en direction des marchés civils pour éviter que ses arsenaux ne deviennent de véritables chaudrons de révolte sociale. Est-ce la fin d'une époque, celle de la construction des « bateaux gris » ? Les deux grands chantiers de l'arsenal finistérien – le porte-avions nucléaire *Charles de Gaulle* et le transport de chalands de débarquement – arrivant à leur terme, les Brestois découvrent, amers, la dépendance chronique de leur économie liée aux commandes de l'État. Plus que le tonnerre avec lequel les Brestois ont pactisé depuis longtemps, c'est un véritable tremblement de terre qui ébranle les fondations du grand port breton et qui pourrait engloutir quinze cents emplois, surtout dans la sous-traitance, avant l'an 2000 !

Brest constitue le premier site militaire de Bretagne. Les chiffres sont éloquents : sur une population totale de 210 000 habitants, dont 130 000 actifs, près de 25 600 emplois sont sous statut d'État, qu'ils soient militaires ou civils. Avec les familles, cela représente 69 000 personnes et près de 34 000 retraités[1]. On mesure mieux l'inquiétude des Brestois et l'on peut être mélancolique, comme le fut Pierre Mac Orlan lorsqu'en 1926, revenant à Brest, il sentit une menace peser sur cette ville, celle du progrès et du modernisme. Mac Orlan, un visionnaire ? Peut-être. En tout cas, « il est pris d'un cafard qui lui ferait regagner Paris », souligne l'éditeur Pierre Carn. Mais il va rester et nous livrer un petit chef-d'œuvre de poésie dont voici un extrait :

Si l'on débarque un matin, au petit jour dans la gare de Brest, on constate que c'est bien une gare de fin de terre européenne, une gare d'extrémité un peu mortifiée, une gare qui donne accès à toutes les choses qui n'ont plus rien à voir avec la terre, ses routes conquises par les automobilistes et ses voies ferrées qui laissent des traces brillantes dans la nuit. L'Europe, de l'est à l'ouest, aboutit à cette gare discrète, calme, créée par un seul train, un convoi peu peuplé, mais toujours habité par des figures attachantes. On ne vient pas à Brest pour jouir de la vie, montrer l'élégance d'une robe ou refaire du sang au soleil. Des raisons, que la

1. « Brest, victime de trop d'État », Camille Guillemois, in *Ouest-France,* 3 octobre 1997.

mer n'ignore pas, conduisent hommes et femmes vers cette ville sans paquebots, sans départs. C'est ici que l'aventure se mêle au vent de la mer. Mais ce qui donne un charme incomparable et délicat à la ville, c'est qu'elle ne tourmente que l'imagination des hommes et qu'elle s'insinue perfidement, d'histoires en histoires, de souvenirs en souvenirs, de chansons en chansons.

Brest va payer très cher la présence dans ses eaux des sous-marins allemands basés dans l'abri fortifié de Laninon. Entre 1940 et 1944, les bombardements vont détruire plus de six mille immeubles du vieux Brest. Prévert en 1946 pleurait la ville martyre, à sa manière, dans un texte qui fit le tour du monde... *Rappelle-toi Barbara* :

> *Oh Barbara*
> *Quelle connerie la guerre*
> *Qu'es-tu devenue maintenant*
> *Sous cette pluie de fer*
> *De feu d'acier de sang*
> *[...]*
> *Oh Babara*
> *Il pleut sans cesse sur Brest*
> *Comme il pleuvait avant*
> *Mais ce n'est plus pareil et tout est abîmé.*

Brest fut reconstruite en dix ans, dans la hâte. Son charme disparu sous les bombes, il lui reste une âme. Celle d'une ville profondément attachée à sa rade et à son port. Quoi qu'en disent ses détracteurs, c'est l'obsession de la mer qui a guidé la renaissance de cette ville portuaire. Aujourd'hui ville universitaire – l'université de Bretagne occidentale a été créée en 1960 – spécialisée dans l'océanographie et l'étude des civilisations bretonne et celtique, Brest a acquis l'excellence à travers deux réalisations très récentes : la technopole de Brest-Iroise, qui regroupe des centres de recherches spécialisés comme l'Institut français de recherche pour l'exploitation de la mer (Ifremer), le Centre de recherches et d'expérimentation sur les pollutions accidentelles des eaux (Cedre), l'Institut polaire et de nombreuses sociétés privées du secteur de l'électronique. Si le doute subsistait à propos de la vocation maritime internationale de Brest, il a été levé en 1992 avec l'ouverture d'Océanopolis, le centre culturel et scientifique de la mer. Un vaste équipement culturel dont l'architecture rappelle la forme d'un crabe. À l'intérieur, des aquariums géants thématiques, un bassin de navigation, une médiathèque et... un chantier d'agrandissement en cours de réalisation qui va permettre de mutiplier par sept le volume total des aquariums (de cinq cents mètres cubes aujourd'hui à trois mille cinq cents mètres cubes) et de créer de nouveaux bâtiments thématiques : polaire et tropical. Un chantier ambitieux pour la « vitrine de la mer » qui espère accueillir à terme six cent mille visiteurs pour un temps de visite étendu à une journée (contre deux heures aujourd'hui). Les futurs pensionnaires attendront la fin des travaux pour prendre possession de leurs nouveaux logements ; il s'agira de phoques blancs, de manchots et de requins tropicaux. Ce réaménagement touristique et économique s'intègre dans la restructuration du front de mer qui s'étend du port de plaisance du Moulin-Blanc au port de commerce. Il reste au grand port du Ponant à ménager sa rade, un milieu marin extrêmement fragile et soumis régulièrement à des pollutions d'origine industrielle et domestique.

En 1968, les Brestois ont obtenu de l'État que la réalisation du Plan routier breton parte de Brest et non de Rennes. Seize ans plus tard, en 1984, le regroupement du Cnexo (Centre national d'exploitation des océans) et de l'ISTPM (Institut scientifique et technique des pêches maritimes) donna naissance à l'Ifremer et à un pôle de recherches extrêmement fort grâce à l'appui des laboratoires de l'université.

Aujourd'hui, Brest doit susciter la création d'entreprises spécialisées qui feraient de la technopole Brest-Iroise un pôle européen d'industries liées à la mer. Dans le même temps, et toutes considérations politiques mises à part, la DCN a l'obligation de réussir à la fois dans le domaine des exportations de systèmes de combat et dans la diversification civile. « Brest joue l'offshore gagnant », pouvait-on lire dans un article du *Marin* au mois d'octobre 1997. La vocation maritime internationale de Brest semblait être une évidence pour Vauban qui écrivait : « Placé sur la partie de la Bretagne qui avance le plus dans la mer, à l'embouchure de la Manche, le port est très bien paré pour tous les lieux du monde... » Aujourd'hui, à Brest, on aimerait vous croire, monsieur Vauban...

À Lorient, troisième site industriel de Bretagne, l'arsenal s'est spécialisé depuis plusieurs années dans la construction de frégates. La fin du programme Bravo (frégates pour Taiwan), le départ des sous-marins classiques et le retard du programme de construction de nouvelles unités pour la Marine nationale n'a été que partiellement compensé par la commande d'un nouveau navire à l'automne 1997. Attentistes, les Lorientais ? Certainement pas, mais ici comme à Brest on est largement dépendant des commandes de l'État. Lorient, depuis sa création en 1666 par Colbert, construit des bateaux pour le compte de l'État, essentiellement. C'est la Compagnie des Indes qui donnera son nom à la ville nouvelle en installant la base logistique sur l'estuaire du Scorff et du Blavet. Les premières commandes de la Compagnie basée en face, à l'ombre des remparts de Port-Louis, portent sur la construction de deux frégates (déjà !) et d'un vaisseau de mille tonneaux, *Le Soleil d'Orient,* qui deviendra *L'Orient,* éponyme de la cité naissante.

La petite bourgade va devenir rapidement une ville florissante qui attire un grand nombre de paysans-ouvriers. Au XVIIIe siècle, après la faillite de la Compagnie des Indes, c'est à nouveau le roi qui rachète les chantiers et, en 1770, Lorient devient port de guerre et arsenal royal. C'est à nouveau l'État qui aménage le port de pêche industrielle de Kéroman en 1927.

Au cœur de l'arsenal, la Marine nationale a réalisé un grand nombre de « premières » techniques dans ses bassins de radoub. En 1818, c'est le premier navire à vapeur ; en 1845, c'est la première frégate à hélices ; et, en 1875, c'est le premier cuirassé en acier. Aujourd'hui, ce sont les frégates furtives, construites dans des matériaux composites et quasiment invisibles sur les écrans radars, qui font la fierté des ouvriers de l'arsenal.

Lorient sait aussi pêcher. Pendant de nombreuses années, le port breton partagea avec Boulogne le leadership de la pêche française. Aujourd'hui, Kéroman occupe la troisième place au tableau, juste derrière Concarneau mais très loin devant Le Guilvinec. Les installations portuaires occupent soixante-douze hectares où se côtoient les chalutiers industriels et les petits côtiers. La criée de Kéroman connaît des arrivages très variables, conditionnés par l'étalement des livraisons : quatre cents tonnes pour un jour faste contre seulement cinquante tonnes le lendemain !

Troisième port lorientais, et non des moindres, le port de commerce est en perte de trafic depuis 1995. La concurrence est vive entre Nantes, Saint-Nazaire, Brest et le port morbihannais. Spécialisé dans l'importation d'aliments pour les animaux d'élevage, Lorient, victime de la réforme de la Politique agricole commune et des accords du Gatt, a vu son trafic s'effriter, avec une perte de cinq cent soixante mille tonnes en 1995. Il demeure malgré tout, grâce aux importations de produits pétroliers, le premier port de commerce breton, avec un tonnage annuel d'environ deux millions de tonnes.

La ville aux cinq ports – il existe également à Lorient un port de plaisance et un port voyageurs – regarde moins vers la mer que dans le passé. L'industrie lorientaise, exception faite de l'arsenal, est aujourd'hui localisée en fonction, non de la mer, mais des axes routiers. D'Hennebont à Guidel, ce sont aujourd'hui des rues industrielles qui se sont aménagées le long des grandes voies routières, avec cependant un bon nombre d'activités tertiaires : entreprises de transports, grandes surfaces commerciales, hôtels y tiennent une large place. Ce sont ainsi plus de six mille cinq cents salariés qui travaillent dans l'arrière-pays de Lorient contre trois mille pour l'arsenal, sous-traitance comprise.

Lorient, comme beaucoup d'autres villes reconstruites, est orpheline d'un patrimoine ancien et notamment en son centre, qui manque cruellement d'identité et de caractère. En janvier-février 1943, le centre-ville est détruit à quatre-vingt-dix pour cent par les bombardements alliés. L'objectif de ces raids massifs est la base des sous-marins de l'amiral Dönitz qui constitue un des enjeux majeurs de la bataille de l'Atlantique. Les Allemands, sous la direction de l'ingénieur général Stosskopf ont vu grand, très grand. Entre 1941 et 1943, ils vont couler plus de neuf cent mille tonnes de béton, destinées à construire une série d'alvéoles qui pourront accueillir et abriter plus de quarante submersibles ! Indestructible malgré les violents bombardements de la Royal Air Force, la base sera à l'origine d'une poche de résistance, la poche de Lorient, qui ne rendra les armes que le 8 mai 1945.

« Lorient la jolie », ainsi surnommée par Fallmor, auteur d'une chronique très réussie sur la ville ouvrière durant la IIIe République, nous rappelle qu'elle a négligé, voire oublié, sa façade maritime qui faisait le charme de son ancien centre-ville. Les symbole anciens ont disparu sous les bombes et la modification d'usage du bassin à flot, comblé en partie lors de la reconstruction, ne lui permet plus de jouer son rôle d'avant guerre, au niveau de l'animation et du spectacle. Pourtant, les Lorientais ont inventé en 1971 une formidable machine à remonter le temps et... le moral : le Festival interceltique, qui s'installe chaque année, du 4 au 13 août, avec ses quatre mille cinq cents artistes bretons, écossais, galiciens, irlandais et cornouaillais. Un événement qui attire chaque année plus de trois cent mille personnes.

Lorient, ville terne, pomponne alors les tristes façades de ses immeubles pour accueillir une foule bruyante et bigarrée. Elle redevient, l'espace d'une longue semaine, « Lorient la convoitée ».

Entrer à Saint-Malo, c'est entrer plus avant dans l'histoire maritime. Qu'on le voie grandir en avançant vers lui, surtout quand on a comme moi la chance d'être passager par mer calme à bord du centenaire *Belem*, qu'on tombe en arrêt devant la majesté de son panorama pendant une promenade sur le chemin de ronde entre Dinard et La Richardais, Saint-Malo, rassemblé derrière ses remparts, dominé par le clocher de l'ancienne cathédrale, c'est l'image de la magnificence. Et l'on approuve qu'il pût être jadis considéré comme le plus beau port du monde, dans la splendeur de sa baie, de ses îlots fortifiés ou non, du large estuaire de la Rance gardé par sa tour Solidor.

Si vous pénétrez ensuite par la monumentale porte Saint-Vincent au cœur de la ville, son caractère hautement historique vous est confirmé par le château, très ancien siège du pouvoir, et encore aujourd'hui puisqu'il loge la municipalité. Vous n'éviterez pas – ce serait une faute – de processionner sur le quadrilatère de ses larges remparts. À l'exception de la cohue du mois d'août, regarder Saint-Malo depuis ce haut marchepied est un vrai plaisir. D'un côté les immeubles cossus des Messieurs de Saint-Malo – c'est ainsi que l'on nommait les capitaines marchands armateurs et, un temps, corsaires –, les petits hôtels particuliers où naquirent Chateaubriand et Lamennais ; de l'autre côté, les bassins à flot, le Sillon, Saint-Servan, le port de plaisance, la cité d'Alet qui précéda Saint-Malo, la mer, Cézembre au loin, Grand Bé au plus près, les îlots fortifiés, Petit Bé, l'islet du Fort national ex-Fort royal, la Conchée, sorte de fort Boyard, l'île Harbourg. Au loin, vers l'ouest, le cap Fréhel ; à l'opposé, la pointe du Grouin vers Cancale. C'est tout cela qui constituait le formidable site du port au XVIIe siècle. Truffé d'écueils, il ne pouvait que former d'excellents marins.

Flânant *intra-muros*, quelques réminiscences peuvent nous rattraper : la déception de Stendhal regrettant les deux jours perdus dans « cette ville singulière et peu aimable : au fond c'est une prison », écrivait-il ; l'enthousiasme de Daniel Gélin se souvenant de ses premières impressions d'enfant : « [...] un sentiment à la fois païen et sacré mais où je sentais [...] sitôt parvenu dans ces rues qui paraissaient ruelles par la hauteur des maisons, ce mélange si rare de poésie sans mot, fait de légendes, d'histoire et de vie quotidienne active ou rêveuse... J'étais étourdi, fasciné par ce mélange de langages de tous les pays, et ce brassage que l'on voit dans tous les ports du monde était ici plus perceptible. »

Stendhal avait vu Saint-Malo dans les années 1830. Daniel Gélin, enfant, en 1931.

Ce n'est plus la même ville et pourtant tout est pareil. Une pluie de fer, d'acier, de feu, comme sur Brest, Saint-Nazaire, Lorient, détruisit Saint-Malo à quatre-vingts pour cent début août 1944, les habitants s'étant enfuis. Sous le feu croisé des batteries américaines et allemandes, on put croire la ville totalement anéantie. Les trois cent quatre-vingts Malouins enfermés par les Allemands à quelques encablures, au Fort national, le crurent, qui assistèrent au désastre. Or, c'est pour le visiteur qui la découvre l'autre grande raison d'admirer Saint-Malo : la ville fut rétablie à peu de chose près dans sa configuration historique d'avant-guerre, celle qu'elle avait depuis le grand incendie de 1661. Il faut un deuxième regard plus attentif pour se rendre compte qu'une partie des immeubles de granit et d'ardoise n'a qu'un demi-siècle d'existence à peine. Derrière les remparts qui avaient résisté, après une longue période de déblayage et de déminage, on ne put rebâtir pierre à pierre qu'une trentaine d'anciennes demeures et monuments. Pour l'essentiel, il fallut reconstituer, réinventer la ville. À cette époque de la reconstruction où partout en France on devait faire vite et avec des moyens très limités pour reloger les gens et les activités, celle de Saint-Malo reste un cas unique par sa qualité et sa rapidité. Elle se fit de 1948 à 1953 sous la direction de l'architecte Louis Arretche, la cathédrale recevant sa nouvelle flèche en 1971.

On attribue généralement la réussite de cette gigantesque réhabilitation au maire de l'époque, Guy La Chambre, dont on laisse deviner les batailles administratives qu'il dut livrer pour imposer ses vues. Sans doute y eut-il dans son combat, outre le soutien de ses administrés jusqu'en 1965, la part de la sensibilité à sa propre histoire. Il était l'héritier d'une de ces familles d'armateurs du XIXe siècle qui firent fortune dans l'importation de guano chilien.

En différents points stratégiques de la baie, les vestiges du système de défense allemand sont encore visibles : souterrains d'Alet, tourelles criblées d'impacts d'obus ; mais si l'on veut avoir une idée de la puissance de feu mise en œuvre en août 1944, c'est à Cézembre qu'il faut aller. L'île est déserte, à l'exception du restaurateur que l'on a laissé s'installer dans un vieux bâtiment, au-dessus d'une jolie plage de sable fin. Au-delà, toute la surface de l'île est une juxtaposition de cratères de bombes, de blockhaus défoncés, d'énormes canons renversés, d'enchevêtrements de ferrailles tordues.

Lorsque Saint-Malo incendié fut libéré le 14 août, le commandant de la garnison allemande de Cézembre décida par héroïsme stupide et criminel de résister encore. Pour venir à bout de ses trois cent cinquante hommes et de ses canons de marine, les avions américains de la 8e Air Force bombardèrent l'îlot pendant quinze jours ! Bombes au phosphore et napalm, essayé pour la première fois en Europe, ne suffirent pas. Il fallut l'intervention d'un cuirassé anglais, le *Malaga,* et de ses pièces de trois cent quatre-vingt-un millimètres pour que le drapeau blanc fût hissé le 2 septembre sur une garnison rendue folle par ce déluge de morts.

La municipalité de Saint-Malo rêve de réhabiliter Cézembre quand le Conservatoire du littoral aura racheté le terrain militaire. Mais avant que le premier touriste puisse y cheminer, bien des marées auront battu ses falaises. Il aura fallu dépolluer et déminer en profondeur avant de tracer l'itinéraire qui, outre la découverte d'un splendide panorama, racontera la première implantation des moines saint Brendan et saint Malo au VIe siècle, puis celle des communautés religieuses qui subirent les assauts anglais aux XVIe et XVIIe siècles. Cette menace quasi continuelle de nos ex-ennemis préférés sur Saint-Malo amena Vauban à exercer à fond son art de la fortification et de l'artillerie. Il s'agissait, sous Louis XIV, de défendre rien moins que le premier port de commerce du royaume. Ce que l'on sait moins, c'est que, grâce à ses contacts étroits avec les armateurs malouins, il codifia la guerre de course pour frapper l'ennemi là où cela lui faisait le plus mal : son commerce. « S'attaquer aux navires marchands anglais et hollandais, n'est-ce pas couper aux ennemis le nerf de la guerre ? » proposa le Maréchal[1].

Quelques marins de Saint-Malo connaissaient la piraterie depuis le Moyen Âge, mais discrète et inorganisée. Du temps de la reine Anne, le Morlaisien Portzmoguer avait servi d'exemple. La guerre de course, c'est autre chose, c'est une affaire de profit patentée par le roi en une « lettre de marque », sorte de permis de chasse. « Une forme de spéculation marchande parmi d'autres », précise André Lespagnol, professeur d'histoire moderne à l'université de Rennes II, dans sa remarquable étude sur l'élite négociante (malouine) au temps de Louis XIV. « Il n'y a que l'espoir du gain qui engage les armateurs de Saint-Malo à faire la guerre contre les ennemis de l'État », avait-on fait savoir à la cour de Versailles. Alors, on finit par se décider à favoriser ces entreprises privées si particulières. Les mille bateaux engagés en près de cinquante ans, aux XVIIe et XVIIIe siècles surtout, dans les guerres de la ligue d'Augsbourg et de la succession d'Espagne, justifient pleinement la réputation de cité corsaire pour Saint-Malo, autant sinon plus que pour Dunkerque, la ville de Jean Bart, achetée par Louis XIV au roi d'Angleterre en 1662 et déclarée port franc. À Saint-Malo, sur les fins voiliers du commerce ou de la pêche à la morue aménagés pour les prises en mer et les combats navals, six mille cinq cents

1. Cité par André Lespagnol dans *Messieurs de Saint-Malo,* Éditions l'Ancre de Marine.

hommes embarquèrent au plus fort de l'activité corsaire. Ils étaient recrutés dans tout le pays de la Rance et du Clos Poulet pour leurs qualités de marins déjà largement prouvées, au prix de lourdes pertes, pendant les campagnes morutières de Terre-Neuve depuis le début du XVIe siècle, lesquelles avaient fait la fortune du port et de ses chantiers navals et donné naissance au capitalisme malouin.

Les historiens qui ont travaillé sur l'armement corsaire « en guerre et en marchandise » entre 1688 et 1715 ont pu atténuer la vision exclusivement héroïque qu'en ont donnée les romantiques du XIXe siècle. Sur près de deux mille dossiers de prises de navires étudiés par le docteur Corre[1], ce dernier n'en dénombre qu'une cinquantaine capturés après combats dignes de ce nom. Duguay-Trouin, Hervé des Saudrais du Fresne, Jacques Le Fer, Alain Porée, Avice de Voyageux, Rogon de Kertanguy et autre glorieux capitaines, certains d'origine irlandaise, étant crédités d'une cinquantaine d'autres après de furieux engagements. L'intimidation, les coups de semonce eurent raison des équipages ennemis dans la majorité des abordages, sauf de ceux des bateaux de guerre.

S'il est un capitaine de cette époque qui mérite sa statue sur le bastion Saint-Philippe des remparts, c'est bien René Duguay-Trouin. Les Trouin étaient une famille d'armateurs. Le fils cadet avait dix-neuf ans en 1692 quand il ramena sa première prise. Il finit lieute-

1. Cité par André Lespagnol.

nant général des armées navales, commandeur de l'ordre de Saint-Louis[1], mais tirant le diable par la queue au moment où il rédigeait ses mémoires. La guerre de course autorisée avait été aussi pour lui la chasse au trésor, à la force du poignet qui tenait son épée, à la force des bras de ses matelots lâchant les manœuvres pour les canons et l'arme blanche. Ces héros anonymes et Duguay-Trouin, perruque en tête et plume au chapeau, écumèrent la moitié du monde, du Spitzberg à Rio de Janeiro. Saint-Malo vengée un temps des empêchements de pêcher à Terre-Neuve par un raid contre les pêcheries adverses, Saint-Malo capitale de l'or du Brésil le temps d'une formidable rançon – résultat pour les armateurs malouins : quatre-vingt-douze pour cent de bénéfices ! Entre-temps, trois cent vingt navires, dont vingt armés uniquement en guerre, capturés, revendus avec, surtout, leurs cargaisons, soustraités au roi qui payait si mal comme l'État en a l'habitude.

Les Malouins contribuèrent pourtant à compenser la grande insuffisance de la flotte royale que Voltaire attribue à la prise de Gibraltar par les Anglais en 1704. Le comte de Toulouse, fils naturel de Louis XIV, amiral d'une flotte de cinquante navires de ligne et vingt-quatre galères, avait dû battre en retraite. Treize autres vaisseaux français s'y cassèrent les dents plus tard. « Depuis

1. Voltaire prétendit qu'on pouvait acheter cinquante écus la croix de chevalier sous le ministère Chamellart, successeur de Colbert en 1701.

ce jour, écrivit Voltaire, on ne vit plus de grandes flottes françaises, ni sur l'Océan, ni sur la Méditerranée. » Il n'avait pas toutes les informations !...

L'âge d'or de Saint-Malo, sa place au premier rang du commerce international, qui passe aussi par la traite des Noirs, est situé par les historiens vers la fin du XVIIIe siècle, alors qu'on n'a pas digéré les nouvelles attaques anglaises de 1758. Mais une fin d'âge d'or ne signifie pas la ruine, que ce soit sur le plan de l'activité comme sur celui de la réputation.

C'est Surcouf que la mémoire collective – entretenue aujourd'hui par deux amusants clans malouins rivaux – place au hit-parade des corsaires. Surcouf, né en 1773, a juste un siècle de retard sur Duguay-Trouin ; corsaire d'empire quand l'autre l'était d'une sorte de république à la vénitienne tenant la dragée haute à l'État royal. Surcouf, surnommé l'Ogre du Bengale, opéra triomphalement dans l'océan Indien tandis qu'en France la jeune République donnait le vertige à l'Europe. Mousse à treize ans, il avait vraiment commencé sa carrière sur les navires marchands et négriers entre 1789 et 1794, en pleine Révolution. Un méchant souvenir l'endurcira pour longtemps : alors qu'il s'est embarqué sur *L'Aurore* avec trois cents esclaves noirs à fond de cale, celui-ci heurte un récif au cap de Bonne-Espérance et noie sa cargaison humaine ; Surcouf s'en sort. Son brevet de capitaine en poche, Surcouf – essentiellement à partir de l'île de la Réunion et de l'île Maurice (ex-île Bourbon et île de France) – va se jouer du blocus anglais dans la mer des Indes. Des centaines de prises feront sa fortune et deux sa gloire. En 1796, la capture dans les bouches du Gange du *Triton*, un vaisseau jaugeant cinq fois plus que le sien, rendit fous les Anglais qui mirent sa tête à prix quand, quatre ans plus tard dans les mêmes parages, il donna avec *La Confiance* l'assaut au *Kent* de la Compagnie anglaise des Indes qui allait ravitailler la garnison de Calcutta. Surcouf, bientôt anobli, devient armateur à la naissance de l'Empire. Il tend le dos après Trafalgar mais n'en continue pas moins à naviguer lui-même au commerce. À preuve, cette cargaison qui rentre à Saint-Malo en 1809, en se jouant du blocus, avec *Le Charles* rempli de café de Moka (autre découverte malouine), indigo, coton, ivoire, épices, bois d'ébène, etc. Une cargaison évaluée à cinq millions de l'époque !

Qu'a donc fait Saint-Malo de son passé grandiose ? Qu'en ont fait les héritiers de Jacques Cartier, que les Québécois honorent comme leur découvreur-fondateur ? Les héritiers de Mahé de La Bourdonnais qui fit de l'isle de France la future île Maurice, mettant en valeur ce que ses découvreurs, Malouins eux aussi, appelaient l'île aux Rats... ? Les héritiers des aventuriers du Yemen, s'assurant le monopole du café de Moka ? Les héritiers de Charcot, Parisien mais Malouin de cœur – sa maison domine toujours l'entrée dans la Rance –, gentleman du pôle qui faisait caréner son bateau, entre deux missions scientifiques dans l'Antarctique, aux chantiers de La Landriais au Minihic-sur-

Rance, là où subsiste et est en cours de restauration une magnifique cale en bois conçue pour les bateaux de Terre-Neuve ?

Les activités maritimes de Saint-Malo sont comme les fantômes de son histoire. Vous rendant au musée des Cap-Horniers, tour Solidor, vous apercevrez les ferries pour Portsmouth, Plymouth et les Anglo-Normandes. Sur les quais des bassins, les entreprises de transformation d'algues, de maërl en amendements calcaires, les stockages de matière première de l'alimentation du bétail ont remplacé les grands entrepôts, et surtout la grande pêche a vu disparaître un à un ses gros chalutiers. Seul subsistait en 1997 le *Joseph Roty II*, deux campagnes annuelles à la morue et au merlan bleu en Norvège.

Le port de pêche de Saint-Malo est tombé au vingt-deuxième rang national, loin derrière Concarneau, Lorient, les ports bigoudens, la baie de Saint-Brieuc et, même, Douarnenez.

Il y a dans cette ville éminemment touristique une sorte de fatalisme. Au « m'as-tu vu » du Grand Siècle a succédé le « contente comme ça ». C'est une ville comme les autres : centres commerciaux en périphérie, quartiers en difficulté et, en prime, le casino « machines à sous ».

Ce que Saint-Malo a de particulier, outre son cadre et ses constructions exceptionnels ? Ses grandes plages, ses thermes marins, mais pour une certaine clientèle, son caractère de résidence secondaire pour les Rennais, et quelques vaillants équipages culturels qui redorent son blason. La Maison des poètes et des écrivains, le plus charmant endroit de Saint-Malo, un des plus anciens aussi, tient grâce à Dodik Jégou la permanence de l'ouverture au monde en favorisant les accordailles des poètes étrangers et des Bretons. Une fois l'an, l'écrivain Michel Le Bris fait désirer Saint-Malo à l'Europe entière avec son Festival des étonnants voyageurs ; modeste salon littéraire au départ, il a vu son succès s'accroître chaque année jusqu'à devenir un rendez-vous incontournable pour les insatiables curieux qui s'y bousculent, souvent parce que le voyage est d'abord un état d'esprit. Tout ce qu'il y a d'aventure en l'être humain quand il permet qu'elle se révèle vient chercher à s'embarquer dans la fiction et le réel du port de Saint-Malo avec les Étonnants Voyageurs.

Par le Centre-Bretagne

C'est une petite gare perchée à flanc de coteau, juste au-dessus de la grand-route. Une jolie petite gare, veuve d'un train disparu voici trente ans. Sur les briques du pignon, la belle horloge émaillée marque inlassablement le temps qui passe. Les propriétaires ont tenu à la faire restaurer : c'est pratique pour lire l'heure quand on est en face, dans le potager. Sous l'horloge, une plaque en fonte, juste à l'angle du quai, avec le nom de la gare inscrit en lettres bleues sur fond blanc : « Bon-Repos ». Presque une épitaphe. Plus de rails sur la voie envahie par les herbes folles. Seul un petit wagon rescapé sert de réserve à bois. « Ils ont commencé par découper les rails et puis, en 1968, ils ont brûlé les wagons *(sic)*. Nous avons gardé tout le reste », confie la charmante Mme Henry, propriétaire des lieux. En effet, tout y est, de la minuscule lampisterie aux toilettes extérieures. Seule la salle d'attente a été sacrifiée pour agrandir le séjour.

Il faut voyager au cœur de l'Argoat (le pays des bois), à Laniscat très exactement, pour découvrir ce petit sanctuaire de la voie métrique qui fut en son temps l'artère vitale d'un Centre-Bretagne pauvre et isolé de la côte par l'absence de routes carrossables. À partir de 1890 et jusqu'en 1968, la « voie étroite », comme on l'appelait ici, fut d'abord la « voie sacrée » du commerce entre Loudéac et Carhaix. Le petit train et ses innombrables gares de poche irriguaient un vaste pays, transportant et distribuant les richesses sur les places des quelques petites villes-marchés aux croisements des routes. Il y avait le bois, le tan et le charbon de bois de la forêt de Quénécan ; les pommes de terre de Pontivy ; les postiers et les traits bretons destinés aux foires de Callac et de Rostronen ; la chaux en provenance du Maine et les engrais chargés sur les péniches qui naviguaient sur le canal de Nantes à Brest et le blé noir, céréale des terres pauvres, et les pommes à cidre aussi dont on raconte qu'elles étaient cueillies en si grand nombre qu'une gare comme celle de Rennes pouvait voir passer, en quelques jours, plus de onze mille wagons chargés de pommes destinées surtout à l'Allemagne ou à la Suisse ! Aujourd'hui, l'épine dorsale du Centre-Bretagne est un long couloir routier orienté est-ouest, emprunté essentiellement par des camions chargés de cochons, de poulets ou de dindes, de lait et de céréales. Frigos internationaux ou bétaillères, ils ont pris possession de l'axe rapide Rennes-Châteaulin, la route nationale 164 surnommée « route des camions ». Ignorant les reliefs des massifs usés de la pénéplaine bretonne qui furent pendant des siècles les principaux obstacles à la « civilisation », les poids lourds foncent à travers des paysages sans âme, le ventre chargé des trésors de l'agro-business.

On distinguait autrefois la zone maritime ou Armor et la zone intérieure ou Argoat. La première était la région vivante et essentielle de la Bretagne qui comprenait non seulement la côte proprement dite mais aussi les versants des deux bombements septentrional et méridional qui regardent vers la mer : pays de Saint-Malo, Penthièvre, Trégor, Léon au Nord ; Cornouaille, Vannetais au sud. Non seulement l'Armor – le pays de la mer – avait sur l'Argoat l'avantage de la vie maritime proprement dite, pêche lointaine ou côtière, mais il avait une agriculture beaucoup plus riche grâce aux engrais offerts par la mer : le fumier des goémons et le calcaire des sables, des coquillages et des algues. « De là une population très nombreuse, une des plus denses qui soient en France, jusqu'à cent cinquante habitants par kilomètre carré, et même au-delà » précise le géographe Louis Gallouédec en 1931 dans sa *Géographie de la France. Classe de première* – publiée chez Hachette. À propos de l'intérieur, le géographe est plus discret : « C'est de ce sol que les terriens bretons tirent toute leur subsistance personnelle et toute la matière de leur commerce extérieur. » Deux photographies viennent illustrer ce court chapitre sur l'isolement et la pauvreté de l'Argoat et du Centre-Bretagne : la première représente « les landes de Lanvaux » couvertes de bruyères et d'ajoncs au milieu desquels perce la roche, et la seconde « un champ de sarrasin en fleurs » avec cette légende : « Sur ces terres pauvres, le sarrasin ou blé noir est la céréale la plus naturellement cultivée. Il se sème tard, ce qui permet de recourir à lui si des intempéries ont compromis les autres récoltes. » La terre des chouans est un pays sombre, isolé et sauvage. Des forêts, des landes et des rivières et à l'extrémité occidentale de cette Bretagne intérieure où rien ne semble vouloir pousser, les sommets chauves et noircis des monts d'Arrée enveloppés d'une sale brouillasse où se noient de pauvres chemins tourbeux. À la fin du XVIIIe siècle et pendant tout le siècle suivant, des écrivains voyageurs vont sillonner la Bretagne intérieure ; ils se nomment Arthur Young ou Gustave Flaubert ; leurs récits édifiants décrivent une région arriérée, peuplée de sauvages. En 1829, Balzac, dans *Les Chouans,* n'hésite pas à comparer les Bretons à des Mohicans : « [...] les habitants de ces campagnes sont plus pauvres de combinaisons intellectuelles que ne sont les Mohicans et les Peaux-Rouges de l'Amérique septentrionale mais aussi grands, aussi rusés, aussi durs qu'eux. » Young, trente années auparavant, est impressionné par l'allure des Bas-Bretons un jour de marché : « Les hommes portent de larges pantalons qui s'arrêtent au genou comme des culottes ; ils ont les jambes nues, la plupart vont en sabots. Ils ont les traits fortement accusés, comme les Gallois [...]. Les femmes sont ridées par la fatigue bien avant l'âge, au point de perdre la grâce de leur sexe. Dès le premier coup d'œil, on les reconnaît pour absolument différents des Français.

C'est miracle de les retrouver ainsi, avec leur propre langue, leurs mœurs, leurs costumes, après un séjour de treize cents ans dans ce pays. »

Le chemin de fer à Brest en 1863 puis la mise en place du plan routier breton un siècle plus tard vont briser partiellement l'isolement du Centre-Bretagne. En 1956, le Celib[1], sous l'impulsion du président René Pleven, publie un inventaire des possibilités d'implantations industrielles en Bretagne : la Bretagne centrale est considérée comme une zone critique. « Depuis 1936, note Michel Philiponneau dans *Le Modèle industriel breton,* tous les cantons enregistrent une baisse de population ; dans ving-six cantons, elle dépasse dix pour cent. Avec la forte proportion de population agricole, la modernisation de l'agriculture, déjà bien engagée, doit accélérer l'exode si de nouvelles activités industrielles ne réussissent pas à fixer des jeunes autour de petits centres urbains. » Mais les difficultés de liaison rendent problématiques des opérations de décentralisation vers des villes « bien somnolentes en dehors des jours de marché ».

De la dépopulation à la désertification, le pas est rapidement franchi. En 1990, le Centre-Bretagne, qui représente à peu près la moitié de la surface de la région, n'abrite plus que neuf pour cent de la population bretonne. Vieillissement de la population, faible fécondité

1. Comité d'étude et de liaison des intérêts bretons, créé en 1950.

et nombre de décès presque double de celui des naissances, la situation semble critique dans certains secteurs comme celui de Carhaix. Il faudra beaucoup de subventions européennes et régionales pour maintenir quelques activités dans ces petits « pays » oubliés par les aménageurs du territoire. Saluons au passage les efforts coordonnés du département des Côtes-d'Armor et du Galdcob [1] qui restaurent chaque année une portion du canal de Nantes à Brest. En retrouvant l'eau, recouvrera-t-on peut-être un peu plus de vitalité ?

Pour l'heure, le Centre-Bretagne semble bien malade et la feuille de soins, accrochée au pied du lit, noircie de statistiques de l'Insee plus inquiétantes les unes que les autres, n'annonce aucune guérison prochaine. L'Argoat déprime, un peu moins sans doute dans sa partie orientale, morbihannaise, du côté de Ploërmel et de Josselin, parce que les élus locaux ont su s'unir très tôt au sein d'une communauté de communes et attirer ainsi de petits établissements industriels qui ont maintenu la population active dans leur secteur. À l'ouest aussi, il y a un frémissement d'espoir : dans la minuscule commune de Méllionnec où vivait le grand poète Glenmor, disparu en 1996, l'école qui était fermée depuis vingt ans a ouvert sa classe à une vingtaine de petits Bretons en septembre 1997. Dans ce pays-là, comme sur certaines îles bretonnes, l'avenir ressemble à trois ou quatre jeunes couples de commerçants ou d'artisans qui

1. Groupe d'action local pour le développement du Centre Ouest Bretagne.

viennent poser leurs sacs un jour où personne ne les attend plus. Lorsque le miracle ne se produit pas, comme à Lescouët dans les Côtes-d'Armor, le boucher, les deux boulangers, le quincaillier et les sept bistrots ne sont plus qu'un souvenir. Dans ce village, les anciens vivent entre eux, comme abandonnés. « Les maisons, on les vend ou on les laisse tomber en ruine. Il y en a une dizaine dans ce cas dans le bourg et ça nous fait mal » nous confie une brave grand-mère qui vit seule dans une rue déserte où les panneaux « À vendre » fleurissent désormais à la place des géraniums.

Villes et villages du Centre-Bretagne ont en commun une certaine rudesse de caractère, sans doute liée à la physionomie de l'environnement où se mêlent trois éléments essentiels de l'Argoat : l'eau, le bois et le schiste. Trois éléments maîtrisés, exploités par une seule et grande famille à partir du XIe siècle : les Rohan (« petit rocher » en breton) qui régnèrent sur ce vaste pays pendant près de neuf cents ans. Ils possédaient tout ou presque : les villages, les forêts, les étangs et les châteaux, les forges et les pêcheries ; leur nom était gravé sur les pierres de chaque hameau ; ils « tenaient » en quelque sorte le Centre-Bretagne. À la veille de la Révolution, la famille de Rohan était propriétaire d'un cinquième des terres bretonnes !

Quatorzième du nom, le duc Josselin de Rohan « règne » aujourd'hui sur la cité morbihannaise de Josselin dont il est le sénateur-maire. Sa demeure n'est autre que le magnifique château de ses ancêtres, bâti au bord de l'Oust par Olivier de Clisson et profondément remanié dans le style gothique flamboyant par Jean II de Rohan. C'est Henri IV qui fit du vicomte Henri de Rohan le premier duc d'une prestigieuse lignée mais c'est bien plus tard, au XVIIIe siècle, que les Rohan, selon les propres termes de l'actuel duc, « vont faire de l'argent intelligemment ». En effet, Louis XV puis Louis XVI vont reconstituer leur marine de guerre pour venir en aide, notamment aux insurgents des États-Unis. L'occasion est trop belle pour le duc de Rohan qui va faire fondre des canons de marine dans la forêt de Lanouée et aux Forges de Paimpont, ses propriétés industrielles. Il va utiliser de la même manière ses forêts pour fabriquer des charpentes de navires. « Vous savez, nous avoua le duc, ce n'était pas un philanthrope, il faisait ça comme un placement... » Avant de le quitter en son château, nous lui demandâmes de nous expliquer les deux devises de sa famille : « À plus » et « Roi ne puis, Prince ne daigne, Rohan suis ». « La première peut paraître un peu orgueilleuse parce qu'elle signifie qu'il n'y a rien de plus au-dessus des Rohan ; c'est une devise peu modeste, précisa en souriant le duc. Quant à la seconde, elle est apocryphe mais elle a la marque de son époque et si j'avais aujourd'hui à doter ma famille d'une devise, j'emprunterais celle des De Broglie "Pour l'avenir"... » À plus pour l'avenir, monsieur le duc !

Grande famille de propriétaires terriens, d'industriels et d'hommes politiques, les Rohan ont marqué l'histoire de la Bretagne tout entière en inventant... l'élevage des chevaux ! Si les Romains furent les premiers à croiser leurs lourds fardiers avec quelques rustiques bidets bretons de l'époque, c'est bien le vicomte Alain de Rohan qui créa dans les forêts de Loudéac et de Quénécan les premiers haras. Au retour de la troisième croisade, il lâcha quelques étalons, des sujets égyptiens, au milieu de chevaux sauvages qui se reproduisaient sans qu'il en coûtât la moindre dépense. Dans son livre *Les Origines du cheval breton* publié en 1920, le colonel Saint-Gal de Pons, hippiatre distingué, précise : « En 1213, le vicomte de Rohan amène dans son fief neuf étalons qu'il avait reçus du Soudan d'Égypte. Ces étalons furent placés à l'état sauvage dans les forêts de la vicomté. Le haras sauvage, la reproduction à l'état libre, offre les meilleures garanties pour la formation d'une race saine et vigoureuse ; les chevaux sauvages acquièrent au plus haut degré les qualités de rusticité, résistance et vitesse. Ils savent supporter les intempéries les plus rigoureuses et se contenter de la nourriture la plus grossière... » En l'absence de routes dignes de ce nom, on ne put circuler commodément en Bretagne qu'à cheval. Pendant des siècles, au fil des sentiers qui contournaient les pentes, le cheval devint le meilleur compagnon des Bretons de l'Argoat. Une seule route carrossable reliait alors Rennes à Carhaix : c'était la voie romaine. Loudéac s'en souvient encore car c'est grâce à cette unique voie commerciale que la petite ville de dix mille habitants, située exactement à mi-chemin entre les deux villes, a pu se développer. Comme beaucoup d'autres villes bretonnes, l'orgueil de ce carrefour du Centre-Bretagne pourrait bien être son clocher, ou plus exactement sa tour surmontée d'un dôme assez massif d'où l'on domine la ville, qui fut jadis vouée à la fabrication des toiles. Outre le panorama, ce clocher offre une curiosité au courageux flâneur qui aura gravi la bonne centaine de marches d'un escalier très étroit : c'est la couverture du dôme, faite de plaques de zinc losangées et couverte de graffitis dont ceux d'un couple d'amoureux, datés de 1892, et celui d'un soldat allemand, sans doute un guetteur, daté de 1943. Il y a là également les signatures des couvreurs qui ont restauré le clocher en 1947 et en 1973. Enfin, une petite écriture, datée du 24 juin 1894, nous indique que les drapeaux ont été mis en berne pour l'assassinat à Lyon du président Sadi Carnot à douze heures et quinze minutes très exactement. Entre 1965 et 1980, ce gros bourg marchand qui possède quelques entreprises artisanales va devenir le symbole de l'essor économique breton, grâce à l'implantation de l'usine d'aliments du bétail Duquesne-Purina en 1961 puis à l'installation d'Olida en 1965. L'ancienne sous-préfecture des Côtes-du-Nord acquiert alors le titre envié de capitale de l'agroalimentaire en raison des rapports étroits qui s'installent entre une production agricole intensive et les industries qui lui sont liées, en amont comme en aval. Aujourd'hui, trois habitants sur cinq travaillent directement dans les industries agroalimentaires et le reste de la population en dépend intimement : d'Unicopa à Coopagri, de l'élevage à la congélation, des volailles aux légumes, la ville entière s'est tournée vers le garde-manger. À tel point que les entrepôts frigorifiques de cette modeste cité ont atteint la capacité de quatre cent mille mètres cubes, ce qui fait de Loudéac un des plus grands centres frigorifiques d'Europe.

L'ancienne châtellenie des Rohan n'est pas une belle ville et les guides touristiques le confirment : « À Loudéac, le visiteur n'admirera pas un patrimoine architectural exceptionnel (à moins de considérer les silos et les entrepôts frigorifiques comme tel) ou un centre-ville qui mérite un long détour [1]. » Mais il faut souligner malgré tout la volonté des commerçants de maintenir les nombreux marchés de cette ville-carrefour du Centre-Bretagne. Si vous passez par Loudéac, il y a un pèlerinage quasi obligatoire à effectuer, qui vous mènera aux établissements Ragot. Incontournable pour les pêcheurs en mer ou en rivière. Si Ragot est aujourd'hui propriété du groupe finlandais Rappala, l'un des géants mondiaux de la pêche, le nom du fondateur a été conservé car, depuis 1936, tout ce qui peut tromper un poisson au point qu'il se fasse prendre est dû au génie d'André Ragot. Mouche sèche, mitraillette à maquereau, leurres en bois, en plastique ou en métal, ce fils de pharmacien a réinventé la pêche en y apportant une touche impressionniste. La mouche, « ce n'est pas seulement une plume, un hameçon et du fil, explique Hubert Guillois, le gendre d'André Ragot, c'est d'abord de l'impressionnisme car il s'agit de

1. *Guides Gallimard Côtes-d'Armor*, Éditions Nouveaux Loisirs, 1992.

séduire le poisson non pas à travers un insecte réel mais grâce à l'impression de l'insecte, de ses mouvements et de sa vie. » Aujourd'hui, chez Ragot, le catalogue compte six mille références dont un peu plus d'un millier pour la seule mouche sèche... De quoi rendre paranoïaque la plus paisible des truites arc-en-ciel !

L'autre inventeur de génie, beaucoup moins célèbre que le précédent, fut une jeune femme née à Loudéac en 1895 et disparue à trente et un ans alors qu'elle enseignait à l'école des beaux-arts de Rennes : Jeanne Malivel. Issue d'une famille de commerçants bretonnants, Jeanne a des dispositions pour le dessin et la sculpture. Fait rare pour l'époque, ses parents ne s'opposent pas à cette vocation précoce ; au contraire, ils l'encouragent : l'inspiration celtique de Jeanne est issue de son milieu familial. Les Beaux-Arts à Paris, où elle est reçue quatrième au concours d'admission et où elle est première en dessin libre, ne suffiront pas à satisfaire ses envies de création tous azimuts qui la conduiront à la gravure sur bois, au dessin de mobilier et surtout à engendrer un mouvement de renouveau de l'art celtique, Ar seizh breur (« Les sept frères »), en 1923, avec le peintre René-Yves Creston, originaire d'Étables-sur-Mer, spécialiste du costume breton et décorateur du paquebot *France.* Jeanne est une régionaliste fervente. C'est une jeune femme généreuse. Elle revient au pays, dans sa Bretagne, pour faire travailler les artisans à partir des motifs qu'elle dessine. Remarquée à l'Exposition internationale des arts décoratifs à Paris, en 1925, elle meurt un an plus tard, en pleine période de renaissance des mouvements autonomistes bretons. Héritière des grands artistes du Moyen Âge qui façonnèrent le mobilier religieux breton, elle demeure la mère spirituelle d'un bon nombre de jeunes décorateurs contemporains, désireux de renouveler l'art breton sous toutes ses formes, loin des « biniouseries ». On regrettera seulement qu'il n'existe pas à Loudéac un petit musée Jeanne Malivel qui ferait découvrir au public cette artiste de génie, auteur notamment de magistrales gravures sur bois pour l'*Histoire de notre Bretagne* parue en 1922. L'une de ces soixante-douze gravures à contre-courant de l'histoire officielle montre un Charles VIII paternaliste glissant une main franchement avide dans l'aumônière d'une Anne de Bretagne effondrée.

À l'ouest de la ville, la route nationale 164 nous absorbe à nouveau pour nous mener, à cent à l'heure, au cœur de paysages de petites zones artisanales et de champs remembrés. Nous ne passerons donc pas à Pontivy, jumelle morbihannaise de Loudéac, capitale française du plant de pomme de terre et énième cité des Rohan, refaite en partie au carré par Napoléon pour faciliter le contrôle militaire de la région. Pontivy est pourtant une étape obligée du Centre-Bretagne, à une vingtaine de kilomètres au sud de la cité de Jeanne Malivel. Les deux villes se sont associées il y a une quinzaine d'années en créant une association *Loudéac-Pontivy Plus.* Une cinquantaine d'entreprises, en grande majorité issues de l'agroalimentaire, ont uni leurs forces et leurs intérêts pour lutter contre la désertification. Contre toute attente et malgré la lenteur des pouvoirs publics et des politiques, ils sont en passe de gagner leur pari. Avec l'achèvement de la route transversale Triskell Saint-Brieuc-Lorient, ces entrepreneurs bretons auront relevé audacieusement un des grands défis de l'aménagement du territoire, sans faire de bruit. Dans une région où l'on a pris l'habitude de vivre des subventions en tout genre à l'hectare, ceux qui se battent pour créer de la richesse et de l'emploi ont du mérite.

Si le train et la route ont largement contribué à l'enrichissement de l'agriculture du Centre-Bretagne et à sa modernisation, ils ont paradoxalement fait disparaître les activités industrielles traditionnelles comme la métallurgie ou l'extraction du schiste ardoisier. Au cœur de la forêt de Quénécan, les Forges de Salles, aujourd'hui fort bien restaurées, furent victimes de la concurrence de l'Est et du Nord de la France dès la fin du XIXe siècle. Quant aux ardoisiers, qui étaient plus de trois cents à travailler dans la vallée du Haut-Blavet au début du siècle, ils ne sont plus que quatre à extraire la fameuse ardoise mordorée, victimes eux aussi de la concurrence : celle de l'ardoise d'Angers, plus fine et donc plus facile à poser.

À Laniscat, au nord du lac de Guerlédan, non loin de l'ancienne gare de la voie métrique, Hervé Pochon continue à exploiter une petite carrière de schiste. Cet ancien clerc de notaire, fils et petit-fils d'ardoisiers, travaille essentiellement pour les monuments historiques : « L'ardoise mordorée est trop lourde pour les charpentes actuelles. On l'extrait à une profondeur maximale de quinze mètres. Sa couleur très particulière est liée à la faible profondeur d'extraction car il y a dans le schiste l'oxyde de fer qui rouille au contact de l'air. Au-delà de quinze mètres, le sol est complètement étanche à l'air et le schiste redevient bleu. L'ardoise-aux-couleurs-du-faisan est extrêmement résistante et je m'en sers aussi pour faire des meubles. Quelques tables de salon pour des Parisiens branchés, ça permet de mettre du beurre dans les épinards... » À plus de huit mille francs la table basse, Hervé se félicite tous les jours de s'être accroché à ce métier en voie de disparition ! S'accrocher, c'est bien le verbe qui convient pour qualifier le combat quotidien des agriculteurs, des artisans et des industriels du Centre-Bretagne. S'accrocher au propre comme au figuré, comme ce fut le cas pour Roger Senan, charcutier industriel à Mûr-de-Bretagne, qui a fait le choix de rester au pays parce que, dit-il, « ici, en Haute-Cornouaille, nous avons une image de marque à défendre malgré l'éloignement des centres de décision et de tout le reste ». Roger Senan, comme bon nombre de ses collègues industriels, attendait avec impatience le désenclavement routier. Il a été particulièrement gâté : la nouvelle voie rapide est passée si près de son usine que celle-ci a failli être emportée par un glissement de terrain !

Quand Paul Guéguen, le maire de la petite commune de Gouarec, à quelques kilomètres plus à l'ouest, décide de construire une piscine ultramoderne sur la rive droite du canal de Nantes à Brest en 1990, beaucoup de ses concitoyens le considèrent comme un illuminé gaspilleur de deniers publics. Le premier magistrat de la commune tient bon : « C'est un moyen comme un autre de lutter contre la désertification ; il n'y a pas une piscine dans un rayon de plus de quarante kilomètres ! Les scolaires mais aussi les touristes s'arrêteront chez nous. C'est bon pour l'économie locale. » Pari gagné, la piscine couverte de Gouarec affiche un taux d'occupation record et a renforcé la cohésion sociale au sein du village. « Je préfère voir les jeunes à la piscine plutôt qu'au bistrot », lance le maire à l'intention de ceux que l'eau effraierait encore... Parmi les nageurs assidus, on remarquera M. le curé, l'abbé Jean Le Hénaff. L'Abbé, comme on le surnomme ici, n'hésite pas à « se jeter à l'eau au milieu de ses ouailles, mais de préférence en fin d'après-midi, lorsqu'il y a moins de monde », précise-t-il. « C'est un vrai moment de détente après une journée passée à circuler entre les paroisses. Quelques bonnes brasses et tout va mieux. » De là à parler d'eau miraculeuse...

N'en déplaise à ceux de l'Armor, l'âme bretonne souffle plus fort sur l'Argoat, sans doute parce que la désertification, telle une épidémie menaçant au moins la moitié du pays, a mobilisé contre elle toute la population relayée par les collectivités locales et territoriales. Un sentiment très fort d'appartenance à une même culture, une volonté d'aménager le territoire dans le respect de l'environnement, tels sont les deux moteurs de la revitalisation du Centre-Bretagne. Ce qui n'a cependant pas évité quelques incongruités...

À Saint-Gelven, petite commune située au nord du lac de Guerlédan, après avoir remembré dans les années soixante-dix, on a réaménagé en boulevard l'accès sud du bourg au début des années quatre-vingt-dix. Résultat : un village qui a perdu tout son charme et dont la population continue à diminuer. Certes, le processus de dépopulation était engagé depuis plusieurs années, un phénomène quasi irréversible en l'absence d'entreprises artisanales ou industrielles sur le territoire de la commune, mais n'aurait-il pas été plus judicieux de développer l'accueil dans la zone à potentiel touristique qui longe le Blavet, au pied de l'imposante ruine de l'abbaye de Bon-Repos ? Certains l'ont bien compris, comme les Compagnons de l'abbaye, des agriculteurs qui considèrent qu'en « reconstruisant l'abbaye, on reconstruit le pays ». Maurice Le Gallic, animé par une foi inébranlable, ne supportait plus de voir cette grande façade de granit envahie par le lierre « regarder le canal de ses yeux vides ». Aujourd'hui, les lieux ont belle allure et un spectacle son et lumière réunit chaque été, en l'espace de trois jours, plus de sept mille spectateurs. Les premiers cisterciens du XIIIe siècle et les Compagnons d'aujourd'hui participent à la même mission : le développement économique de cette petite enclave du Centre-Bretagne.

Il faut abandonner un temps le long ruban d'asphalte de la future Transarmoricaine « express » et remonter à une bonne trentaine de kilomètres au nord-ouest pour retrouver d'autres sources, d'autres fontaines, d'autres lacs et d'autres forêts et un patrimoine religieux tout à fait remarquable : c'est le pays de Callac, célèbre en France pour son critérium international cycliste qui se court deux jours après l'arrivée du Tour de France. Dans l'ancienne cité des comtes de Poher, héritiers des premiers ducs de Bretagne, c'est le Comité des fêtes qui a fait connaître le pays tout entier en attirant plus de vingt mille spectateurs chaque année dans cette petite cité rurale de deux mille six cents habitants. De plus, chaque printemps, un artisan en électroménager de la commune réunit des milliers de cyclo-randonneurs payants pour soutenir les chercheurs brestois contre la mucoviscidose, cette maladie génétique qui touche plus particulièrement la Bretagne.

À Callac, la petite reine a succédé au roi du pays, le cheval de trait breton issu au début du siècle d'un croisement entre le bidet breton et l'étalon ardennais. La statue de l'imposant étalon Naous trône sur la place du village ; Naous comme « maousse », un étalon légendaire né en 1934 et dont la carrière, commencée en 1938, dura treize ans. À côté du meilleur allié de l'homme, on trouve également à Callac son plus fidèle compagnon : le chien. Et pas n'importe lequel : l'épagneul breton, né ici en 1904 mais dont les normes furent fixées à Loudéac un an plus tard. Ce chien d'arrêt rustique, excellent bécassier, semble avoir été conçu pour les landes piquantes et les bois taillis de l'Argoat.

Il faut garder l'âme la plus naïve possible en reprenant la route centrale vers le cœur des monts d'Arrée.

Là où les éléments originels, air, eau, mousses, lichens, rochers vomis du centre de la terre, éparpillés, comme laissés en souffrance, s'assemblent avec la traduction artistique de terreurs très anciennes. À Berthulet, on fit tout de même mourir de froid le diable, bien qu'il ait tenté de se réchauffer en jouant aux boules avec les blocs de granit des champs alentour.

Dans le même temps, à quelques arpents de là, un mythe s'installa à partir du XIVe siècle dans l'église de Bulat-Pestivien. L'Ankou, représenté cinq fois sur ces murs, menace un enfant. Sans doute celui du seigneur de l'époque. Le singe et l'éléphant qui l'enserrent représentent-ils la maladie, la résistance à la mort ? Finalement, la Vierge délivre l'enfant selon la sculpture du mur ouest et l'église Notre-Dame-de-Burlat va connaître alors dans cette austère campagne l'extravagante richesse du plus ancien monument de la Renaissance en Bretagne.

Anatole Le Braz, originaire de Saint-Servais, autre pays de sources et de fontaines, était familier de ces légendes de la mort. Sa maison natale existe toujours. Hélas, dans un souci de modernisme douteux, les occupants des lieux, à savoir la poste et la mairie, y ont collé, nouvelles diableries, des verrues « standard » en aluminium et en verre défigurant la belle demeure de pierres.

Le Centre-Bretagne devient montagneux à son extrémité occidentale et la route grimpe alors brusquement vers le Roc'h Trédudon, point culminant de ce vieux massif usé, avec ses trois cent quatre-vingt-sept mètres. Le 4 février 1974, le FLB [1] fit sauter l'émetteur de télévision qui domine la montagne, privant une bonne partie du Finistère de cet instrument du « pouvoir impérialiste jacobin ». Pendant trois mois, les Bretons des hameaux de la « montagne » furent condamnés à un peu plus d'isolement sans que personne ne s'en soucie, à commencer par leurs camarades autonomistes...

L'histoire des monts d'Arrée est évidemment liée à son sol pauvre et acide, à son sous-sol aussi qui fut exploité jadis – on y extrayait de l'argent et du plomb –, à son agriculture enfin qui n'a jamais pu vraiment se développer, hormis l'élevage extensif du mouton. Mais il y a surtout une histoire sociale et politique très forte. Celle d'une véritable « démocratie radicale » de la montagne, anticléricale et malthusienne. Cette communauté d'hommes libres, enclavée pourtant, a de tout temps été très ouverte. Selon l'historien Jean-Marie Plonéis, « ce ne fut jamais un ghetto. Les gens ont toujours été ouverts et tolérants. Il n'y a jamais eu de servage dans les monts d'Arrée. Les moines qui étaient installés au Relecq et les templiers qui se trouvaient à La Feuillée offraient la liberté aux manants qui travaillaient leurs terres. Nous avons toujours défendu cette notion de liberté. En 1940, Trédudon fut le premier village de France à entrer dans la Résistance, sous la houlette du Parti communiste. Dès le 16 juin 1940, l'organisation clandestine, dirigée par Pierre Plassart, y stockait des armes britanniques ».

1. Front de libération de la Bretagne.

C'est également dans les monts d'Arrée, à Brasparts, que fut écrit le premier véritable guide du patrimoine breton, en 1966, le *Guide de la Bretagne mystérieuse.* Son auteur, qui dirige une petite librairie ésotérique, n'est autre que le vénérable grand druide Gwenlac'h Le Scouëzec, fils du peintre Maurice Le Scouëzec. Le druidisme, selon son chef spirituel, se porte bien : « Il bénéficie certainement des mouvements d'intérêt de notre fin de siècle pour les anciennes et les nouvelles formes religieuses et philosophiques. Mais il demeure une philosophie qui plonge ses racines dans le rituel et dans la terre celtique. Nous ne croyons pas à l'immortalité mais à une vie perpétuelle qui s'accompagne de transformations. Un texte ancien proclame : "J'ai été sous une multitude de formes avant d'être sous une forme matérielle..." » À ceux qui compareraient le Gorsedd, la fraternité des druides, à une secte, le grand druide répliquerait par cette profession de foi : « Les adeptes de ce mouvement en Bretagne armoricaine entendent maintenir et promouvoir au cœur du monde moderne les idéaux de fraternité, de nationalité et de spiritualité celtiques dans le respect de toute l'humanité et de ses particularismes. » Au centre de leur pratique, la nature sous tous ses aspects (animaux, végétaux, minéraux...). Mais il s'agit là d'une restauration du druidisme institutionnalisé en Angleterre au début du XVIIIe siècle car, pour Christian J. Guyonvarc'h et Françoise Le Roux, spécialistes du sujet, la survivance du druidisme est impossible dès lors que sa langue sacrée, et avec elle la doctrine et le rituel, s'est perdue au plus tard vers le VIe siècle.

Le Tuchenn Gador et le mont Saint-Michel-de-Brasparts dominent de leur apparence de montagnes sacrées un univers de tourbières et de marécages en partie asséchés – immense friche du diable – par les drainages vers un lac artificiel d'eau noire traversé, également, par les eaux de la rivière Ellez. L'intervention d'EDF sur la partie la plus mystérieuse sans doute de ce Centre-Bretagne – avec la centrale nucléaire expérimentale de Brennilis, achevée en 1966, désaffectée en 1985 –, plutôt que d'atténuer la charge mythologique de ce paysage, l'a comme accentuée. Nous sommes plus que jamais au royaume de l'Ankou, aux portes de l'enfer : le Yeun Ellez, lieu d'errance des âmes tourmentées.

Voués jadis, dit la tradition orale, aux cultes druidiques, assimilés au fil des siècles par la christianisation, ces monts armoricains se gravissaient en processions à la recherche de la lumière triomphante des ténèbres, ténèbres matérialisées par le Youdig – bouche de l'enfer –, magma mouvant de tourbe où disparurent engloutis plusieurs paysans avec cheval et charrette. Sur le mont Saint-Michel-de-Brasparts, on bâtit une chapelle dédiée à l'archange pourfendeur de dragons, c'est-à-dire de toutes les formes de paganisme. Tombée en ruines, elle fut restaurée au XVIIIe siècle. La légende que nous chanta le poète Youenn Gwernig dans le silence de ce site impressionnant raconte que saint Michel transforma de là-haut en moutons les soldats symbolisant sans doute, dans le marais, les puissances du mal... Mais les soldats revinrent en uniforme de la Wehrmacht prendre les pierres du mur d'enceinte de la chapelle pour construire le socle d'un radar dont on voit encore la trace.

Dans l'un des fonds de broussaille sous la chapelle et la route de Morlaix, la Noce de Pierre est un autre vestige de l'époque mégalithique, récupéré par le légendaire catholique de l'effroi. Une cinquantaine de petits mégalithes blancs alignés, certains brisés, représenteraient une noce turbulente qui prit dans ses rondes un prêtre, l'empêchant d'apporter à temps l'extrême-onction à un mourant. La noce aurait été pétrifiée sur-le-champ. Au printemps 1997, cédant aux sirènes du prestige, nous avons emmené là le couturier Paco Rabanne dont l'ésotérisme est la raison de vivre... plusieurs vies. Il venait de faire publier *La Force des Celtes,* entretiens avec Philip Carr-Gomm, un Anglais, chef élu de l'ordre des bardes, des ovates et des druides. Paco Rabanne, enfant d'Espagne exilé par la guerre civile chez sa grand-mère morlaisienne, courait la lande à dix ans et se « juchait avec jubilation sur les menhirs ». Mais Basque Atlantéen est, selon lui, sa véritable origine. L'histoire du monde l'habite et il dit en garder le souvenir jusque par-delà les Celtes, à l'époque où l'on vous couchait, défunt, sous les dolmens pour que vous en sortiez transmué en guerrier ou en initié. Cet alignement dit Noce de Pierre est pour lui un de ces lieux telluriques qui lui donnent le courage de vivre l'âge du fer finissant (d'où ses robes de métal) en attendant le rétablissement de nos liens avec le règne de la nature, promis par l'âge du Verseau annoncé par l'Apocalypse. Déconcerté, je ne me suis pas moqué en remontant avec lui les pentes recouvertes des cendres d'un récent incendie. J'ai respecté, comme on doit le faire de toutes les tentatives d'échapper aux duretés de notre époque, la sienne, qui a au moins le mérite de tendre vers l'inatteignable harmonie universelle par une très large compréhension des mouvements spirituels de par le monde, pourvu qu'ils ne se réduisent pas à de dangereuses glorifications ethniques. Comme il était pris par des rendez-vous professionnels contre lesquels il pesta – le quotidien rattrape tout le monde –, je n'ai pu inviter le grand couturier à pénétrer un autre aspect des monts d'Arrée, le pays des enclos paroissiaux que tout nous commande d'admirer en détail et de préserver. Les plus remarquables, avec leur arc de triomphe, leur ossuaire et leurs retables somptueux se trouvent à Brasparts, à Commana, à Pleyben ou encore à La Martyre. Ils sont parmi les plus belles richesses architecturales du grand livre de pierre de la mystique bretonne.

Mais l'élément fondamental de cette « zone sensible » demeure l'eau. L'existence, en grande quantité, de cette matière, dont la rareté est annoncée ailleurs, pourrait constituer avant la fin de la décennie un atout extraordinaire de développement pour toute la partie occidentale, la plus désertifiée, du Centre-Bretagne. « L'eau, c'est la vie », clame le conteur Patrig Ewen. Les monts d'Arrée ne sont pas un pays-musée ; c'est en effet un pays plein de vie. « Bien sûr, il y a des vieux qui meurent comme partout mais l'eau, ici il y en a plus qu'ailleurs. La preuve, dit-il très malicieusement, c'est qu'on en met de plus en plus en bouteilles. »

L'eau contre la désertification, ça ressemble à une évidence... Kader Benferhat le dit mieux que personne. Et il ne fait pas que le dire. Toutes ses fibres désirent, aiment, respectent l'eau, la moindre goutte, le moindre ruisseau. C'est qu'il est né dans le désert du Sud algérien.

J'ignore – est-ce important ? – ce qui l'a amené en Bretagne mais ce dont je suis sûr, c'est qu'il est devenu un des meilleurs de ses fils. Il travaille dans la chimie à Loudéac. Il sait ce qu'il y a d'inconfortable dans la modernité. Sans doute pour dire intimement sa reconnaissance au pays qui l'a adopté, il a voulu lui apporter sa contribution. Ce goût d'éternité qu'a la Bretagne et que nous partageons – « sinon, comment y voyager ? » dit-il –, il l'a concrétisé dans la restauration d'un ouvrage d'art napoléonien de soixante-quatre kilomètres de long que la broussaille, les travaux agricoles, les éboulements dévoraient : la rigole d'Hilvern. La rigole, oui. Artificielle. Ouvrage d'art parce que respectant sur une distance aussi longue une pente continue de trois dixième de millimètre par mètre, témoignage admirable de la technique hydraulique du XIXe siècle, celle qui permit au canal de Nantes à Brest de fonctionner.

La rigole d'Hilvern n'est pas large, on l'enjambe facilement. Elle n'en a pas moins été la pièce maîtresse du dispositif reliant deux rivières, l'Oust et le Blavet, apportant à cette jonction créée de toutes pièces l'eau venue du lointain barrage de Bosméléac. La pluie fine qui nous accompagne sur la partie remise en état de la rigole est une aubaine. Kader, tendant le visage à cette pluie, rêve tout haut à ceux qui dès 1842 ont transporté par péniches toutes sortes de choses, même si, plus tard, la destination première du canal de Nantes à Brest, qui était de compenser les effets du blocus anglais en mer, n'avait plus d'objet. Chimiste, il remercie les bateliers de la Loire et ceux de Saint-Malo qui amenèrent à cette Bretagne intérieure les engrais dont elle manquait alors. Et cela, grâce à l'eau de la rigole d'Hilvern !

Dans les années soixante à quatre-vingt, les projets de développement du tourisme fluvial empruntant le canal, avec des lâchers d'eau continuels aux écluses, condamnèrent la rigole. On lui préféra logiquement une pompe d'un débit plus fort et régulier. L'envasement ne demandait que ça. Il y avait d'autres priorités que cette artère qui se bouchait. « Attendez, vous n'avez pas tout vu ! déclarèrent les membres d'une association... Ce ruisseau artificiel serpente dans une nature conçue pour lui. C'est un chemin idéal pour le tourisme vert ! Pour contribuer à revitaliser le pays ! » Depuis, avec ceux qui acceptent un entracte à leur chômage, on débroussaille en chantant sous la pluie ou le soleil. Kader Benferhat continue l'œuvre de ses prédécesseurs. Il est tombé amoureux de la rigole d'Hilvern et le plus beau salut que l'on puisse lui faire à Loudéac, c'est de lui demander « Comment va ton oued, Kader ? »

Il m'a aussi appris un proverbe de son pays : « Dieu a créé le temps et l'homme a inventé la montre ». Puis il a ajouté : « Dieu a créé l'espace et l'homme a inventé les distances. »

Par les rivières, belles et souffrantes

Vingt fleuves, cent rivières, mille ruisseaux sont les artères et les veines de la Bretagne. Toutes ne charrient pas des paillettes d'or comme le Daoulas, ne se nomment pas Argent comme dans le Chaos d'Huelgoat. Elles donnent tout simplement la vie, qu'elles soient issues des monts d'Arrée, des Montagnes Noires ou qu'elles soient reines des plaines et des marais.

La légende arthurienne plaçait souvent ses chevaliers de la Table ronde devant ces frontières liquides, dont le point de franchissement était « l'indice d'un passage vers l'Autre Monde ; au-delà de la rivière, outre le pont Périlleux, peut se trouver l'aventure [1] ».

Sans rien savoir encore de Perceval ni de Gauvain, je ressentais, enfant, la crainte et l'attirance de l'inconnu sur ma berge, rive droite de l'Aff, née justement des étangs de Paimpont en Brocéliande, qui s'en allait

1. Extrait de la préface de Danielle Régnier-Bohler pour *La Légende arthurienne*.

arroser Sixt et La Gacilly avant de rejoindre l'Oust. De l'autre côté du gué du pont Mabon (nous disions « Poumabon »), c'était l'Ille-et-Vilaine et moi j'étais dans le Morbihan. Me déchaussant, l'eau à mi-mollets, j'allais souvent poser le pied sur l'autre département, pour le plaisir, ou bien j'y conduisais les vaches qui ne manquaient pas, au passage, de laisser leurs bouses aux anguilles. Quant aux brochets, je les ai souvent vus me narguer dans les miroitements du soleil. L'hameçon tombé au milieu des poissons troublait l'eau un instant ; ils réapparaissaient, aussi indifférents qu'avant. Grand-Père ayant quelques parents à aider au-delà de la rivière, il s'y rendait parfois avec la jument et la charrette. Il pouvait exceptionnellement ne rentrer qu'à la nuit, après les haltes dans les celliers... Sur le pas de la porte de la Vériglée, à un bon kilomètre du pont Mabon, Grand-mère, inquiète, guettait son retour et, à la faveur du grand silence du soir, entendait la charrette heurter les pierres du gué. Elle pouvait alors vitupérer contre son « bounhoume » !

La rivière Aff, c'était aussi le chant des moulins de la Fosse et de la Perrière, les baignades à La Gacilly où l'Aff faisait office de piscine municipale. On était pourtant peu regardant sur la qualité de ses eaux ou sur les encombrements de souches et de bois morts qui faisaient de quelques-uns de ses méandres des cloaques ; on s'en inquiétait surtout en périodes d'inondations. Peu de rivières étaient entretenues tout au long de leur cours. Et on sait à quel point, dans la traversée des villes, elles furent surtout des égouts. À quel point aussi, rouissage du lin, tanneries et papeteries les polluèrent à grande échelle. Y eut-il jamais eau pure dans les rivières du monde ? Les sources avaient néanmoins cette réputation. Nous en avions deux à la Vériglée. Elles formaient des mares, recouvertes en partie de végétation aquatique. Nous allions y puiser l'*eve*[1] pour la soupe et les différents usages domestiques, dont les toilettes sommaires, avec deux seaux portés au milieu d'un cerceau à cercler les barriques et que nous tenions, avec les anses desdits seaux, pour répartir le poids et nous garantir des éclaboussures. L'une de ces sources jouxtait la mare où les vaches allaient boire. L'hygiène au sens où on la pratique aujourd'hui n'était pas notre fort. Au moins n'avions-nous pas à redouter des excès de phosphates et de nitrates ainsi que de métaux lourds provenant des pesticides. La machine à laver était une lessiveuse chauffée au bois, les fumiers étaient compacts, leur substrat étant de paille et de landes, et on combattait avec des moyens rudimentaires les parasites de l'agriculture. Alors, les cours d'eau se laissaient lire dans leurs beautés et leurs misères, en tout cas sans dissimuler ni trahir comme souvent aujourd'hui. Au reste, la potabilité de l'eau était appréciée empiriquement, d'autant qu'il s'en buvait très peu. « L'eau ne fait rien que pourrir le poumon », dit la chanson. Le cidre et la « goutte » devaient avoir des vertus prophylactiques et les records d'alcoolisme du Morbihan, les dents des enfants gâtées, noircies par le cidre, ne pourraient

1. L'eau, en gallo.

rien contre cette croyance pendant longtemps. C'est donc dans l'Aff et sur ses bords que m'est venu un besoin charnel des rivières. Et celles de Bretagne ne cessent de m'appeler. Qu'elles aient été frontières locales de petits pays et de guerres de clochers où il ne suffisait pas de passer le pont aux jeunes gens amoureux pour être adoptés par les familles d'en face ne me gêne pas trop.

Vous pourriez entrer en Cornouaille, en Centre-Bretagne, en Trégor, en pays de Redon par ces belles voies d'eau douce. Par exemple, disposant d'un bateau et revenant de l'archipel des Glénans, qu'on aime comparer à un atoll du Pacifique avec ses lagons, la chaleur en moins, vous auriez le contraste absolu procuré de Bénodet à Quimper par « l'Odet, bleu comme une prière, [...] plus douce encore que ne sonne son nom [1] ». Les rives de l'Odet sont énormément buissonnières. Pour un peu ce serait une petite Amazonie. Pour un peu seulement, car la double ceinture arborescente de ses rives n'a l'épaisseur que celle de ses parcs de châteaux, une dizaine sur seize kilomètres auxquels on ajoutera quelques chapelles et une maison du pendu. Les nouveaux châtelains de l'Odet sont plus modestes : Éric Tabarly habite une longère, tout comme Jean Failler, auteur de romans policiers, qui m'a fait remonter – c'est une épreuve – l'Odet aux avirons, à contre-marée. L'Odet dans ses mystères vous prépare à Quimper et à ses vingt-cinq ponts... et Quimper est une des meil-

1. Guillaume Apollinaire.

leures portes bretonnes ouvrant sur l'intelligence, comme la ressentaient le poète natif Max Jacob ou le peintre Eugène Boudin.

Les marins d'eau douce, sans permis bateau, trouveront beaucoup de satisfactions – sauf peut-être celle de la dépense, assez lourde, à engager – dans le tourisme fluvial, une activité qui a connu des hauts et des faillites. La Bretagne est pourvue d'un réseau navigable important, dont Redon est le centre, et qui sera le meilleur en France si se réalise le projet de rétablir, par un ascenseur à bateaux, la continuité du canal napoléonien de Nantes à Brest coupé par le barrage EDF de Guerlédan construit en 1929, ce qui donne toutefois un magnifique plan d'eau que borde la forêt de Quénécan et qui vous laisse « Compagnon » à l'abbaye de Bon Repos.

À bord d'une péniche de location ne dépassant pas les neuf kilomètres à l'heure, l'obligation de changer radicalement de rythme modifie la vie et toutes vos perceptions. On sait alors à quel point, dans le quotidien, la lenteur peut manquer. Les passages d'écluses deviennent événements, même quand ils se répètent entre Josselin et Pontivy en quarante-quatre écluses sur six kilomètres pour s'élever de cent trente-cinq mètres... Le Blavet, canalisé entre Inzinzac-Lochrist et Pontivy, fut ma première belle expérience. Le canal d'Ille-et-Rance, de Dinan jusqu'à Rennes – la Vilaine ensuite vers La Roche-Bernard – me laisse un souvenir impérissable ; à certaines écluses, les maisons les plus fleuries de

France, la bolée chez un couple d'éclusiers, les petits matins où s'éveille, chasse et pêche, dans un bruissement végétal, toute une faune avide d'exister, comme si l'eau et le soleil s'épousant enfantaient encore une fois la nature. Les poissons volent, les oiseaux plongent, les poules d'eau entament des sprints sur l'eau, les ragondins tracent de jolis sillages en V...

Sur la Vilaine, la surprise sera mauvaise. La proue du bateau écarte les étranges mousses blanchâtres de la pollution rennaise, tandis que nous longeons des bâtiments de l'usine Citroën. Nous ne retrouverons une rivière digne d'une croisière qu'entre Pont-Réan et Bourg-des-Comptes, ayant quitté son secteur urbain et industriel. Depuis ce voyage, les choses se sont améliorées. Rennes dispose enfin, depuis octobre 1997, d'une station d'épuration à sa mesure.

À Hennebont-Inzinzac-Lochrist, le Blavet où l'on voit sauter les saumons le fut aussi : industriel. Les Forges d'Hennebont commencèrent à prendre le relais, en 1860, des Forges des Salles, près de la forêt de Quénécan, elles-mêmes fermées en 1880. Autant dire qu'il y eut une tradition du fer que l'on dit millénaire. Les nobles s'interdisant le commerce, la revente et donc la notion de bénéfice, vivant de péages et d'impôts, instruments de leur classe sociale, s'autorisèrent cependant, peut-être en référence à l'alchimie, la transformation des métaux et leur façonnage. C'est un d'Andigné qui fonda la manufacture des Forges de Paimpont, éteintes au XIXe siècle. C'est un Rohan, Alain IX, qui construisit au XVe siècle le premier haut-fourneau aux Forges des Salles en Centre-Bretagne. Il disposait de minerai de fer, de bois pour le feu – que d'hectares sacrifiés de ce qui fut la forêt bretonne ! – et d'eau emmagasinée par plans étagés, d'une succession d'étangs, pour la force motrice. Le grand bourgeois d'Empire qui racheta le château des Salles au début du XIXe siècle donna au site des forges l'organisation la plus fonctionnelle et communautaire possible pour l'époque. Louis-Henri Janzé comprit que pour fixer la main-d'œuvre, il fallait lui fournir le logement, les cantines, la chapelle, l'école et le bistrot, comme le ferait à grande échelle, plus tard, Usinor à Denain où toute activité sportive et culturelle dépendait aussi des maîtres sidérurgistes. Le ghetto ouvrier des Forges des Salles, déserté aujourd'hui, se visite parce que restauré par ses propriétaires des années quatre-vingt-dix. Sur le Blavet, les Forges d'Hennebont méritèrent au XXe siècle d'être considérées comme une « forteresse usinière » dans une « vallée noire ». Le fleuve canalisé offrait les meilleures conditions techniques et logistiques : les chutes d'eau de deux barrages, énergie nécessaire au fonctionnement de la première usine ; la navigation pour le transport du minerai de fer des mines angevines et anglaises ainsi que du charbon de ce pays.

Les Forges de Kerglaw et de Locastel en Lochrist s'inscrivent dans la mémoire de ceux qui y ont travaillé jusqu'en 1965 comme un paysage féodal. Ce qu'elles étaient effectivement en 1882 alors qu'elles employaient déjà sept cents personnes. Sur le plateau et les flancs des collines rarement ensoleillées, les maisonnettes puis, à partir de 1930, les immeubles ouvriers : ces collectifs paternellement baptisés « cités bleues » par le patronat des forges étaient des casernes pour ceux qui y logeaient. Au fond de la vallée, deux kilomètres cinq cents d'usines à fer emploient jusqu'à trois mille personnes en 1938. Tout en haut, dominant l'ensemble, se trouvent les demeures des maîtres de forges, château de Bunz pour le propriétaire, château de Kerglaw-la Montagne pour le directeur, château de Locqueltas après guerre pour le personnel de direction, villas d'ingénieurs. Gisèle Le Rouzic, fille d'un paysan du Morbihan devenu ouvrier des laminoirs – mêmes pauvres, mêmes survies –, a réussi à rassembler les souvenirs de ce qui fut un des rares grands centres industriels de Bretagne avant de céder sous les effets de la concurrence de la sidérurgie du Nord et de la Lorraine. Un siècle d'histoire des forges et du mouvement ouvrier local s'expose grâce à elle dans un écomusée établi parmi les vestiges des bâtiments, et se lit dans les trois ouvrages que cette passionnée, excessivement jalouse d'un patrimoine qu'elle a tendance à s'approprier, leur a consacré. Née en 1939, elle a connu les logements de deux pièces ou s'entassaient couramment des familles avec sept ou huit enfants. Là non plus, dans cette urbanisation à la campagne, on n'avait pas prévu l'hygiène élémentaire du circuit de l'eau. Puisée dans le canal, elle montait au château d'eau, alimentait les logements et redescendait chargée de tout ce que l'on peut imaginer au Blavet, d'où elle remontait sans aucun traitement au château d'eau... et ainsi de suite. La seule épuration était le courant de la rivière. Zola n'est pas loin quand, selon Gisèle Le Rouzic, les ouvriers appellent eux-mêmes leurs logements des « chiottes ouvrières ».

La fermeture des forges, par le gouvernement, en 1966, pour cause de mauvais résultats et d'endettement insoluble, dix ans seulement après leur modernisation, fut une catastrophe pour la région mais surtout pour les hommes des fours et des laminoirs qui trouvaient leur dignité dans la dureté de leur métier. On n'entendrait plus parler des « Forges rouges », comme *L'Illustration,* relayée par toute la presse nationale, les avait surnommées en 1903. Cette année-là, les anarcho-syndicalistes déclenchèrent une série de débrayages, et les défilés de protestation avec les femmes en costumes bretons, les enfants pieds nus, les travailleurs, ressemblaient à des processions, le mouvement ouvrier ayant des ferveurs quasi religieuses. En 1906, la grève, plus puissante encore, eut pour mot d'ordre la journée de huit heures. Cela fut considéré par l'ensemble du patronat comme une revendication monstrueuse. La grève fut un échec. Il fallut attendre 1936 pour reparler temps de travail et temps de repos légal.

Quelques activités demeurent dans ce qui reste une immense friche industrielle au bord du Blavet. Près du grand barrage, une ancienne petite maison du concierge de l'usine a été aménagée en maison de l'eau, visitée par de rares touristes. De tels lieux pédagogiques existent sur d'autres cours d'eau, maison du canal, maisons de rivières, pour l'observation du milieu, l'étude des migrations et des zones de reproduction des salmonidés, et la prise de conscience des pollutions et de leurs causes...

Les rivières chantent comme chantent leurs noms : l'Elorn, l'Aulne, le Scorff, le Steir, l'Ellé... Au confluent du Guic et du Guer, des voix d'enfants couvrent le chant de ces gros ruisseaux dévalant vers le Léguer, près de Belle-Isle-en-Terre. Environ dix mille scolaires sont passés par ce Centre d'initiation à la rivière créé en 1992 par Eaux et Rivières de Bretagne.

« On en a vu ! » crie un élève du lycée agricole de Guingamp. Vu quoi ? des petits saumons, des truites et d'autres poissons, des insectes d'eau... Un moniteur explique au groupe la chaîne alimentaire de la faune aquatique. Ils ne verront pas de loutres, peut-être les traces de leurs passages, car il y en a. L'espèce est protégée, on ne piège plus la loutre pour sa fourrure.

Je m'étonne auprès de Vincent Lefebvre, le directeur du centre. Est-il bien nécessaire d'initier des jeunes ruraux, qui plus est élèves d'un lycée agricole, à la vie des rivières qu'ils doivent certainement fréquenter tous les jours ? « Détrompez-vous, me dit-il. Ces gosses sont aujourd'hui plus à l'aise dans une rue ou une cour d'école que dans le milieu naturel, même ceux de la campagne. On le voit dans leur façon de se déplacer dans la nature, ils sont mal adaptés, physiquement. Les premiers jours, notre travail est de leur faire retrouver des émotions autour de l'eau, du cours de la rivière... en espérant qu'ils apprennent à respecter ce milieu et cette ressource. Mais à beaucoup, la notion même d'écosystème est étrangère [...] Ce qu'il faut aussi apprendre aux enfants, c'est à économiser l'eau, à moins consommer pour finalement moins polluer. »

Le saumon, considéré comme témoin de la qualité de l'eau et que l'on croyait menacé de disparition il y a quelques années, est donc revenu, après ses deux ou trois années de vie en mer, retrouver le cours supérieur de certaines rivières, là où il naquit et grandit.

L'Ellé, qui marque les limites du Pays vannetais et de la Cornouaille, forme avec l'Isole une plus grosse rivière de quatorze kilomètres, la Laïta, longtemps considérée comme une des plus polluées de Bretagne alors qu'elle fut un paradis des pêcheurs. Las, la station d'épuration de Quimperlé, datant de 1963, s'avéra obsolète ; les abattoirs Bigard, et surtout les Papeteries de Mauduit, propriété d'un groupe américain premier fabricant de papier à cigarettes, en rejetant leurs eaux pourries en firent un demi-cloaque. Il fallut une bonne vingtaine d'années pour que Quimperlé songe à investir vingt millions dans une nouvelle station d'épuration, que les abattoirs repensent le traitement de leurs effluents et que la papeterie réalise deux plans successifs pour réduire ses rejets toxiques. On ne mesure pas sur la même balance quinze cents emplois et quelques dizaines de pêcheurs. D'autant que, dans ces cas-là, chacun rejette sa responsabilité sur les autres et que partout en France la dépollution industrielle a figuré longtemps, et à tort, dans la colonne des investissements improductifs. En 1995, on reparlait du saumon dans la Laïta, au moment où l'usine Doux – un géant de la volaille – de Plouray déversait ses saletés dans un affluent de l'Ellé. L'industriel, condamné pour cette pollution sur vingt kilomètres, fit appel.

En revanche, l'Elorn, non loin de Landivisiau, voit se rassembler, dès l'ouverture, une internationale des pêcheurs. Pour un peu, ce serait comparable à l'engouement pour l'Irlande. On a vendu des cartes de pêche à des Italiens, à des Russes, à des Américains. Il paraît que la fidélité du saumon à la rivière de son enfance tient à la finesse de son odorat. Mais le parfum particulier de l'Elorn était devenu pestilentiel dans les années soixante-dix, chargé qu'il était de pollutions industrielles et domestiques. On fit le ménage en traitant les rejets dans les entreprises, les grosses communes investirent en stations d'épuration, de sorte que l'eau qui jaillit pure des monts d'Arrée redevint correcte après avoir traversé Landivisiau et Landerneau et que le noble poisson venu des froidures de l'Atlantique put repérer à nouveau olfactivement son embouchure en rade de Brest. Du côté des ruines de la chapelle gothique de Pont-Christ, lieu de rêve pour un pêcheur, l'Association de pêche de l'Elorn se montrerait volontiers en exemple. Elle affiche cent cinquante à trois cents prises de saumon de belle taille par an. Elle dispose d'un budget d'un million et demi de francs, ce qui lui a permis d'embaucher quatre permanents dont, en 1996, un poste d'animateur pourvu par Guy Le Maout, ancien salarié de banque. Ce que Guy Le Maout anime, entre autres, c'est la pisciculture qui rempoissonne la rivière. Les pontes de saumon, en fin d'année, sont surveillées et « piégées ». Les douze à quinze mille petits saumons prélevés ne seront plus alors que demi-sauvages. Élevés quinze mois en bassin, relâchés après avoir été marqués (ablation d'une nageoire dorsale considérée comme inutile – Guy Le Maout la compare à notre appendicectomie), on pourra contrôler leur retour de l'Atlantique quand, adultes, ils reviendront de leur grande aventure.

Donc, l'Elorn est une rivière récupérée à la pollution ? « Pas si vite ! me dit l'animateur de la société de pêche. Bien sûr que la pollution d'origine agricole reste une menace pour nous. On surveille ça de très près ! » Comme on s'inquiète d'une mystérieuse maladie qui décime les saumons de printemps dans plusieurs rivières. C'est qu'une autre somptueuse rivière, le Trieux, soigné comme grand malade qu'il était, n'est pas sorti de sa convalescence. Dans les Côtes-d'Armor, le Trieux traverse Guingamp, Pontrieux, s'encaisse dans la verdure, trace de majestueux méandres sous le château de La Roche Jagu, et fait le vrai petit fleuve à Loguivy près de Paimpol, face à l'île de Bréhat. Une rivière de superproduction de film écolo, un modèle de patrimoine paysager, mais qui cachait sa misère, c'est-à-dire la pollution par les rejets des villes, des entreprises industrielles et des piscicultures installées sur son cours. Au début des années quatre-vingt, Eaux et Rivières de Bretagne, association leader dans la bataille de l'eau, convainc les collectivités locales, district, communes, etc. de l'absolue nécessité de réhabiliter le Trieux, dont l'eau retraitée alimente les robinets du district de Guingamp. Un programme de trente millions sur plusieurs années, sous la forme d'un contrat de rivière, permet d'équiper Guingamp et Pontrieux en stations d'épuration. Les entreprises, les pisciculteurs suivent ; on nettoie les berges, on fait des travaux de mise en valeur. La vallée redevient coquette, le saumon revient fréquenter le Trieux ; on lui a aménagé des passages pour son retour sur les lieux de frai. Tout le monde est content, les actions communes ont été efficaces. Même la dose de nitrates est tolérable : trente milligrammes par litre en 1983. Certains commencent pourtant à s'inquiéter, mais il reste de la marge avant d'atteindre les cinquante milligrammes, seuil au-delà duquel on considère l'eau comme impropre à la consommation humaine, et dangereuse à boire pour les bébés de moins de six mois et les femmes enceintes. Cette norme imposée par une directive de la CEE en 1980 ne fera l'objet d'un décret en France qu'en 1989. Or, à partir de 1990, le seuil des cinquante milligrammes, à plusieurs époques de l'année, est couramment dépassé. Les néfastes excès d'azote proviennent de la concentration des élevages hors sol – volailles surtout, une des plus fortes en Bretagne –, multipliée par quatre en dix ans et dont les déjections suivent la pente du bassin versant. Bref, c'est comme si le Trieux était atteint d'une maladie honteuse. Gilles Huet, délégué général d'Eaux et Rivières de Bretagne, voit là le résultat de trente années d'un productivisme sans mesure et d'un grand laisser-aller dans l'aménagement du territoire régional. Ce n'est pas faute d'avoir combattu. Constituée en 1969 par des pêcheurs malheureux de l'état de leurs rivières, l'association fédère une soixantaine d'associations locales et plus d'un millier d'adhérents individuels. Agréée par les pouvoirs publics, elle participe à toutes les commissions et comités de l'eau, et n'hésite pas à intenter des actions en justice. Son ancien président, Jean-Claude Pierre, intraitable militant écologiste, fondateur d'Eaux et Rivières, appelé au Comité national de l'eau dans la fonction de secrétaire général, mériterait de laisser son nom dans l'histoire de la Bretagne, surtout si la prise de conscience qu'il a contribué à provoquer, la pression restant maintenue, permet de réaliser la révolution de l'eau pure que tout le monde attend. Ce qui impliquerait un profond changement dans les mentalités et les méthodes de productions agricoles.

« Il ne s'agit pas seulement de dénoncer un modèle d'agriculture, me dit-il. Il a sans doute eu des mérites – ceux de faire de la Bretagne l'une des premières régions agricoles en Europe, largement exportatrice –, mais il a des conséquences catastrophiques sur l'environnement, les paysages, les sols et surtout l'eau. On dit de la Bretagne qu'elle est sinistrée et elle est montrée du doigt non seulement en France mais pratiquement dans toute l'Europe. » De fait, la presse de l'Ouest de cette fin de siècle titre régulièrement sur la question : « 50 % DES EAUX BRETONNES HORS NORMES À CERTAINES ÉPOQUES DE L'ANNÉE », « 70 % DES RESSOURCES EN EAU DE LA BRETAGNE HYPOTHÉQUÉES D'ICI L'AN 2000 »,

« EAU POTABLE : DIX ANS ET QUATRE MILLIARDS POUR ÉVITER LA PÉNURIE. »

Certains rapports annoncent des « désastres » d'ici à 2010 si la Bretagne continue ainsi dans la spirale productiviste.

Deux chiffres peuvent être mis en parallèle : la Bretagne tire quatre-vingts pour cent de ses ressources de ses eaux de surface, rivières, lacs, retenues. Le Danemark, également gros producteur de porcs, tire quatre-vingt-dix-huit pour cent de ses ressources de ses eaux souterraines. On prend conscience tardivement de la fragilité de nos eaux de surface. La géologie de la Bretagne, qui fait tout son charme et son caractère, présente l'inconvénient d'un sol souvent argileux et d'un sous-sol de schiste et de granit. Pour alimenter l'une des deux grandes sources commercialisées dans la région, celle de Plancoët en Côtes-d'Armor, appartenant au groupe Nestlé, à travers un massif granitique, comme c'est le cas, l'eau de pluie met dix ans à cheminer jusqu'à la nappe phréatique, en se chargeant d'éléments minéraux à travers de multiples filtres naturels. La source est totalement protégée en surface. L'entreprise s'est rendue propriétaire des quatre-vingt-dix hectares de terres qui la couvrent en une succession de petites collines et les a interdites de cultures. La prairie est simplement entretenue. Dans ces conditions, on ne voit pas comment on trouverait dans l'eau de source la moindre trace de nitrate. En généralisant : pas d'agriculture en surface, eau pure en profondeur, retour à la civilisation des mégalithes... Ce raisonnement par l'absurde n'est tenu par personne mais ferait bien, a contrario, l'affaire de cet agriculteur de Saint-Brieuc qui, contre vents, marées et algues vertes, plonge la tête du consommateur dans son évier : « Cette eau pure que les clients demandent... Ils s'en servent à quoi ? À quatre-vingt-dix-neuf pour cent probablement pour évacuer leurs déchets. Laver la voiture, laver la vaisselle, laver le linge, la salle de bains et, le plus fort, les waters... On en boit un petit peu, on l'utilise pour la cuisine, mais si ça représente un pour cent, c'est à peu près tout. Alors ? On va faire des chantiers énormes pour dénitrater une eau dont presque tout sera rejeté, épuré, puis rechargé en nitrate ? » Cet homme qui malgré tout ne veut pas se dédouaner de ses responsabilités environnementales, n'est pas le seul à rejeter les projets d'usine de dénitrification. Il est de ceux qui pensent qu'ainsi on ferait mordre sa queue au serpent, et que c'est en amont qu'il faut agir. Néanmoins, il avalise aussi l'idée courante, non exprimée bien sûr, que la santé passe par les bouteilles d'eau minérale, qu'il est normal que cela devienne un luxe. On verra plus loin que les « clients » obligés de la Lyonnaise des eaux à Guingamp – procès historique – ne l'ont pas entendu ainsi.

« L'alcool non ! L'eau ferru... geri... généreuse... Oui ! » clamait Bourvil dans un célèbre sketch. Du fer, l'eau souterraine en contient beaucoup en Bretagne, mais il n'est pas difficile de le ramener à des proportions ordinaires. Les vraies questions sont l'exploitation et la préservation de ces réserves, qui se situent dans plusieurs failles géologiques et non, comme dans d'autres régions, constituées en grandes nappes phréatiques. Des captages à cent mètres de profondeur et plus fournissent vingt pour cent des eaux consommées, soit directement et sans facture par certains industriels et agriculteurs, soit en vue de les mélanger aux eaux traitées des rivières, ce qui fait baisser le taux de nitrate. Mais c'est une bien bâtarde solution. Il paraît en outre certain que les réservoirs naturels profonds de ce pays réputé humide sont considérés comme un trésor patrimonial à ne pas trop toucher, de crainte d'une crise de l'eau encore plus grave, en cas de longues sécheresses par exemple.

La plus grande réserve d'eau de surface en Bretagne est celle du barrage EDF de Guerlédan. Un superbe lac artificiel de cinquante et un millions de mètres cubes alimenté par le cours supérieur du Blavet et de ses affluents qui fournit la moitié de la consommation en eau du Morbihan, ainsi qu'une modeste production d'électricité. On imagine le désastre que représenterait sa pollution... Les taux de nitrate considérés comme acceptables – trente milligrammes par litre en période hivernale, quinze milligrammes par litre en été et au printemps – font que l'on n'envisage pas, là non plus, d'usine de dénitratation. Le député-maire de Noyal-Pontivy, Jean-Charles Cavaillé, estime que ce serait une fuite en avant autorisant les pollueurs à ne pas prendre de précautions. Il choisit la prévention, en particulier le traitement du surplus du lisier de porc avant surépandage (souvent clandestin d'ailleurs...). Un bon engrais azoté, le lisier, mais à utiliser avec modération. Toutefois, ce n'est qu'un exemple, il se devine une spéculation sur les terres en amont du lac de Guerlédan, dans la perspective, pour les gros éleveurs de porcs, de les utiliser pour l'épandage de leurs surplus, même assez loin de leurs élevages. Guerlédan étant une priorité, on ne devrait pas laisser faire n'importe quoi. Or, ce même jour d'octobre 1997 où se réunissaient les représentants des cinquante-huit communes concernées par la reconquête de la qualité de l'eau sur le bassin versant du Blavet, on apprenait que le préfet des Côtes-d'Armor avait signé une autorisation d'épandage de lisier sur les terres proches du lac de Guerlédan pour une porcherie industrielle de Loudéac, à plus de vingt-cinq kilomètres de là. L'incohérence frisait la provocation puisque le préfet ne tenait pas compte des avis plus que défavorables de trois municipalités, de deux conseillers généraux et du Syndicat départemental des eaux !

Préserver les intérêts de chacun, des gros comme des petits, coordonner les actions d'assainissement et de prévention relève d'un travail herculéen, surtout lorsque s'opposent deux lobbies, celui du cochon et celui, train en marche, de l'environnement.

L'autre barrage célèbre en Bretagne, c'est celui de la Rance. Encore EDF... Ce prototype mondial est toujours en fonction : c'est l'usine marémotrice[1], construite entre 1961 et 1966. Cinq ans de travaux, de bouleversement hydrologique, avec un appauvrissement de sa faune, de ses rives, que celui qui la voit pour la première fois ne saurait deviner, tant le site reste d'une grande beauté, même dans ses envasements. Une dizaine d'anciens moulins à marée – la marée apportait l'énergie que l'on restituait à la mer en ouvrant les vannes au reflux, le meunier mettait alors en action son beau mécanisme quelques heures et attendait la marée suivante – transformés en résidences, en bars-restaurants, en objets de patrimoine, parsèment le cours de la Rance de Dinan à Dinard et à Saint-Malo. EDF s'est inspirée de l'antique utilisation de cette énergie naturelle pour faire tourner, mais dans les deux sens de la marée, vingt-quatre turbines dites « groupes bulbes » sous un ouvrage de sept cent cinquante mètres de long qui permet, en outre, la liaison routière Dinard-Saint Malo, et reçoit – ouvrage industriel le plus visité de France – quatre cent mille curieux chaque année. EDF est en quelque sorte la maîtresse des marées soumises aux besoins de la production d'électricité sur les vingt kilomètres de la Rance maritime, jusqu'à l'écluse du Châtelier qui ouvre sur le chenal de Dinan et sur le canal en eau douce, vers Rennes.

1. Elles demeurent une rareté : une quinzaine dans le monde (Canada, Argentine, ex-URSS, Corée).

La chapelle de la Souhaitier, à Plouer-sur-Rance, l'oratoire de Notre-Dame de Grainfollet à Saint-Suliac, dédiés aux victimes de la grande pêche ou élevés par ceux qui en avaient fait le vœu si la mer les épargnait, rappellent que, plus par nécessité que par vocation, les riverains de la Rance rivalisèrent pour les armements malouins et cancalais avec les Terre-Neuvas et les Islandais de Paimpol et de Binic. Quand ils n'allaient pas sur les bancs de morues, ils s'engageaient dans la Marchande ou la Royale, qui les recherchaient parce que bons marins, bons officiers. Avant le barrage, les gars de Saint-Suliac s'étaient fait sur place une spécialité de la pêche au lançon et à la margate [1], capturée à la « turlute » ; aux grandes marées, les pêcheurs à pied faisaient de grosses récoltes en traversant la ria presque à sec. Tout l'estuaire constituait, il y a moins d'un siècle, la ressource majeure en protéines animales des riverains. Aujourd'hui, on ramasse couramment, face à l'ancien camp viking du Xe siècle dominé par le mont Garot, ou au pied de la tour du Chêne Vert, des palourdes, des coques, des huîtres sauvages, des praires... mais elles sont impropres et même interdites à la consommation. Et la revoilà à tous les étages la maladie de la rivière folle. La Rance joyeuse des gabarres usant des marées pour transporter, jadis, toutes sortes de marchandises, des fagots de bois pour les boulangers aux pommes à cidre pour les pressoirs de Pleudihen, n'est plus qu'une sorte de beau lac parfois

1. Seiche. Se dit morgate en d'autres eaux.

colérique pour petits voiliers et « pêche-promenades » ainsi que, la belle saison venue, pour son « promène-couillons[1] », le confortable *Chateaubriand* – repas à bord, guide bonimenteur formidablement sympathique avec ses anecdotes, fausses pour la plupart – qui fait demi-tour, riche coïncidence, sous le nouveau pont Chateaubriand coiffant de son arche hautaine son voisin, le délicieux pont suspendu de Saint-Hubert. C'est de ce bijou de pont qu'il faut admirer la Rance. Vers l'aval, quelques pêcheurs retraités céans n'ont cure de tout ce que l'on dit sur la pollution, comme s'en fichent les riverains autochtones, obstinés pêcheurs à pied dans l'hôpital de quarantaine des mollusques et crustacés. La turista, c'est seulement pour les touristes. Vers l'amont, la plaine de Mordreuc, anciennement nommée mer des Druides. Vaste surface lisse de sédiments – les mots vase et envasement sont ici polémiques, mais cela y ressemble jusqu'aux genoux au bas niveau des eaux. Un amas alluvionnaire existait avant le barrage et jusqu'aux pêcheries à carrelets (quelle poésie encore en ce lieu ! mais mortifère...), mais sans commune mesure avec ce qu'il est aujourd'hui : une zone effectivement morte, comme me le confirmait le professeur Jean-Claude Lefeuvre, directeur de recherches au laboratoire des systèmes naturels modifiés, reconnaissant la « misère profonde de l'ensemble de la Rance ». Le barrage EDF n'en est pas seul responsable mais, sans

1. Je l'emprunte moi aussi pour faire découvrir la Rance à mes amis !

s'accabler de technique hydraulique, on peut énumérer les conséquences de son existence, certaines provenant d'erreurs manifestes et coupables : construction entreprise en 1961 sans aucune étude d'impact – aucune loi ne l'obligeait avant 1976 ; trois ans de coupure – le grand malheur – entre la mer et la Rance qui, pendant cette période devient lacustre et voit toute sa faune s'effondrer ; mise en eau en 1967, création d'une mer intérieure qui fait remonter la salinité loin en amont ainsi que les sédiments jusqu'à l'écluse du Châtelier qui les bloque ; de l'autre côté de ce mur, même phénomène d'accumulation... Aux grandes marées, le chenal n'est plus qu'un ruisseau. Les marées, désormais artificielles avec trois heures de décalage par rapport à Saint-Malo alors qu'elles l'étaient de quinze minutes auparavant, sont en fait des opérations de remplissage de la retenue d'eau. Celles-ci sont irrégulières : en fonction de la demande de courant, de l'amplitude de la marée, des pannes techniques. Le niveau moyen des eaux est largement supérieur à ce qu'il était avant le barrage, l'immersion des berges est plus longue, l'envasement s'accroît les années de sécheresse. À quelques exceptions près, les plages de sable ont disparu. Tandis que les sédiments s'accumulent le long des bords, le violent courant déclenché par l'usine marémotrice racle, lessive les fonds, tout en oxygénant le bassin. Le régime des eaux ainsi modifié aggrave les pollutions agricoles et domestiques toujours croissantes. Témoin : les accumulations estivales d'algues vertes. Au total, trente années d'inertie, des rapports plutôt favorables au barrage, des fonctionnaires et des services techniques de deux départements que personne ne coordonnait, des élus peu concernés ou rivaux, – droite/gauche, repos s'il vous plaît ! –, des riverains inorganisés... jusqu'à ce qu'en 1991 le Conseil des ministres donne le statut de Site de valeur nationale à ce pays de Rance de vingt-cinq communes, cent mille habitants – quatre fois plus l'été –, et un million de visiteurs. Un « pays » qui va de la baie de Saint-Malo-Dinard en Ille-et-Vilaine à Dinan, sous-préfecture des Côtes-d'Armor, et qui est aux prises avec une situation socio-économique de plus en plus défavorable : croissance démographique supérieure à la moyenne nationale mais taux d'activité inférieur, chômage en hausse, Saint-Malo par exemple présentant le record départemental du nombre de personnes assistées.

En 1994 naquit, dans un esprit de sauvegarde dans tous ses aspects, un sigle, beau pour une fois : Cœur, Comité opérationnel des élus et usagers de la Rance, pour une mise en œuvre d'un Contrat de baie, vaste projet associant les présidents des conseils généraux, les préfets et sous-préfets d'Ille-et-Vilaine et des Côtes-d'Armor, les municipalités riveraines, EDF, une vingtaine d'associations d'usagers dont Dynarance, la plus importante, les chambres consulaires. Déjà Saint-Malo s'était empoignée avec la première des urgences, le remplacement de son vieux réseau d'égouts et la construction d'une station d'épuration adaptée à ses besoins qui manquait cruellement. Achevée en 1996, elle a coûté six cents millions de francs. Les eaux très

très usées de la ville, domestiques et industrielles, ne devraient plus remonter la Rance en l'état. Les Malouins paieront dix francs le mètre cube pour avoir de l'eau et plus de dix francs supplémentaires pour la rendre à la nature aussi propre que possible. La même année, on s'acheminait pour la Rance vers un programme avoisinant les cinq cents millions de francs sur cinq ans. Là encore, mettre tout le monde d'accord alors que les intérêts sont contradictoires, tout comme l'application des règlements par les différents services de l'État, relève du tour de force. Les populations riveraines sentent s'épaissir leur incrédulité en assistant de très loin aux palabres des représentants de mœurs d'autres planètes : DRA, DDE, DDASS, DRIR, DIREN, Affaires maritimes, etc., armées de lois françaises et de directives européennes... Mais « ça se fera » jure une sorte de gentilhomme de la Rance du haut de son promontoire, l'ancien château fortifié du Chêne Vert. Claude-Noël Martin a l'allure d'un moderne hobereau ; ancien patron de biscuiteries, à la fois fervent promoteur du projet, conciliateur peu enclin aux conflits et premier concerné comme riverain sur la partie envasée – pardon « ensédimentée » – de la Rance, il verrait très bien ce matériau, les sédiments, extraits, évacués, transformés en produits de cimenterie et de travaux publics, de la cloison isolante au revêtement de parking. La phase d'expérimentation sera nécessairement assez longue. Quant à convaincre les agriculteurs du coin d'utiliser à convenable échelle sur leurs terres, comme engrais, cette sorte de limon que sont les tangues[1] – comme le faisaient quelques-uns de leurs pères –, ce n'est pas gagné d'avance. Où sont les machines qui leur permettraient de ne pas mettre la main à la vase ? Chez eux, le retour à la nature fait encore beaucoup ricaner... Une Rance propre, où l'on pêcherait « sain et sauvage », où l'on se baignerait, randonnerait sans déranger les oiseaux de mer, où l'on élèverait des moules, protégerait l'eau potable, réhabiliterait les berges et leurs crêtes, créerait des emplois, cela ne peut pas devenir un rêve avorté. Pour la bonne raison que la réussite de ce Contrat de baie, comme il en existe un en baie de Morlaix, peut avoir valeur d'exemple.

Le niveau de conscience dans l'opinion publique pour une véritable guerre de l'eau pure s'est élevé en 1997 à la faveur d'événements suffisamment médiatiques comme l'interdiction par la mairie de Rennes de laisser boire, au printemps, l'eau du robinet dans les cantines scolaires pour cause de teneur excessive en nitrate, la mairie consentant du même coup la fourniture d'eau de source en bouteilles aux écoles. Plus spectaculaire encore fut l'action de cent soixante-seize consommateurs d'eau de Guingamp...

Ayant rassemblé sur la période 1992-1994 les documents et analyses d'un laboratoire agréé montrant que durant deux cent quarante-sept jours l'eau du Trieux

1. Sable vaseux calcaire, fin, gris, utilisé en Manche comme engrais. (*Le Petit Robert.*)

avait dépassé les limites du convenable, des Guingampais particulièrement motivés et mobilisés vinrent demander à la Lyonnaise des eaux, la compagnie distributrice du secteur, devant le tribunal d'instance de leur ville, le remboursement d'une partie de leur facture d'eau et celui des bouteilles achetées les jours hors normes. Le tribunal jugea en leur faveur, faisant remarquer au passage que la compagnie savait, par des documents officiels de 1982 confirmés en 1985 et 1986, que le problème du nitrate ne ferait que s'aggraver dans le Trieux – jusqu'à passer dans le rouge – et qu'elle n'avait pris aucune mesure de dénitratation. La Lyonnaise accepta le jugement du tribunal. Elle remboursa effectivement, reconnaissant par là que l'eau qu'elle avait fournie n'avait pas la qualité requise. Responsable mais pas coupable ! Car la Lyonnaise des eaux engagea une action devant le tribunal administratif contre l'État qui, dans le secteur incriminé, n'avait pas fait respecter, notamment à l'élevage hors sol, les minima des règles de sécurité de l'eau potable.

Cette affaire qui fit grand bruit à l'ouest comme dans tout l'Hexagone – elle apportait la preuve que les usagers regroupés, encadrés, bien conseillés pouvaient gagner une bataille de l'eau contre une puissance de dimension nationale – avait été précédée d'une autre qui avait donné l'exemple. Les habitants militants d'une banlieue de Saint-Brieuc, on les appelle les trente-six de Trégueux, avaient intenté le même procès contre l'autre géant de l'exploitation des réseaux d'eau – la Compagnie générale des eaux – pour avoir fourni une eau de mauvaise qualité de 1990 à 1993. Là aussi le procès fut gagné, mais la CGE ayant fait appel, il fallut attendre 1997 pour voir confirmer ce premier jugement par la cour d'appel de Rennes. L'impact médiatique fut donc moindre que pour la conclusion du procès de Guingamp. Cependant, tous ces éléments réunis exercent, grâce surtout aux associations de protection de la nature, une très forte pression sur les pouvoirs publics, ce que reconnaît volontiers Dominique Voynet, ministre de l'Aménagement du territoire et de l'Environnement – deux fonctions éminemment complémentaires, voire inséparables. Cela lui permet de prôner « une politique globale de l'eau s'attachant à traiter prioritairement les causes de la pollution plutôt qu'à en limiter les effets » et de vouloir « inverser les priorités » en aidant « les modèles de développement qui intègrent la préservation des ressources naturelles ». C'est qu'elle connaît la réalité, certains disent les effets pervers, du Programme de lutte contre les pollutions d'origine agricole (PMPOA) résultant d'un accord de 1993 entre les professionnels de l'agriculture et l'État. On était parti du constat que plus de soixante-dix pour cent des élevages hors sol n'étaient pas conformes aux autorisations accordées (on annonçait par exemple six cents truies et, comme l'administration fermait les yeux, on en logeait douze cents). Une partie seulement de la profession accepta de se mettre aux normes. L'État finança des fosses à lisier pour stocker la chose jusqu'aux épandages de printemps. Cette aide à la régularisation profita surtout aux plus grosses exploitations. On amnistia.

Telles porcheries en infraction se voyaient absoutes et autorisées et présentaient dans le même mouvement une demande d'extension dans des zones pourtant en excédent d'azote. Le préfet signait, au grand émoi des écologistes. Un adhérent de l'association Eau et Rivières en vint à poser cette question : « Pourquoi Eau et Rivières ne fait-elle pas condamner les hauts fonctionnaires qui refusent d'appliquer les lois ? » « Il n'est pas impossible, lui répondit le Président Ursault, que nous demandions à un tribunal d'apprécier au plan pénal le comportement d'un haut fonctionnaire de nos départements. Les serviteurs de la République ne peuvent en effet se comporter en agents zélés des corporatismes et refuser indéfiniment d'arbitrer en faveur de l'intérêt général. » Ce ne serait d'ailleurs pas une innovation. N'a-t-on pas mis en examen plusieurs ministres, dont le Premier, dans le scandale du sang contaminé ?

« Qu'a donc apporté cet autre outil administratif et financier que fut le Plan Bretagne Eau pure numéro 1 ? » ai-je demandé à un spécialiste. Un grand rire amer l'a secoué : « De la pollution et des dépenses considérables ! ». On préféra oublier ce saupoudrage d'actions divergentes menées par l'État, l'Agence de l'eau et les collectivités locales sur l'ensemble de la Bretagne et l'on enclencha le Plan Bretagne Eau pure numéro 2.

Cette fois, il s'agit de concentrer les actions sur une vingtaine de bassins versants, des zones tests, représentant dix à quinze pour cent du territoire de la région. On veut des résultats le plus rapidement possible. Sur le grand étang du Gouet, réserve d'eau de Saint-Brieuc très sensible à la pollution, le représentant de l'Agence de l'eau de la région Ouest[1] m'explique très consensuellement qu'il est là pour gérer la protection de la réserve, propriété du département, à la satisfaction des usagers, des industriels et des agriculteurs ! Les bois, donc l'absence de cultures sur les bords, servent de protection rapprochée. Au-delà, on peut cultiver mais avec interdiction d'utiliser certains engrais. L'Agence de l'eau participe notamment au financement des stations de traitement des lisiers.

– L'Agence de l'eau n'est pas la police de l'eau, me dit-il. Elle affecte les redevances qu'on lui paie aux aides à la dépollution...

– Mais cet éleveur condamné par le tribunal parce qu'il dépassait largement le nombre de truies, et qui continue à développer son cheptel ? Pénalisé ou non ?

« – Celui-là intègre le programme de maîtrise de la pollution... Il entre donc dans les clous sur l'aspect financier. Sur l'aspect réglementaire, il doit régulariser son exploitation... »

... Il y a longtemps que je n'écoute plus. Au bord du Gouet aussi on se presse d'aller lentement. Que peut un fonctionnaire, même de bonne volonté, face aux puissantes filières porcines et avicoles et leurs non moins puissants fournisseurs d'engrais et de pesticides ?

1. Une des six Agences de l'eau en France. La région Ouest a son siège à Orléans (!) et une délégation à Saint-Brieuc.

« Ah si ! me dit un de ses collègues de Bretagne Eau pure 2. On met un radar de temps en temps. On recommande l'interdiction de certaines molécules (ces pesticides empoisonneurs invisibles, peu détectables). On informe, on forme, on sensibilise... On en parle enfin ! ».

C'est vrai ça ! On en parle ! Mais ça ne date que de quelques années. Les éleveurs porcins ne se posent plus tout à fait en victimes des médias comme ils le faisaient en 1992 quand je m'étonnais des concentrations de hors-sol à Lamballe. Mon dernier interlocuteur me signale, ce qui est pour lui un événement impensable il y a seulement quelques années : « L'autre jour (fin 1995), cinq cents personnes de tout l'Ouest sont venues assister à un colloque sur le problème des produits phytosanitaires. Que ce colloque se soit tenu sur un sujet réputé délicat est en soi déjà un signe ; qu'il y ait eu autant de monde un jour de grève des transports démontre une certaine prise de conscience. »

Le Space de Rennes, salon interprofessionnel et international de l'élevage, cent mille visiteurs en quatre jours, a vu se poursuivre ce genre de débats en 1997. Thèmes abordés : « Éleveurs et groupements : produire propre ensemble », « Qualité et sécurité alimentaire », « Développement de l'élevage hors sol et protection de l'environnement ». Le jour de l'inauguration, le ministre de l'Agriculture répétait son engagement dans la reconquête de la qualité de l'eau en Bretagne et se déclarait soucieux de répondre à la fois aux préoccupations légitimes des jeunes – une installation pour trois départs – et des ateliers familiaux bloqués avec leurs projets d'élevage hors sol dans les zones d'excédents structurels, et aux inquiétudes des associations de protection de l'environnement devant les faibles progrès de la résorption de ces zones. La veille, M. Le Pensec avait rassuré les producteurs de maïs en leur promettant un sursis pour la suppression de l'aide spéciale aux cultures irriguées envisagée par la Commission européenne. Paroles très politiques, entre chèvre et chou... Le maïs porte le fâcheux symbole de la pollution « invisible » par les pesticides, appellation regroupant les herbicides, fongicides et insecticides. Au début des années quatre-vingt-dix, on dénonçait déjà les produits dangereux – Simazine, Atrazine (désherbants du maïs), Carbofuran (contre les insectes nuisibles) et autres spécialités contre les champignons des plantes – car on les retrouvait dans les captages d'eau bien au-delà du millionième de gramme acceptable par litre. Les limitations et interdictions ont donné lieu à la recherche et à la commercialisation d'autres molécules dont on ne connaît pas les effets sur la santé des consommateurs, mais le taux d'atrazine continue d'augmenter dans certains captages.

À cela s'est ajoutée l'affaire du maïs transgénique, mis au catalogue des plantes connues désormais sous le sigle OGM, organismes génétiquement modifiés.

À priori une manipulation génétique sur le maïs lui permettant de se défendre tout seul contre la pyrale, une larve qui détruit jusqu'à dix pour cent d'un champ, contribue à une moindre pollution puisqu'on peut se passer d'insecticides ou réduire leurs quantités.

Mais si l'insecte devient résistant ou mutant ? Mais si ce même maïs devient lui aussi beaucoup plus résistant aux herbicides ? Cela ne peut-il entraîner l'utilisation de ces produits à des doses encore plus massives et polluantes ? En Bretagne, d'ailleurs très peu touchée par la pyrale, un certain nombre d'élus, d'agriculteurs plus ou moins bio, d'écologistes, d'artisans de métiers de bouche, en tout cas concernés par le maïs-ras-le-bol se sont mobilisés contre le transgénique... David contre Goliath. Car l'enjeu commercial est considérable pour quelques multinationales, lesquelles ont réussi à convaincre la Commission européenne de lever tout entrave à son commerce au nom du libre échange. Encore interdite en Autriche et au Luxembourg, sa culture a fait l'objet de quatre cent cinquante essais en France avant d'être finalement autorisée par le gouvernement. Sur la même longueur d'onde, les ministres de l'Agriculture, de l'Environnement, de la Santé ont assorti leur décision en faveur du maïs OGM d'un refus (peut-être provisoire ?) pour le colza et la betterave transgéniques. Quant au soja « modifié », il est importé depuis 1995. Le maïs nouveau va donc arriver sans goût de banane et avec la garantie du gouvernement qu'il sera sans danger pour la santé publique et l'environnement. Les ministres ont d'autre part promis un grand débat public à caractère scientifique, philosophique et éthique sur les OGM : admirable tour de passe-passe démocratique qui consiste à décider d'abord pour une partie du problème et à en discuter après pour le reste.

Quant à étiqueter un produit pour indiquer au

consommateur s'il est issu ou non d'une plante modifiée (la traçabilité), le gouvernement peut toujours s'en porter garant, comment fera-t-il si l'agro-industrie étrangère continue à s'y refuser ?

Les associations de protection de l'environnement, déjà très critiques à l'égard de la culture intensive sur le quart du seol breton du maïs exigeant beaucoup d'eau et de chimie, s'alarment surtout, avec le professeur Jean-Marie Pelt, d'une industrie des organismes génétiquement modifés semblant méconnaître l'élémentaire « principe de précaution ».

Ce sont justement des Comités de précaution qui se sont mis en place et comptent bien peser sur la réflexion collective. Ils ont beau jeu de tirer argument de l'objection qu'on leur présente. L'homme, leur dit-on, n'a jamais cessé d'intervenir sur les plantes pour les améliorer, la génétique moderne permet de gagner énormément de temps. La réponse de ceux qui ont déjà constaté les effets pervers de la pensée unique productiviste est que toutes les améliorations ont demandé des essais, de l'observation, des contre-expériences des reconsidérations après échecs (relire *La Tulipe noire* d'Alexandre Dumas !), des vérifications sol par sol après réussites ; mais que si l'on brûle trop d'étapes au nom d'une sorte de civilisation de l'accélération, il y a beaucoup à craindre. Une société aussi sécuritaire que la nôtre prenant des mesures draconiennes et punitives contre la vitesse comme risque inacceptable ne devrait-elle pas s'en prémunir dans certaines formes de ses progrès ? Or on ne connaît du transgénique que des résultats économiques récents et en même temps quelques inconvénients majeurs... Or malgré l'urgence, on sait expliquer que pour les petits d'homme la recherche sur le traitement des maladies génétiques doit s'armer de patience et de nouveaux moyens.

S'agissant des plantes cultivées, OGM, les contradictions ne manquent pas. Trop de doutes restent à lever sur leur caractère inoffensif. Et ceux qui s'inquiètent de la présence dans une céréale d'un gène nouveau rendu résistant à un antibiotique courant reconnaissent également l'intérêt de faire produire aux transgéniques des protéines utiles à l'industrie pharmaceutique. Pour un débat utile sur la question, ne va-t-on pas manquer d'un recul suffisant ?

Que deviendra l'agriculture bretonne et ses élevages encore triomphants pour l'instant ? Sortira-t-on de méthodes productivistes la mettant en état quasi permanent de surproduction au détriment d'autres activités humaines ? Combien faudra-t-il de Plans Bretagne Eau pure qui finiraient par mettre la région à genoux financièrement ? Produire autrement ne serait-il pas un slogan plus dynamique que ce qui est en train de devenir l'obsessionnelle « programmation de résorption des excédents structurels par optimisation de l'épandage, réduction des intrants azotés, exportation des déjections compostées, traitement du lisier au prix de vingt-cinq francs à cent francs le mètre cube par procédés biologiques ou physico-chimiques » ? Plus trivialement : essayer de faire plus propre ou brasser la merde ?

La politique n'a pas encore appris à diriger, dans le domaine agricole comme dans d'autres, l'évolution technique et scientifique, comme le souhaitait il y a presque trente ans mon confrère François de Closets estimant l'humanité « en danger de progrès [1] ». François de Closets faisait ces prévisions : « Certains procédés agricoles, certains produits non destructibles seront étroitement contrôlés. L'eau cessera d'être un bien gratuit. Il est connu que les ressources naturelles sont insuffisantes pour faire face à l'accroissement des besoins dans les années à venir [...] si l'on poursuit la politique [...] de gaspillage. Il va donc falloir comptabiliser l'eau, l'eau des rivières, l'eau des étangs et pas seulement l'eau potable. Enfin et surtout, il va falloir facturer toute pollution. Aujourd'hui les techniques polluantes ne sont pas pénalisées par rapport aux techniques « propres » [...], les produits de la terre obtenus sans détérioration de l'environnement sont traités sur le même pied que les cultures favorisées par l'utilisation des pesticides [...], une course dramatique se joue entre une situation qui ne cesse de se dégrader et une conscience collective qui n'en finit pas de s'éveiller. Le sursaut interviendra-t-il avant le désastre ? Nos enfants connaîtront la réponse. »

Ce fut écrit à la fin des années soixante. Nos enfants n'ont de réponse qu'une inquiétude intacte. Hélas !

---

1. Titre de son essai paru aux éditions Denoël en 1969 et réédité en 1972 et 1978.

Par les champs et par les plaines

J'en demande pardon aux acteurs de la réussite bretonne mais, pour satisfaire mon appartenance et ma si profonde attirance pour ce pays, il est des lieux où je n'aurais pu vivre alors qu'ils m'ont été si chers !

Le bocage de mon enfance, les prés pointus, les haies, les talus plantés de saules et de petits chênes ont disparu sous les coups de boutoirs des engins du remembrement. C'est devenu une vaste plaine, dominée par une petite usine à cochons.

Je sais bien que les remembrements étaient nécessaires pour faire passer le machinisme agricole, accroître les surfaces, augmenter le revenu des agriculteurs smicards, mais pas au prix de mégakilomètres [1] d'arasements de talus, réalisés de manière systématique, quasiment stalinienne, et dont chacun s'accorde à recon-

1. On cite couramment le nombre de 140 000 kilomètres de haies et talus arasés au total. Et en 1995, 10 000 kilomètres annuels d'arrachages pour 2 000 kilomètres annuels de replantation.

naître aujourd'hui qu'ils ont aggravé les conséquences sur l'eau de la ruée vers l'or agricole. Le mot saccage, hurlé les larmes aux yeux par tous ceux qui comme moi avaient irrémédiablement perdu leur paysage et ressentaient cette perte comme une amputation, ce chagrin que l'on voulait, que l'on veut encore nous faire ravaler en nous pointant du doigt comme d'affreux passéistes ennemis pour ainsi dire de la nouvelle Bretagne exportatrice, oui le mot saccage fait aujourd'hui partie du vocabulaire d'une majorité de responsables régionaux, tous, il s'en faut, n'ayant pas que des regrets de crocodiles. Les haies arrachées, les talus rasés, les petits bois dévastés, les ruisseaux à truites et les sources violés, tout ce deuil d'oiseaux, de petits gibiers gîtés, on ne s'est pas gêné ailleurs pour écrire et dire qu'ils ont bien arrondi les fins de mois de certains agents du remembrement payés au kilomètre de mise à plat. À plus long terme, nos émois furent peu de chose. Il suffit d'une période d'inondations, il suffit d'une période de sécheresse, il suffit que le grand vent insiste pour que l'on soupire : mon Dieu, qu'avons-nous fait de nos haies et talus, dont nos anciens avaient compris le rôle régulateur de filtration des eaux, d'abri, bref qui formaient un réseau, un tissu de bon sens ? Sans haies et talus en effet l'eau circule plus vite, dans les bassins versants, n'a pas le temps de reconstituer les réserves et provoque l'érosion des sols. L'entretien des haies donnait un bois de chauffage redemandé partout aujourd'hui. Et l'on redécouvre l'intérêt de la biodiversité du bocage, faune et flore, et son rôle dans les microclimats. Or la destruction massive du bocage ne se justifiait pas sur le strict plan agronomique. « Les études de l'Inra ont montré que l'agriculture moderne était compatible avec le maintien d'une structure bocagère aménagée[1]. »

Certes, rassurons le tourisme vert, ses adeptes de plus en plus nombreux savent trouver la Bretagne là où elle a encore ses cheveux, bocages préservés, landes magiques, bouquets de pins en littoral et gîtes ruraux. J'en connais un d'un confort, d'un douillet, d'un goût exquis, que couve avec amour l'exploitante d'une... porcherie ! Une porcherie qu'elle fait visiter dès le premier jour à ses hôtes, ainsi que la fosse à lisier, à cinquante mètres de ses quatre logements dignes d'un trois étoiles. Et quand ils partent, ils réservent huit jours pour l'année suivante !

Non loin de Quelneuc, j'aurais pu envisager d'habiter selon mes goûts terriens en bordure de la forêt de Paimpont. Ce qui reste de l'ancienne Brocéliande, dont je salue entre parenthèses les propriétaires forestiers privés qui en entretiennent et exploitent une partie en peinant pour joindre les deux bouts de leur corde de bois, continue de figurer, en dépit de quelques hurluberlus spécialistes du détournement des légendes – il y en eut de tout temps –, comme un très haut lieu d'histoire et de spiritualité issue d'une culture celtique merveilleusement ambiguë. Même si vous trouvez dérisoire le tombeau de Merlin et si peu spectaculaire la fontaine

1. Selon Pierre-Yves Le Rhun, *Géographie et Aménagement de la Bretagne*, éditions Skol Vreizh.

de Barenton qui guérissait de la Folle Pensée, le lac de Lancelot vous restituera l'insolite lumière d'Excalibur et la chambre de Viviane paraîtra défier à jamais l'usure du temps. Ici, vous apprendrez que certains mégalithes sont les vraies pierres précieuses. Le Val sans retour a brûlé en 1990. Un artiste y a planté comme sa croix ; c'est un but de promenade. Devant l'Arbre d'Or, on s'esclaffe ou on s'extasie. L'incendie a fait gros cœur. Finalement, sans les arbres (ils repoussent), c'est beau, d'une autre façon. Nature et contre nature, temps et accidents, font aussi les paysages et les défont.

Donc, si j'avais choisi de vivre en bordure de la forêt de Brocéliande, j'aurais dû aller manifester contre les projets de cochons et les concentrations de poulaillers. Ces projets, à l'heure où j'écris, se discutent. C'est pour ceux qui les ont formés la question de leur avenir qui se pose. Mais cette région mythique – et donc touristique – a été longtemps à l'abri des installations industrielles et de l'élevage hors sol. Le dut-elle à la proximité du camp militaire de Coëtquidan où sont formés les saint-cyriens ? C'est possible. Reste qu'elle est un territoire important pour la ressource en eau. Et l'on retrouve ici à la fois l'opposition raisonnée d'Eau et Rivières de Bretagne et le fait que Merlin, les poulets TGV et les cochons, ça ne peut pas aller ensemble, en dépit de l'enseigne Les Charcutiers de Brocéliande.

Je ne déteste pas les cochons, j'ai dormi avec eux. Ils étaient, c'est vrai, presque roses, la queue à peine en tire-bouchon. Ils venaient de naître – une dizaine –, et la grosse truie très fatiguée leur présentait ses tétines comme elle pouvait sur son lit de paille. Parfois, agacée par toutes ces petites morsures ou pour assouvir un besoin naturel, elle se levait, se recouchait et là, si nous n'y étions pas, elle pouvait étouffer de sa masse un ou deux de ses petits tandis qu'elle était toute à offrir ses mamelles gonflées aux autres. Grand-Père et Grand-Mère, instruits par l'expérience, instituaient des tours de garde, de jour et de nuit, au moins pendant six tours d'horloge. Il n'y avait qu'une chose à faire : écarter les petits de l'écrasement, les répartir équitablement à la tétée et calmer leur mère en lui murmurant : « Coche, ma coche, doucement ma coche... » À dix ans, j'y aurais passé la nuit. La relève arrivait trop vite. Quelque temps après, la truie, bien en lard, son antépénultième descendance étant capable de la relayer, fut couchée sur une sorte de banc. Grand-père, tenant d'une main assurée son grand couteau aiguisé de la veille sur la meule de grès, attendit que ses aides la maîtrisent... rasa les poils de la gorge du porc... essuya son couteau entre pouce et index... traça du même couteau sur la carotide un signe de croix – comme il faisait sur toute chose qu'il croyait devoir à Dieu – et trancha net, orientant fermement le flot de sang vers le récipient que Grand-Mère tendait. Les cris effrayants de la bête s'éteignaient... Une plainte à nulle autre pareille et qu'elle n'eut jamais de toute son existence. J'avais vu la mort de très près pour la première fois. Le dérisoire vint vite après l'absolu. On courut faire en sorte que le sang ne se coagule pas, sinon pas de boudins, on plongea le corps de l'animal dans l'eau préparée bouillante pour le débarrasser de ses soies, on dépeça, prépara le charnier et le salage pour l'hiver, fit chauffer quatre ou cinq marmites, vida et lava les boyaux pour la fête des boudins du dimanche suivant. Les porcelets avaient déjà été vendus à la foire. On avait fait venir un verrat pour engrosser la plus belle d'une portée précédente. Et c'était ainsi depuis longtemps. Le cochon ne tenait pas, dans notre ferme, une autre place que la sienne. Son lard, comme le pain et le beurre, faisait partie de l'alimentation de base mais seulement quand il n'y avait rien d'autre... et c'était souvent le cas. C'est sa noblesse d'humble animal d'avoir assumé, adulte, son rôle de garde-manger et, junior son rôle d'appoint au budget des familles. Les quelques billets rapportés de la vente de porcelets sevrés à la foire, les petites liasses serrées en cachette dans la pile de draps serviraient à la Renaude pour l'achat de hardes pour la famille et de dentelles pour sa coiffe, ainsi qu'à payer l'électricité tardivement installée mais dont elle ne sait pas ce que va lui coûter la seule ampoule de la maison.

À la faveur du « miracle » économique agroalimentaire breton, le million de cochons des années cinquante s'est multiplié par dix. Il n'est plus, selon la célèbre phrase d'Alexandre Bouët en 1835, « le trésor des chaumières et la richesse du pauvre », il est la richesse principale de la région qui fournit à la France entière plus de la moitié du porc consommé à partir de sa filière agro-industrielle employant dans les vingt-deux mille personnes[1] : producteurs, usines d'aliments du bétail,

1. 67 000 pour l'ensemble des industries agroalimentaires (chiffres de 1993).

abattoirs ultramodernes, ateliers de transformation, etc. Le problème breton est celui de la concentration des élevages. Sur sept pour cent du territoire national se produisent, outre ces millions de cochons, cent millions de volailles et trois millions de bovins, soit une saturation de lisier et de fientes sur les sols, donc d'azote, prévisible dès les années quatre-vingt. Le cas du Penthièvre, capitale Lamballe, est spectaculaire. Où que se tourne le regard, il ne peut éviter les longs bâtiments gris avec, sur leurs flancs, leurs gros appendices, réceptacles à aliments. Lamballe rassemble trente années d'histoire du triomphe d'un des plus gros secteurs de l'agroalimentaire breton. À quelques centaines de mètres l'un de l'autre, la Cooperl Hunaudaye – un des premiers abattoirs d'Europe – et la Coopérative du Gouessant – très gros fournisseur d'aliments pour bétail.

La Cooperl fut fondée dans les années soixante-dix par une vingtaine d'éleveurs de porcs dont Sébastien Coupé, alors à l'étroit sur ses vingt-cinq hectares en polyculture. Lui et ses amis, allergiques au crédit, n'investirent que dans une table, une chaise, un téléphone. La petite coopérative doublant chaque année, sa production commença à acquérir des abattoirs en 1977, à l'issue d'une résistance des éleveurs qui avait mis les abattoirs au bord de la faillite. Elle rassemble aujourd'hui dans les deux mille cinq cents adhérents et traite dans les deux millions et demi de porcs charcutiers. Quand survient et se prolonge une chute des cours, elle rassure, sachant d'expérience – dit-elle – que les fluctuations de prix ont toujours affecté la viande de porc et, comme ça va ça vient, elle aide en périodes de crise les producteurs solvables – les plus endettés s'éliminant d'eux-mêmes –, la croissance restant un penchant naturel à l'entreprise.

La question de l'environnement a commencé à se poser à la Cooperl il y a une dizaine d'années. La mise au point de stations de traitement du lisier s'est avérée laborieuse et a connu beaucoup d'échecs, jusqu'à une association avec les Ciments Lafarge pour quelques installations de toute façon insuffisantes. Quand je le taquine sur le lisier, et comme je suis loin d'être le premier, Sébastien Coupé s'énerve : « Nous n'avons pas d'industrie en Bretagne, pas de matières premières à transformer. Si nous avions eu le choix, croyez-vous qu'on se serait embêtés à faire du cochon ? Un sacré métier, vous savez ! Et je ne vois pas pourquoi nous aurions des scrupules à faire ce que nous savons faire, nous, à l'Ouest, alors que les centres d'activités de la nouvelle Europe se déplacent vers l'Est. »

Le Gouessant, c'est le nom de la jolie rivière apportant l'eau à Lamballe mais, avec cinq cent mille mètres cubes de lisier épandus sur son bassin versant, la station de traitement des eaux devait, dès 1993, fermer les deux tiers de l'année. La coopérative du Gouessant, elle, a pour activité principale l'alimentation du bétail, la moitié pour les cochons. Il sort de ses trois usines une tonne deux cents d'aliments et plus à la minute, huit cent cinquante mille tonnes à l'année, transportées par cent trente camions et soixante-dix wagons. Née au milieu des années soixante dans des conditions pionnières elle aussi, elle est une des premières dans sa catégorie en Bretagne.

Les adhérents des deux coopératives lamballaises, qui ont pu écouter à Rennes la causerie de Mme Mildred M. Haley, économiste au département américain de l'Agriculture, ont dû avoir un choc quand elle a expliqué que sous la pression du lobby de l'environnement certains États imposent que les élevages de porcs soient situés à plus de six kilomètres et demi de toute habitation ! Mais comme les Américains veulent accroître leur production de dix millions de porcs pour rejoindre et même dépasser la production européenne, ils installent des mégacités porcines de plus de cent mille truies dans les déserts du Texas, du Colorado, de l'Utah. Jean Le Douar, du quotidien *Ouest-France,* qui rapportait ces propos en septembre 1997, notait aussi qu'en vingt ans le nombre des éleveurs américains était passé de sept cent mille à cent soixante mille et que le cheptel porcin s'était concentré au point que trois pour cent des éleveurs détiennent la moitié de ce cheptel. Voilà du vinaigre au moulin du productivisme à la française et à la bretonne. De quoi donner le frisson à ceux qui pensent qu'il n'y a pas trop d'éleveurs en Bretagne mais trop de porcs par élevage. De quoi s'interroger aussi sur les capitaux américains dans la filière porcine bretonne.

J'ai rendu visite, dans ce même département des Côtes-d'Armor si souvent montré du doigt pour sa pollution, à Joseph Cabaret, dans sa ferme de Carmoen à Hillion. Une ferme qui semble elle aussi raconter l'histoire agricole du pays : maisons trapues de belles pierres de schistes et ardoise se surajoutant au long des partages et des agrandissements des familles, bâtiments d'exploitation simples mais fonctionnels. Joseph Cabaret passe vraisemblablement pour un marginal dans sa profession, alors qu'il fait peut-être partie, je le lui souhaite, de ceux déjà nombreux pourtant par lesquels peut venir une nouvelle révolution agricole, soutenue par les consommateurs. D'autant que sa charmante épouse, Suzanne Dufour-Cabaret, est présidente d'un groupe de ceux que l'on appelle les nouveaux paysans : le Cedapa, Centre d'études pour le développement d'une agriculture plus autonome. Plus autonome ! Est-ce que cela ne voudrait pas dire moins ou plus du tout à la remorque, dans l'orbite, sous la férule du syndicat majoritaire et de la chambre d'agriculture, moins dépendants des grands fournisseurs d'aliments et d'engrais ? Joseph Cabaret a fait savoir que « les Bretons, c'est pas comme les cochons », double allusion sans doute à Jacques Brel et à Théodore Botrel. Concrètement, il se refuse à être de ceux qui contribuent à la prolifération des algues vertes de l'été par des rejets en excédents riches en nitrate et en phosphore dans la baie de Saint-Brieuc. « Je ne veux pas, comme agriculteur et citoyen, nuire à mon voisin et ami, le mytiliculteur de l'anse d'Yffiniac », me dit-il. Il a entendu parler du dinophysis, plante microscopique transmettant ses toxines aux mollusques filtreurs. Il sait depuis longtemps que la chaleur saisonnière déclenche, dans les baies tranquilles où l'eau douce nitratée et phosphorée de lentes rivières rencontre la mer, un certain type d'algues qui prolifèrent, sèchent sur place, dégagent une puanteur à faire fuir le touriste, désoxygènent l'eau et contribuent à l'envasement. Il s'insurge contre cette désolation estivale à quelques kilomètres de chez lui mais aussi beaucoup plus loin à l'ouest, à Plestin et à Saint-Michel-en-Grève. Il a lu dans le journal que des milliers de mètres cubes d'algues vertes ont été ramassées par les communes dont les budgets supportent ainsi une charge financière supplémentaire importante. Certains maires y renonçant et le proclamant pour que cessent les causes de la pollution.

« L'eutrophisation (excès de nutriments) est un redoutable amplificateur de pollution et le seul vrai remède consiste à réduire les arrivées dans l'eau de fertilisants. À défaut, on s'oblige à lutter sans fin contre la prolifération des algues et ses effets dans les retenues. » Cet avertissement d'un des neuf universitaires rennais et nantais auteurs de l'ouvrage collectif de référence, *Géographie et Aménagement de la Bretagne*[1], arrive au milieu d'un chapitre intitulé « La crise de l'environnement ». Ils n'écrivent pas « difficultés », « problèmes », « atteintes à l'environnement » mais « crise » en toutes lettres. Leur livre n'a rien d'un ouvrage militant. C'est une sorte d'audit sur l'aménagement de la Bretagne, publié avec le concours des collectivités territoriales. Et ils insistent, après avoir précisé que sa consommation d'engrais chimiques, la surabondance locale des déjections animales font de la Bretagne la région française la plus grande utilisatrice d'engrais : « Le système agricole breton [...], ce n'est plus contestable, débouche sur une crise majeure de

1. Éditions Skol Vreizh, 1994.

l'environnement en Bretagne. [...] Le problème de l'eau en Bretagne [...] est insoluble sans un effort considérable d'épuration de la pollution concentrée et sans une remise en cause d'un système agricole générateur d'une énorme pollution diffuse. [...] La reconquête de la qualité de l'environnement est une nécessité vitale et urgente pour l'agriculture, pour l'activité agroalimentaire, pour l'économie bretonne dans son ensemble. »

Joseph Cabaret est bien sûr d'accord ; il y a beau temps qu'il est converti. Sa ferme n'est pas spécialisée « bio ». C'est une exploitation assez classique, de bonne taille : quarante-cinq vaches produisant deux cent quatre-vingt mille litres de lait, dix mille poulets, deux cent cinquante porcs. Ce qui le distingue, c'est sa façon de produire en dépensant moins pour gagner autant, sans travailler davantage, selon la formule antiproductiviste. Sa porcherie a vingt ans d'existence. Elle est semi-ouverte en façade ; son ventilateur ne lui coûte rien : c'est Éole lui-même ! L'espace où d'autres engraisseraient vingt-quatre cochons n'en contient que douze. L'élevage se fait sur paille et non sur caillebotis. Il produit donc du fumier et non du lisier. C'est toute la différence et c'est simple à comprendre ; pour un peu sa leçon de choses sur les déjections animales prendrait un tour poétique ! « Le lisier se diffuse dans le sol en trois semaines. En cas de pluie, il s'en va vite dans la rivière ou la nappe phréatique. Donc, nitrate. Le fumier, lui, se diffuse lentement dans le sol en deux ans. La plante consomme son azote au moment où elle en a besoin. Donc, beaucoup moins de risque de pollution. » *La production animale doit être liée au sol.* Voilà le principe de cet agriculteur qui nourrit ses bêtes surtout avec ce qu'il cultive. Et le maïs ne pousse plus chez lui que sur quelques hectares, puisque le maïs est, avec l'élevage hors sol concentré, l'autre grand accusé de la pollution en raison des quantités d'engrais et de désherbants que sa culture exige. Alors, pour nourrir ses vaches d'avril à mi-décembre il les met au pré ! Ne sourions pas. Cette évidence échappe à beaucoup, mais ce n'est pas n'importe quelle prairie. Elle est cultivée. Temporaire, quatre à cinq ans. Puis renouvelée régulièrement au gré de l'observation et de l'intuition de l'agriculteur. Elle est semée d'un mélange d'herbes graminées et de trèfle blanc, en vue de rechercher une valeur énergétique proche du maïs fourrage, et surtout sans apport d'azote ! C'est le trèfle qui donne son azote à la graminée, et il en restera pour les cultures suivantes quand la prairie sera détruite, car ici on pratique l'assolement, autre évidence. Cette simplicité qui donne à la tradition son modernisme m'enthousiasme et me déconcerte à la fois. Quoi ? me dis-je, pourquoi cet homme-là, qui protège l'environnement dans sa pratique, ne reçoit-il pas une prime à l'herbe équivalente à la conséquente prime au maïs d'environ deux mille francs l'hectare ? Et j'entends tinter les paroles du ministre de l'Environnement en septembre 1997 : « On continue à subventionner les pollueurs pour le rester. Il vaudrait mieux évoluer et encourager financièrement les non-pollueurs. »

Suzanne Dufour-Cabaret vient nous rejoindre dans le pré au trèfle blanc. C'est la nouvelle présidente du Cedapa. Elle n'a rien d'une passionnaria mais lâche tout de même ces chiffres quand j'objecte que l'agriculture douce ne procurera jamais autant d'emplois que l'agriculture productiviste : « Entre 1992 et 1994, treize mille actifs agricoles en moins contre trois mille emplois créés dans l'agroalimentaire. » De plus, depuis 1994, on ne parvient plus à compenser les départs d'agriculteurs par des créations d'emplois dans l'agroalimentaire. Comme toutes les industries, cette dernière cherche à améliorer sa productivité. Ses abattoirs utilisent de plus en plus de robots. La tendance est à la stagnation de l'emploi. Multiplier les exploitations du type Cabaret permettrait de commencer à compenser l'impressionnant déclin numérique de la paysannerie. De fait, l'installation de jeunes agriculteurs s'affiche comme un souci majeur pour les organisations agricoles qui encouragent l'arrivée, dans ce qui est devenu un nouveau métier, d'éléments du monde non agricole. Il en faudrait mille par an.

J'interroge la présidente du Cedapa sur les rapports de son association avec la FNSEA, le syndicat majoritaire. Elle sourit...

– Pas facile !

– Un exemple ?

– Eh bien, on nous reproche de ne pas être solidaires des autres producteurs de porcs de la région...

– Comment ça ?

– Notre prairie de trèfle blanc n'a pas besoin de lisier. Donc, c'est une surface d'épandage qui leur manque !

Le fondateur du Cedapa, André Pochon, a compris assez vite que l'apport d'engrais azoté sur le trèfle faisait pire que mieux. Ses trente-cinq ans de pratique de l'élevage de bovins commencés en 1954 sur huit hectares à Saint-Mayeux en Côtes-d'Armor l'ont amené à publier un traité sur *La Prairie temporaire à base de trèfle blanc,* réédité et mis à jour pour la troisième fois en 1993. Cet ancien de la Jeunesse agricole chrétienne, initiatrice de la révolution verte, a parcouru la France pour de nombreuses conférences ; radios et télés l'ont invité pour l'entendre sur l'alternative qu'il propose à l'actuel développement agricole, un développement durable plus économique, plus propre, plus efficace. Son formidable sens pratique au service de sa réflexion lui a fait également publier en 1991 un ouvrage convaincant, sans fioritures, rendant compte point par point des responsabilités de l'agriculture dans la pollution diffuse et des remèdes possibles à terme [1]. Il ne propose pas l'alternative radicale de l'agriculture biologique, qu'il respecte et voit se développer, mais préconise une voie médiane, avec juste ce qu'il faut de pesticides et une fertilisation raisonnée. En retraite, il continue à animer des groupes, des réseaux comme celui de Cinq Cents Éleveurs pour une agriculture durable » qui affirment être gagnants sur tous les tableaux : revenus, conditions de travail, satisfaction du consommateur, fierté du métier. Alors pourquoi ne sont-ils pas plus nombreux ? Sans doute parce que l'héritage culturel donne comme modèle l'agriculteur qui a les meilleurs rendements, même si le résultat brut d'exploitation ou la valeur ajoutée sont modestes. J'entends souvent cette

1. *Du champ à la source, retrouver l'eau pure,* Diffusion Breizh, Spézet.

réflexion : « À quoi sert que la Bretagne soit la première en agroalimentaire quand elle n'est que treizième en valeur ajoutée ? » Ou encore, sous un autre angle, « La Bretagne abat la moitié des porcs et des poulets produits en France mais n'en transforme en charcuterie ou en plats cuisinés que le quart. Cela fait beaucoup d'emplois perdus. »

Par les champs, les prés, les étables, les ateliers d'élevage, les foires industrielles de l'agriculture, les colloques, les congrès mutualistes et les discours syndicaux, nous avons cherché à savoir quelle était la réalité de la prise de conscience pour un virage nécessaire sur les pistes parallèles de l'économie, de l'environnement, de la productivité, dans cet univers admiré pour ses performances et montré du doigt pour la persistance, jusqu'à ce jour, de ses erreurs.

Au Salon de la production animale de Rennes, le SPACE, entre une machine à tester cent vingt mille œufs à l'heure pour vérifier sur écran d'ordinateur qu'ils ne sont pas fêlés et un taureau prim'holstein destiné à générer plusieurs milliers de vaches laitières qui régleront bientôt leurs quotas elles-mêmes, un fabricant d'aliments pour cochons mettait en évidence les recherches menées pour soulager leurs charges polluantes. S'agissait-il d'atténuer les quantités de cuivre et de zinc – métaux lourds dangereux – que rejettent ces braves bêtes dans nos ruisseaux ?

Sur le même salon, un journaliste de *Ouest-France,* jusque là responsable du service agriculture de son journal, considérait comme logique la suppression de celui-ci et son intégration au service économique :

– Parce que le lectorat agricole a fortement diminué ?

– Oui, mais surtout parce que l'agriculture est désormais un secteur économique comme les autres. Sorti de son ghetto.

Quand Jean-Michel Le Métayer, qui a commencé la traite de son troupeau de laitières à sept heures avec ses associés – sa sœur et son beau-frère –, quitte son tablier et ses bottes, c'est pour prendre à neuf heures un dernier café dans son pavillon à cent mètres de l'exploitation, se mettre en costume-cravate et filer dans sa voiture à Rennes ou à Paris par le TGV, pour un aller-retour. C'est qu'il est à la fois président du salon et président de la Fédération nationale des producteurs de lait. Normal. Outre ses hautes compétences et son charisme, son village, Vignoc, est situé en Ille-et-Vilaine, premier département laitier de France.

Le fait d'avoir les pieds dans les bouses le met au contact de bien d'autres réalités, économiques celles-là et au jour le jour.

– Ça va vite dans ce métier, me dit-il.

Sa salle de traite impeccable, avec décrochage automatique des pis, va bientôt se trouver dépassée. Son matériel en général évolue. L'informatisation est indispensable. Il a fait comme tous ses collègues les efforts énormes exigés pour le contrôle sanitaire du lait. Et on en demande d'autres à sa profession.

J'ai un flash en l'écoutant... Le lait... Vecteur de tant de primo-infections jadis...

Il termine sa phrase :

– Ça fait beaucoup d'investissements...

– C'est vous, comme président du syndicat, qui organisez le blocage des citernes de lait sur les routes ?

– C'est une action syndicale, oui. Une baisse, même d'un centime par litre, pèse très sensiblement sur les revenus, surtout dans le contexte actuel des quotas laitiers.

Il parle en économiste et en spécialiste de la prospective : baisse des prix, trajectoire dangereuse... Certes M. Le Métayer n'est pas en train de découvrir les manifestations paysannes. Dieu sait qu'il y en eut, et de violentes, dans ce pays ; la grève du lait de 1972 est encore dans les mémoires. Il ne découvre pas non plus le problème du prix du lait. Mais ce qui est nouveau, c'est ce centime, ou même la moitié de ce centime, c'est-à-dire une comptabilité de plus en plus pointue dans une activité qui reste et restera soumise aux aléas, du climat en particulier : sécheresse, gel inhabituel, etc.

La vache folle ? Il n'est pas trop concerné : jusqu'à preuve du contraire, le rétrovirus n'est pas transmissible au lait. Il aimerait en être assuré à mille pour cent plutôt que d'entendre des micro-doutes à ce sujet. Mais de toute façon, il n'a jamais donné de farine de viande à ses vaches. Seulement du fourrage produit sur l'exploitation : ensilage d'herbe, ensilage de maïs, minéraux, un peu de correcteur azoté, etc. Comme éleveur de bovins, il échappe donc plutôt à la critique environnementale. Comme président, il reconnaît qu'il y a quelque chose à faire.

Pourtant, légitimement, il n'a pas dû penser que Luc Guyau s'adressait à sa façon de conduire son exploitation quand le dirigeant agricole national s'est mué en nouveau « Monsieur Propre ». Au début de 1997, en effet, le président du puissant syndicat FNSEA dont l'influence s'est rétrécie en Bretagne après des décennies de soutien sans faille à la fuite en avant des méthodes agricoles intensives, a fait un cent quatre-vingts degrés qui en a étonné plus d'un. Ce qui était étrange, cependant, c'est que c'était la première fois qu'il disait souhaiter « un modèle d'agriculture à taille humaine, [...] une agriculture durable respectueuse de l'environnement et transmissible aux générations de l'avenir », ajoutant qu'elle devait être évidemment « performante, innovante, citoyenne, à l'écoute de la société ». Si le président de la FNSEA se décide à écrire cela, c'est bien le signe d'une prise de conscience, tardive de sa part mais on ne peut plus officielle. Donc, un signe très positif traduisant un nouvel état d'esprit du monde agricole.

On me conseille alors d'y regarder de plus près. Comme la nostalgie, la FNSEA n'est plus ce qu'elle était... Même si l'on schématise en décrivant les guerres intestines entre fédérations départementales et, au sein même de ces fédérations, entre jusqu'au-boutistes ultra libéraux et partisans d'une autre agriculture, il est vrai que les pouvoirs et les influences se partagent et s'opposent dans ce syndicat majoritaire, d'autant plus qu'en Bretagne ses certitudes ont été ébranlées par les succès électoraux aux chambres d'agriculture de la Confédération paysanne, celle-ci militant pour l'homme, producteur, consommateur et citoyen, et pour ce qui lui revient de liberté de décision et de dignité dans le contexte de l'industrialisation de l'agriculture ; son premier objectif étant le maintien, sinon l'augmentation, du plus grand nombre d'actifs possibles dans les exploitations. D'autre part, les intérêts des différents types d'agriculteurs sont brouillés. Le producteur de lait et le producteur de porc divergent dans leurs stratégies. Le légumier de Saint-Pol-de-Léon ignore les préoccupations de l'éleveur de veaux en batterie. La spécialisation ne favorise pas l'unité syndicale. On raisonne désormais en filières, production, alimentation du bétail, abattoirs, transformateurs, circuits de distribution. Chaque filière défend ses propres intérêts jusque chez le ministre et dans les contraintes et les avantages de la politique européenne. À l'intérieur de la filière porc par exemple, les revendications d'une minorité de producteurs concentrant élevages et terres laisse une myriade d'indépendants à la remorque. Tout démontre que la grande famille agricole de l'Ouest est un mythe.

La plupart des intellectuels d'aujourd'hui ayant travaillé sur l'histoire de l'évolution du monde rural à partir des années cinquante relatent les divisions profondes entre conservateurs et tenants du modernisme, entre grandes, moyennes et petites exploitations, entre catholiques intégristes et chrétiens progressistes, entre une population agricole vieillissante et une jeunesse de mieux en mieux formée et informée. Du coup, ils rendent hommage à ceux qui surent structurer la profession et lui donner une apparence d'unité qui pesa lourd dans le bon en avant breton. La Jac et la FNSEA de Debatisse, des individualités locales très agissantes dans des zones spécifiques, comme Alexis Gourvennec dans la Ceinture Dorée du Léon, sont reconnues pour être les artisans non seulement de la réussite agroalimentaire, mais aussi du grand sauvetage de la région. On admire encore qu'ils aient été si imaginatifs et combatifs. À la faveur du boom économique des Trente Glorieuses (1946-1975), la productivité de l'agriculture française a rattrapé celle de l'industrie et la Bretagne, en tête, a montré l'exemple. Remembrements, machinisme, mouvement coopératif – comme à Landerneau – en ont été les outils, les subventions et l'emprunt les leviers. Le sociologue Henri Mendras note comme un joli paradoxe le fait que « les agriculteurs, réputés pour leur défiance à l'égard de l'emprunt, se soient prêtés à construire une des premières banques mondiales : le Crédit agricole »... et le premier établissement financier de l'Ouest, le Crédit mutuel de Bretagne. Ayant eu le légitime sentiment de fierté d'avoir participé largement à assurer, avec les méthodes intensives, la sécurité alimentaire des Français, après les restrictions dues au déficit enregistré dans l'immédiat après-guerre, les artisans de ce succès qui rendit la France exportatrice de produits agricoles ne sauraient feindre d'oublier l'exode des campagnes, sciemment accepté et programmé. C'était bien la fin des paysans annoncée par Mendras dès 1967, c'est-à-dire la fin d'une civilisation : le paysan est mort, vive le producteur ! C'est là qu'il aurait fallu marquer une pause dans le productivisme à tous crins. « Mais ils ont continué..., me dit mon sociologue, et moi je me suis trouvé en chômage technique sur le sujet des paysans et du monde rural. » Il y avait eu intégration en chaîne à l'économie classique, capitalistique et non la reconversion qui aurait pu s'opérer. « Ce n'était pas l'agriculture qui m'intéressait, c'étaient ses hommes. Je suis passé à d'autres sujets d'étude. » Son éminent collègue Edgar Morin préférait parler de métamorphose. À peu près à la même époque, 1965, il avait, avec des équipes de chercheurs et sur commande de la DGRST [1], réalisé une enquête approfondie sur le passage à la modernité d'une commune bigoudène : « Plozevet, trois mille sept cents habitants. » À la parution de cette enquête, Per Jakez Hélias s'était moqué avec plus d'humeur que d'humour de ces chercheurs qui avaient regardé ses amis finistériens « comme des entomologistes les insectes, comme des ethnologues les sauvages. » Il est vrai que certaines formulations passaient très haut au-dessus de la tête des gens de Plozevet : « La modernité plodemetienne [2] a commencé par un lent et gigantesque dégel du cosmos. Ce dégel avait déterminé une réification de l'homme (humanisme). Le dégel de l'homme a-t-il commencé ? » Mais là où, il y a trente ans, Edgar Morin faisait preuve d'une clairvoyance à la portée de tous et qu'on approuverait encore aujourd'hui, c'est dans ces quelques lignes :

« L'exploitant va se trouver métamorphosé. Ceux qui travaillent la terre ne seront plus les mêmes, ou les

---

1. Délégation générale à la recherche scientifique et technique.

2. Edgar Morin explique que « Plodemet » était le pseudonyme de Plozevet, qu'il se croyait tenu d'utiliser dans la première édition.

mêmes ne seront plus paysans. L'exploitant sera par certains côtés un artisan-façonnier, qui doit appliquer son art à la matière brute ; il sera partiellement un technicien qui doit s'intégrer dans une organisation de plus en plus scientifique du travail ; il sera presque un salarié, par la discipline du travail, l'assurance d'un revenu minimum, la multiplication des sécurités et des garanties ; il sera encore partiellement son propre patron, et propriétaire juridique de sa terre, il sera presque bourgeois par son mode de vie domestique et son accession à certains avantages de la civilisation urbaine. »

Edgar Morin aurait pu ajouter : faisant partie d'un groupe professionnel qui se restreint chaque jour, il sera de plus en plus isolé sur ses terres agrandies. Que de fois ai-je entendu des jeunes installés en GAEC[1] me dire : « La seule chose qui nous manque vraiment, ce sont des voisins... » !

Alors, cette prise de conscience agri-environnementale ? pour un développement durable ?

Henri Mendras, je l'avais rencontré à l'Ensar[2]. Nous nous y étions félicités qu'on y formât des ingénieurs spécialisés en génie de l'environnement, pour la première fois en France ; que la botanique, considérée il y a peu comme une discipline secondaire – ce qui me parut incroyable ! – fût réintroduite en qualité de discipline à part entière pour aborder la préservation du milieu naturel ; que les thèmes « modération des ins-

1. Groupement agricole d'exploitation en commun.
2. École nationale supérieure agronomique de Rennes.

truments de la production », « faire face à la désertification du monde rural » eussent un succès certain chez les étudiants ; qu'une unité de valeur « agriculture biologique » fît partie de la formation des ingénieurs « agro ». Ceux-là sont-ils en route vers une troisième voie ? Henri Mendras me parle des travaux de son collègue Hugues Lamarche : « La troisième voie existe dans tous les pays où il a enquêté : Tunisie, Brésil, Québec, Pologne et France. Partout, il a trouvé des entreprises qui n'étaient plus productivistes, qui n'étaient plus paysannes, même modernisées, mais qui avaient une nouvelle façon de concevoir leur activité agricole, plus extensive, plus familiale que dans les exploitations standard, et jouant un rôle social nettement plus important que par le passé. »

Finalement, le sociologue de *La Fin des paysans* n'a pas totalement décroché. Il intervient dans des conférences. Il rencontre des agriculteurs très inquiets qui l'interpellent : « Oui, on peut faire de la qualité, produire propre, mais pour quels débouchés ? » Mendras leur répond : « Vous avez créé le Crédit agricole. Vous avez créé les chambres d'agriculture. Maintenant, il faut créer des services d'exportation. Envoyez donc des “marketeurs” dans différents pays pour savoir ce que les gens ont envie de manger et comment vous pouvez répondre à leurs désirs. Et n'oubliez pas votre argument principal : la gastronomie française, unique au monde. Et mariez-la avec votre savoir faire ! » Dame oui ! La qualité ! Ce mot devient tout de même un facile passe-partout. Ça me fait penser au zéro défaut des cercles... de qualité justement, chers à M. Calvet, le patron retraité de Peugeot. Qualité de quoi ? Du travail ? De la vie ? De l'environnement ? Du produit lui-même ? De son image de marque ?...

« Vous savez, me dit mon confrère Gilles Luneau [1] en me tendant une tranche de pain garnie de rillettes faites à la ferme auberge de La Morinais à Bains-sur-Oust, elles ne sont pas aux normes européennes ces rillettes ! Je ne suis pas allé voir si l'étuve de Josiane Guérin était aux normes. Si les rillettes ne sont pas bonnes, je ne reviens pas, c'est tout ! Alors laissons-lui sa liberté par rapport aux réglementations. Revoyons ces fameuses normes ! » Mettons le moins possible d'obstacles à la diversification, c'est ce qu'il veut dire, puisque ce nouveau maître mot court lui aussi la campagne face aux productions de masse. « La qualité ? poursuit mon confrère. Nous aurons la qualité que nous méritons. »

La qualité pour une minorité ou pour tout le monde ? En paierons-nous le prix ?

« Ce ne sera pas si cher si nous comparons à ce que nous coûtent l'élevage hors sol et les productions intensives en installations dépolluantes, en impôts déguisés, en cotisations européennes... »

Gilles Luneau sait que des clignotants s'allument dans la grande distribution parce que la dizaine de centrales d'achats qui comptent en Europe entendent les consommateurs réclamer la QUA-LI-TÉ !, échaudée qu'elle fut par le veau aux hormones, la vache folle, la listériose

1. Auteur de *Les Nouveaux Paysans*, éditions du Rocher, 1997.

du lait, la dioxine et les picrates infâmes. La grande distribution a désormais un autre cheval de bataille que les prix. Elle vous le fait chic avec foires aux vins, rayons bio, têtes de gondoles gastronomiques, mais le mouvement est plus profond qu'il en a l'air et les géants coopératifs bretons amorcent, pour vérifier, certains changements de cap, se « remuent la couenne » sous la pression des centrales d'achats. Des producteurs d'artichauts voyant leur marché décliner lancent l'artichaut rouge Prince de Bretagne, conçu à l'Inra et produit sur cinq hectares. Les responsables de la Sica de Saint-Pol-de-Léon estiment que la qualité *visuelle* de l'artichaut rouge peut donner un coup de projecteur à l'ensemble de la gamme. Elle compte pour cela sur les chefs de rayon des grandes surfaces, qu'elle forme au sein de sa « phytopole ».

Mais la diversification des productions, jusqu'au champignon d'origine japonaise, n'est pas tout. Le problème n'est-il pas ailleurs, en terme d'image justement ? Comment rectifier l'image d'une terre pourtant extraordinairement fertile au point qu'on l'appelait Ceinture Dorée, mais plus tard réputée gorgée d'engrais et de pesticides, au point d'avoir atteint dans le passé des records de nitrate dans l'eau ? Les producteurs de cette région ont compris la nécessité, pour le maintien de leurs marchés, de passer d'une stratégie de volume de production à une stratégie de qualité.

L'Europe du Nord, qui n'a pas toujours lavé ses productions plus blanc, est fortement engagée dans l'évolution des marchés, marquée par les questions de santé et d'environnement. La partie la plus industrialisée de l'agroalimentaire breton est confrontée au difficile freinage d'une machine emballée. Les grosses quantités, elle sait faire. Pour les plus-values, elle sait ses handicaps : la transformation de ses produits à proximité des chaînes de production exige une eau non polluée, ce qui passe par des méthodes de culture plus saines. L'Europe des consommateurs veille. Très bientôt, elle s'impatientera. Une des plus grosses coopératives de Bretagne a déjà inscrit dans sa stratégie et son budget la rectification des dérives surintensives. Virage difficile quand il faut tenir compte de la compétition interrégionale avec d'autres coopératives et des réticences compréhensibles, en terme de revenus, de ses propres adhérents.

Josiane Guérin me tend une autre tartine de rillettes et une bolée de bon cidre. Il est bien reparti le cidre breton... et bien meilleur – qu'il me pardonne – que dans le cellier de Grand-Père.

– Ici, c'est une vraie ferme et c'est une vraie auberge ?

– C'est une obligation. C'est une auberge qui fonctionne essentiellement avec les produits de la ferme. Quatre truies et un verrat d'une race ancienne pour le porc, bovins et veaux de plein air, comme les poules, pintades, canards, etc. Les céréales en surplus sont vendues à la coopérative.

Quand Nicolas, son mari, a repris la ferme de son père, le délabrement de certains bâtiments ne permettait pas de continuer avec les vaches laitières. Plutôt que d'abandonner, ils ont pensé à s'ouvrir sur la ville toute proche. Nicolas s'est fabriqué une belle carriole à douze places pour promener les classes de nature ou les enfants des clients. Josiane a aménagé la salle commune en coquet restaurant sans prétention, pour des repas dont la qualité réside dans la simplicité. La ferme auberge adhère à un réseau disposant d'un annuaire connu des organisations touristiques. Mais à la question de savoir s'ils appartiennent à la catégorie des nouveaux paysans, Nicolas et Josiane répondent qu'ils ont eu seulement la bonne idée au bon moment. Ils parlent avec des gens heureux de concrétiser un moment la vieille formule « directement du producteur au consommateur », tout est authentique autour d'eux. Ils échangent sur d'autres métiers, d'autres horizons, se racontent quand on les interroge. « Et puis se dépêche Nicolas, on fait surtout ce qui nous plaît et ça fait vivre la famille tout à fait bien. Que demander de plus ? »

Il n'est pas question de mettre toute la Bretagne en ferme auberge, en agriculture bio ou alternative, en exploitation du troisième ou quatrième type. Toutes les expériences ne sont pas reproductibles. Ce qui est valable ici ne l'est pas ailleurs. La copie est la pire ennemie de l'initiative agricole. Pourtant, des centaines, sinon des milliers d'exemples de producteurs artisans – ces nouveaux paysans – pourraient être alignés pour justifier et promouvoir une politique nouvelle d'aides personnalisées soutenant la diversité des activités agricoles, laquelle convient si bien à une Bretagne si diverse elle aussi.

À l'heure de l'obsédante recherche de gisements d'emplois, serait-il si difficile de mettre au point des mesures favorables au développement d'une main-d'œuvre formée dans les petites exploitations innovantes, soucieuse de qualité et forcément intéressée à vivre dans un bon environnement ?

Deux politiques agricoles au lieu d'une seule ? Dans les faits, il y a bien coexistence en Côtes-d'Armor entre un mastodonte – Unicopa à Saint-Agathon – et le modeste Gaec de Jean-François Le Liard et Pierre Hamon à Lanfains qui offrent, peut-être, une vision du proche avenir contrastée comme on les aime. Leur matière première commune, c'est le lait. Celui de trois mille cinq cents éleveurs pour Unicopa, soit *sept cent vingt millions de litres* collectés chaque année dans trois départements. Celui des cinquante vaches du Gaec de Lanfains, atteignant facilement le quota de *trois cent cinquante mille litres* par an. Unicopa fait mentir ceux qui disent qu'il n'y a pas de fromages en Bretagne puisqu'elle fournit dix pour cent de l'emmenthal français [1] dans une usine d'une inouïe propreté. On ne voit que des machines et un inextricable réseau de tuyaux. Unicopa emploie huit cents personnes dans cette branche et est très populaire dans la région pour sponsoriser, sous sa marque Rippoz, l'équipe de football de Guingamp, ex-Petit Poucet de la première division devenu acteur confirmé dans la plus haute catégorie. Le marché de Rippoz est européen.

À une demi-heure au sud de cette usine, Pierre Hamon apporte chaque jour son lait à son associé et presque voisin de la commune de Lanfains, à la ferme de la

1. Bretagne : quarante pour cent de l'emmenthal français.

Craulée dont le nom évoque une sorte de marécage, à tort tant elle est avenante. Jean-François Le Liard quitte alors son ordinateur où il a fait un premier ajustement entre les commandes de ses clients et son planning de production comportant neuf produits différents. Dans ses deux cents mètres carrés à peine, il va élaborer avec deux employés sa gamme de Craulois forts en tradition et en valeur naturelle : yaourts, aromatisés ou non, crèmes dessert, lait fermenté non égoutté et, surtout, lait ribot. On a toujours été friand dans la région de ce lait résiduel, quand le beurre était sorti des barattes ; on le demeure quand il est amélioré en y laissant la crème, et cela représente quatre-vingts pour cent des livraisons pour le camion du Craulois qui va parcourir le département. Jean-François a acquis son savoir faire dans une école de laiterie puis au cours de quelques années professionnelles en tant que technicien en Région parisienne. Son mal du pays lui a fait acheter la vieille ferme avec ses économies. Il l'a retapée et y a mis une vache. Son lait, il en a fait des yaourts que le supermarché du coin a mis en rayon. À sept vaches, il a embauché son premier technicien, qui a accepté de voir différer le paiement de son salaire. Et comme l'élevage n'était pas vraiment son métier, Jean-François s'est associé avec Pierre Hamon. Aujourd'hui, l'entreprise fait vivre quatre foyers et apporte sa modeste preuve que la valeur ajoutée peut s'obtenir tout près des lieux de production.

La crise de l'environnement dans les zones de production intensive, et non dans toute la Bretagne, a révélé la fragilité de ce modèle de développement. Les optimistes imaginent qu'en l'an 2000 on pourra parler d'un nouveau modèle breton, parce que dans cette région dont l'équilibre est attesté par ses paysages, de plus en plus nombreux seront ceux qui revendiqueront la profession de paysan. Un nouveau métier pluridisciplinaire, étymologiquement et viscéralement attaché au mot « pays ». Lentement mais sûrement, on les voit bien rectifier les erreurs, atténuer les excès et produire, en plus de ce qu'ils savent faire, de l'eau pure, de l'air pur, du tourisme, de l'harmonie dans la nature, de l'éducation en éveillant les enfants à la réalité du monde, de l'initiative individuelle et de la solidarité. La condition étant que l'État déplace ses aides, laissant les grandes filières agricoles en place manœuvrer comme elles savent le faire sur les marchés, et les porte sur ceux qui préparent un autre futur.

Au fait, c'est pour quand le déploiement du cochon propre, mangeant plus propre, déjectant plus propre – sur paille, sur copeaux, ou autres – que l'on m'a montré à l'Inra et à l'écomusée de La Bintinais à Rennes ?

C'est pour quand le fourrage propre, plus d'herbe et moins de maïs ? C'est pour quand la restauration du bocage ?

C'est pour quand... ? L'utopie réalisée...

On me répond : « C'est pour bientôt ! »

Par la ronde des chants et des musiques

Vous en voulez de la gavotte ? Ça repose un peu !

– Ouais ! hurlent huit cents voix dans la salle omnisport de Plouer-sur-Rance en juin 1997.

C'est fest-noz et ils sont venus de partout, de Vannes comme du Trégor, dans ce bout des Côtes-d'Armor à toucher l'Ille-et-Vilaine. La moitié sont des fans de Sonerien-Du, déjà vingt-six ans de carrière pour ce groupe de six musiciens.

– Et la valse à Véro ? demande une fille en jean.

– Bon, plus tard ! fait Jean-Pierre Lecam en attaquant le rythme sur sa guitare basse.

Les autres bons gros musicos, barbes en avant, se mettent à faire voler leurs doigts épais sur clavier, violon, bombarde, deuxième guitare électrique, et la batterie y va de bon cœur. Ça souque sur la godille, ça vous la fait chanson de marins ou rurale en nostalgie d'alambic, ça chante des bergères d'aujourd'hui dont les princes se demandent s'il leur reste assez d'essence dans leur mobylette. La sono est forte mais supportable et la musique étrangement légère : indéfinissable mélange d'inspiration traditionnelle, renaissance, jazzy, et rock and roll.

Dans la salle, le spectacle est formidable. Pendant des heures, c'est la ronde sage ou folle jusqu'à l'essoufflement. Les garçons prennent juste le temps d'aller boire régulièrement leur Kro au bar installé à l'entrée, avant de se replacer dans la chenille. La salle omnisport si banale, si peu faite pour la musique à danser, se transfigure en vouant son parquet aux cortèges où l'on va deux par deux se tenant par la taille, où s'inventent des quadriges, des ballets comme pour le « cercle circassien ». Les jeunes filles, les fillettes, les mémés s'endiablent de danses qui leur semblent sans doute venir de très loin dans le temps. On se forme en long ruban d'humanité innocente, on se tient merveilleusement unis par les petits doigts, on aime forcément son voisin, et les gars ont des précautions de papillons quand ils ne poussent pas des sprints à tout renverser. Les jeunes, les quadras, les sexagénaires, tout le monde peut entrer dans la ronde. L'adjoint au maire et le cantonnier, la retraitée de banque et la caissière du Super U. Il n'y a que quand on n'est pas dans le coup que l'on remarque une personne que l'on croit handicapée. Mais il ne l'est pas : il danse ! Certains danseurs ont pris des cours : ceux de l'université de Rennes font le plein. Le parking est encore rempli à deux heures du matin et le président de l'association culturelle qui a organisé le fest-noz au profit de la Ligue contre le cancer se frotte les mains devant ce succès. Dans d'autres fêtes de nuit, on se bouscule pour entendre des groupes beaucoup plus jeunes. Carré Manchot, Ar Re Yaouank (Breizh Positive) ! C'est une vraie lame de fond.

Huit jours plus tard, j'assiste à un mariage dans la petite église de Saint-Léonard-Épiniac, dans l'ancien évêché de Dol-de-Bretagne. La noce n'y a pas de tradition musicale particulière. La chorale fait bien son devoir en français. Dans la famille du marié, une jolie voix de soprane chante l'*Ave Maria* de Schubert. Irréprochable. Tout à coup, avant l'offertoire, les têtes se tournent vers le porche de l'église : d'un pas majestueux, s'avance un couple de musiciens « traditionnels ». Lui, bien droit en son habit breton, porte sa cornemuse comme un ostensoir, elle, joliment champêtre en corsage fleuri et jupe bleu pastel, déploie un bijou d'accordéon diatonique. Un frisson qui fait perler quelques larmes parcourt l'assistance. C'est de ce moment dont on se souviendra le plus. On a beau savoir que les musiciens sont des professionnels travaillant beaucoup en de semblables occasions, on a beau se souvenir vaguement que l'air qu'ils jouent est soit irlandais, soit écossais et n'a rien à voir avec la circonstance... c'est de la magie musicale genre Greenlands qui est venue s'accorder à la promesse des jeunes mariés en l'espèce de la cornemuse et de l'accordéon. Après la messe, la danse naîtra spontanément autour des deux instruments.

J'entends cela et je me souviens des noces des années d'après-guerre quand nos cortèges défilant dans le bourg, puis de ferme en ferme, étaient précédés d'un pauvre sounou[1] qui, à la dixième bolée ne pouvait plus sortir de son instrument que deux notes justes sur trois. Ce n'était pas grave, nos voix le couvraient :

« Y'a core dix filles à Questembert
Qu'aiment ben le son du hautbois
Moi j'aime mieux mon violon
Car il sonne, il danse
Moi j'aime mieux mon violon
Car il sonne de toutes les façons. »

Et au banquet, j'aurais droit à ma chanson comme tout le monde. Ce serait, si ça n'avait pas été déjà pris : *Tant qu'il y aura des étoiles, Le Petit Vin blanc* ou *Mon amant de Saint-Jean,* chansons tout indiquées pour un gamin. Ma mère aurait déjà chanté *Ils ont des chapeaux ronds* et mon père *La Paimpolaise* ou *Fleur de blé noir.* Théodore Botrel était encore inévitable. Qu'importe si le répertoire des repas de famille a peu évolué. Au nom de quoi un puriste viendrait-il y mettre son nez ? Toujours est-il que le sentiment que j'eus lors de ces fêtes à l'époque de mon adolescence s'est vérifié par de nombreux témoignages : la Bretagne avait perdu son folklore ou n'osait plus le faire entendre ! Mais ce n'est qu'à moitié vrai. À Quelneuc, les sœurs Reminiac deviendraient des stars avec le gentil rossignolet de *L'Épine Noire.*

Aujourd'hui, on peut entrer en Bretagne par les innombrables fêtes de jour ou de nuit, par les cabarets,

1. Sonneur, musicien, violoniste ou accordéoniste.

les bistrots, les églises, les festivals. On le doit d'abord à Alan Stivell dont la harpe paternelle, devenue électroacoustique, a suscité la renaissance des binious, des bombardes et de tout le reste. On le doit à ceux qui sont nés à la musique et au chant en même temps que lui en Bretagne et qui ont ressuscité un état d'esprit celtique dans le grand mouvement de la pop music et du folksong américain, de Bob Dylan à Joan Baez à partir de 1965. Stivell avait vingt et un ans, Servat vingt ans, Glenmor, à trente-cinq ans, signerait bientôt chez Barclay. Celui-ci était le premier à oser chanter une chanson moderne de sa composition, en breton, en s'accompagnant à la guitare. Maël-Carhaix et Glomel, au cœur de la Bretagne, sont avec Montparnasse les terres de son clan. Bobino l'attend avant l'Olympia. C'est un public réveillé, concerné, qui lui fait ovation. Mais le grand coup de cœur à la France entière, c'est Stivell qui va le donner dès ses premiers disques, avec des sons d'un autre âge et pourtant si nouveaux et si futuristes. Sa famille est de Gourin, « émigrée à Paris comme beaucoup de Gourinois quand ils ne partent pas en Amérique[1] ». Gilles Servat, dont *La Blanche Hermine* va être un tube national, est né à Tarbes. Son grand-père montreur d'ours dans les Pyrénées épousa une Nantaise, mais Servat passa sa jeunesse à Cholet puis à Angers. *Comment peut-on être Breton ?* s'interrogeait Morvan-Lebesque. Eh bien justement, c'est ce fameux rêve de

1. Yann-Fanch Ar Merdy. Texte pour le disque Fontana 9101502, *Renaissance de la harpe celtique.*

Bretagne qui fait les Bretons autant sinon plus que la terre originelle. Que ce mouvement musical des années soixante-dix soit parti de la harpe celtique, conçue d'abord à Clermont-Ferrand, est tout de même une étrangeté. Cette petite harpe très populaire en Irlande (à Dublin, Trinity College conserve celle dite de Brian Boru du XIIIe siècle) aurait été introduite vers l'an 1000 en Bretagne par les moines évangélisateurs, fut très en cour chez les ducs, devint emblème poétique, druidique, bardique. Merlin en tirait pour Viviane des sons enchanteurs. La harpe médiévale dans l'imagerie des vitraux, des tapisseries, des tableaux obsédait Jord Cochevelou. Il mit dix ans à construire la sienne à partir de 1942. « Je m'aperçus, dit-il, que d'autres que moi avaient eu la même pensée : Hervé Ar Menn, Taldir, entre autres, mais rien à ma connaissance n'avait été réalisé, à l'exception d'une copie de harpe irlandaise par une maison parisienne. »

Alan Cochevelou n'a pas dix ans quand, formé au piano, il donne son premier concert de harpe celtique sur le prototype de son père à la Maison de la Bretagne à Paris. S'étant choisi plus tard le nom de Stivell[1], il dira : « Mon père aurait davantage parlé de harpe bretonne. J'ai [...] eu une influence sur le choix du nom de l'instrument. Denise Megevand (harpiste de concert qui dirigea le travail d'Alan) et mon père ont écrit pour la harpe celtique puisqu'il n'y avait pas de littérature musicale sur le thème, et j'ai été leur cobaye. L'idée d'évo-

1. De *kozh stivellou :* les anciennes sources jaillissantes.

lution musicale était déjà présente puisqu'il n'y avait pas de tradition. Il fallait créer une nouvelle musique. J'ai eu la chance de naître dans une sorte de culture panceltique hors nature et qui n'est toujours pas naturelle. »

La Bretagne en se rêvant se recrée...

Avant de mourir en 1974, Jord Cochevelou eut le temps de construire une vingtaine de harpes celtiques, de savoir que la Bretagne comptait de nombreux « harpeurs » dont les plus connus sont aujourd'hui le dinanais Myrdhin, les Cornouaillais Triskell (les frères Quéffélеant), Kristen Noguès, Dominig Bouchaud, et que les luthiers américains et surtout japonais construisaient des harpes celtiques à tour de bras. Jord eut aussi la bonne surprise d'entendre son fils pratiquer la bombarde, la cornemuse écossaise, la flûte irlandaise, le dulcimer, que sais-je encore, en chantant uniquement en breton. Ça allait donner la *Pop-celtic, Pop-Linn, Tri Martolod* et autres succès avec des musiciens comme Gabriel Yacoub, René Wermeer ou Dan Ar Braz.

On ne s'imagine pas la révolution sonore que cela fut. Et comment le Gwenn Ha Du [1] se leva d'une autre façon, hors des ornières claniques et des boutiques politiques partisanes ouvertes à tous les vents de l'actualité dans ces temps-là. « Progressiv folk », « retour aux sources », « diversité des cultures », « monde technologique », ces mots ornent le Triskell du disque d'Alan

1. Drapeau breton, conçu seulement en 1925 par Morvan Marchal.

Stivell enregistré en public à l'Olympia en 1972 et qui dut être plusieurs fois repressé. Comme chez beaucoup d'idéalistes, son engagement prêtait à confusion. Communiste sans être marxiste parce que ses influences étaient profondément chrétiennes, autonomiste et fédéraliste européen. On ne participe pas à un tel réveil sans parole excessive, Stivell en est convenu lui-même, sachant cependant que toutes les expériences humaines sont utiles. Les années quatre-vingt, celles du succès retombé et de recherches musicales étrangères à son public populaire, furent celles d'un demi-silence et de concerts parfois catastrophiques. Je fus au nombre de ses admirateurs qui sortirent tristement en 1987 de l'église Saint-Louis de Lorient pendant le récital d'Alan qui ne parvenait pas à régler les micros de sa harpe électroacoustique.

Les années quatre-vingt-dix ont vu le retour de Stivell. Sa harpe de cristal mise en lumières chatoyantes ne joue le premier rôle qu'en apparence. Ses concerts ont fait le plein à Concarneau, Brest, Guingamp, Rennes, etc. et au Casino de Paris en 1995. L'homme n'a pas fondamentalement changé dans sa démarche de fusion entre ses racines et la modernité.

Il est reparti sur une très forte deuxième vague de musique celto-bretonne où l'on voit se rassembler les musiciens et chanteurs d'Armorique, d'Irlande, du pays de Galles et d'Écosse. On met en œuvre des armées d'ingénieurs, de techniciens, d'éclairagistes, de régisseurs. Les enregistrements, mixages, programmations électroniques se font avec des moyens considérables, en public ou dans les studios de Dublin, Glasgow, Paris... Des producteurs investissent, les *major companies* internationales distribuent les disques : ils se vendent par milliers. On réalise des cassettes vidéo longue durée. Bref, on passe réellement à la vitesse supérieure, comme pour *L'Héritage des Celtes* de Dan Ar Braz, ancien guitariste chez Stivell qui amène sur scène les meilleurs musiciens traditionnels et de jazz de sa connaissance, et un bagad au complet, le Bagad Kemper, un des fleurons de Bretagne. Grands moments où le concept de world music prend tout son sens : le contraire du raidissement sur des cultures fermées qui ne peuvent que produire les handicaps de la consanguinité. Le contraire également de ce que dénonce la bêtise franchouillarde et « bretonnarde » (car il en est) quant à une perte d'identité, laquelle identité n'existe, en Bretagne comme ailleurs, que par le métissage. Les frontières de Dan Ar Braz s'appellent frontières de sel, *Borders of Salt,* sel nécessaire à la vie de tous, sel qui fond ainsi que se fondent les chercheurs de paix dans la mémoire de leurs terres respectives comme dans leur différence. La guitare de Dan le Quimpérois compose, en improvisant sans cesse des mélodies qui nous paraissent évidentes et universelles. Planante ne serait pas le mot juste, tant d'autres ayant fait leur beurre dans le genre des facilités sirupeuses et sont allés avec leurs méga claviers jusqu'à polluer le mont Saint-Michel. Celle de Dan est simple comme la lumière du matin, comme l'ombre qui le soir change nos reliefs, fait passer la mer du bleu tendre au violet. Le sombre lui va bien, sous un halo d'espérance. La musique de Dan n'est pourtant pas descriptive, ni pastorale, ni surtout pas martiale, jamais triomphante, mais souvent exaltante. Vingt-cinq ans de musique lui aussi. Il a chanté Xavier Grall, il a mis debout les cousines de Bécassine, il a fréquenté les îles de la mémoire et peut-être a-t-il rêvé à Brest, rue de Siam, qui n'est plus ce qu'elle était, en évitant les bus, le lèche-vitrines et l'ombre d'un Mac Orlan qui n'a plus aucune raison de passer par là. Pas seulement parce que la guerre a rasé Brest et la rue de Siam. Entre le début de ce siècle et sa fin, le décor musical et poétique des villes portuaires s'est transformé dans la quasi-totalité de ses lieux et de ses personnages, mais pas cette mélancolie farouche qui vous habite quand vous fréquentez les bords de l'infini et que l'accordéon y pleure toujours, même remplacé par une guitare. Les chansons de Mac Orlan avaient pour cadre, entre 1899 et 1918, les pubs irlandais, les clandés, les tapis francs, les « bagnes périmés », les quais des brumes, « les bars pavoisés de toutes les promesses ». « Simone aimait les matelots, les matelots aiment qui les aime... » À Recouvrance, « moi j'étais sa Bretonne, lui c'était mon marin... », « Et si la mer plaît aux Bretons, c'est qu'elle les tient en son giron. » Et ça se termine forcément mal... soit qu'il y ait « le moment historique où les couteaux s'égarent », soit que la Bretonne « voudrai(t) tenir cette souris, ta dulcinée de Tahiti pour lui r'filer une danse, un soir à Recouvrance ». Au port de Brest se limitait la Bretagne de Pierre Mac Orlan qui avouait sa présence fréquente dans le décor et l'action de ses chansons. « Pour moi, écrire des chansons, c'est écrire mes mémoires. » Sa poésie sublimait, dans les bouges, les situations les plus médiocres et il savait que de toute façon la chanson n'offre aucune prise à la critique littéraire.

1990 : la poésie a pris un tout autre cap. « Il est sept heures du soir sous la pluie bleue de Brest. Des vagues d'horizon déferlent sur l'hiver. Mes ailes de tempête ont des plumes de givre... » Quand Manu Lanhuel, une des voix de Bretagne, chante en 1990 « Vent force Brest » au Quartz, haut lieu de spectacles de cette ville, il est entouré de la crème des musiciens qui ont réalisé depuis longtemps la maturation de l'alliance jazz et celtique. Jacques Pellen, le guitariste, fait de certains bars à musique des lieux de... pèlerinage ; Patrick Molard et ses cornemuses irlandaise ou écossaise est de toutes les aventures discographiques avec Jacky, son frère, au violon. Kristen Noguès renouvelle le genre harpe celtique et Alain Trévarin le style de l'accordéon. Un piano délaissé à Brest par Claude François aura fait du jeune Didier Squiban le premier concertiste moderne de la tradition bretonne sur cet instrument. Ils font partie de ceux qui ne dormaient pas pendant ce qu'il est convenu d'appeler le creux de la vague de la musique bretonne des années quatre-vingt. Celles où l'on se résigna à dire que la Biniou Wave[1] des Stivell et émules n'avait été qu'une mode sans lendemain.

1. L'expression est du magazine *Télérama.*

Dan Ar Braz non plus ne dormait pas. Il composait ! Un public fidèle lui fit éditer pas moins de treize albums. Il rejoignait outre-Manche, en Irlande notamment, des groupes qui, depuis longtemps, sans abandonner les airs traditionnels, greffaient la pop sur la folk music. En Bretagne, il accompagnait d'excellents chanteurs, tournait dans des petits lieux, nids de convivialité, et ne refusait pas les galères comme celle si sympathique du bar du Daoulas, chez Patrick, en bordure de la RN 164 à Gouarec en Centre-Bretagne, près de l'abbaye de Bon-Repos. Le patron aimait la musique mais ne put jamais empêcher que le passage incessant des camions ne couvre le son des instruments. Mais, en fait de rares mauvais souvenirs, les amis de Dan en ont un pire : un concours de l'Eurovision où il se classa dans les derniers. Même à son niveau de qualité, les galères ne sont pas toujours là où l'on croit. C'est donc à ce musicien d'expérience et de grand talent que Jakez Bernard, producteur quimpérois polyvalent, confia le rôle de fédérateur d'un ensemble de cinquante musiciens et chanteurs bretons, irlandais, gallois, écossais, pour *L'Héritage des Celtes.* Un projet fou dont la Bretagne ne connaît pas d'autre exemple. À ses côtés l'Irlandais Donald Lunny tirant d'incroyables rythmes de son bouzouki donnera, au cours d'une tournée qui mènera littéralement le groupe au Zénith, à Paris, cette belle définition : « Admettons que la musique celtique est un langage spécifique. Mais que chacun de nous l'exprime avec son accent particulier. Cela forme un tout, cette musique-là, qui nous permet de mieux nous comprendre. » J'ai rarement vu sur scène une telle fête entre musiciens. Ray Fean, le batteur rock, n'en peut plus d'applaudir les percussionnistes du Bagad Kemper dans les envolées de leurs caisses claires. Un silence aérien sort des instruments entre chaque note, pour accompagner l'Écossaise Karen Matheson chantant un hymne aux langues minoritaires. Les improvisations des guitares électriques de Jacques Pellen et de Dan, celles au piano de Didier Squiban placent sur un nuage Yan Fanch Quemener, chanteur de gwerz de la plus pure tradition. Le bouquet final du bonheur fait se lever la salle d'émotion. C'est *Left in Peace...* cinquante musiciens s'en donnent à cœur joie.

La réussite fut à la dimension des moyens engagés, répondant à une stratégie marketing dont ne rougissait pas Olivier Monfort, directeur général de Columbia-Sony Music, rencontré dans les studios de France 3 Ouest, partenaire de l'opération pour la vidéocassette du concert. Pour Olivier Monfort, « Paradoxal ou non, la mondialisation voit s'affirmer les identités régionales. Donc les segments à développer sur le marché international sont ceux où fonctionnent les musiques du monde qu'elles soient celtes, corses, ou voix pygmées (!). Un risque en matière d'investissement, la musique celtique ? Oui, pas plus qu'une autre. Et notre choix s'est surtout porté sur un artiste et une personnalité hors du commun. » 1998 verra s'épanouir la suite de *L'Héritage.*

En lisant les comptes rendus élogieux de la presse nationale à la sortie du disque live *L'Héritage des*

Celtes, un de ses musiciens, le flûtiste Jean-Michel Veillon, originaire du cap Fréhel, a pu se souvenir d'un bel article du *New York Times* sur son premier enregistrement de musique celtique à vingt-cinq ans, dans des conditions peu banales puisqu'il eut lieu en 1983 au Coffee House Extempore de Minneapolis. Le groupe auquel il appartenait s'appelait Kornog. Avec Christian Lemaître au violon, Soig Siberil à la guitare et l'Écossais Jamie Mac Menemy s'accompagnant pour les ballades de son pays du bouzouki ou de la mandoline, il avait été engagé pour une première tournée américaine de vingt mille kilomètres à travers seize États et avait signé un contrat pour deux 33 tours avec une maison de disques du Connecticut, Green Linnet. Le groupe Kornog s'était fait une petite réputation en Bretagne, en Hollande et ailleurs en s'en tenant à des instruments acoustiques pour moderniser gavottes du Menez, ronds de Saint-Vincent ou autres danses Plinn. Jean-Michel avait composé une magistrale *Dérobée* qui fit pleurer une octogénaire américaine originaire de Scaer et ne parlant plus le breton que par quelques mots. Dix-neuf concerts, de Washington à Boston et à Grand Rapids dans le Michigan, rappelèrent à ces Celtes s'il en était besoin, que les Américains, jeunes ou vieux, étaient encore plus sensibles qu'eux à l'évocation de certaines de leurs racines. Bob Dylan faisait déjà figure d'ancêtre de la culture folk, que Woody Guthrie mort en 1967 avait défrichée jusque dans ses « protest-songs ».

J'avais beaucoup de retard en 1984 quand je reçus les disques de Kornog qui avaient fait un succès d'estime en Amérique. J'avais tout à apprendre de l'obstination des musiciens bretons quand Alan Stivell, en l'absence d'attachée de presse, vint lui-même me proposer un nouveau 33 tours de harpe celtique pour l'émission « Vagabondages »... qui venait d'être supprimée sur TF1.

Au fait, quelles sont-elles les racines musicales bretonnes ? Elles sont essentiellement populaires. L'une est semblable à bien d'autres expressions paysannes, précédant, accompagnant, célébrant les saisons et les fêtes. L'autre source est un écho de la partie la moins romanisée d'Europe occidentale, donc la plus contestataire, en Irlande, en pays de Galles, en Écosse. C'est comme un chant profond qui se serait atténué sinon abâtardi dans les broderies de cour et ne devrait sa survie qu'à une élite d'instrumentistes dont l'esprit patrimonial rejoignait l'âme du peuple. Car les sociétés paysannes avaient conservé leurs rythmes et leurs phrasés et les avaient enrichis tant qu'elles étaient restées... paysannes. L'excellent petit ouvrage de Roland Becker et Laure Le Gurun édité chez Coop Breizh, *La Musique bretonne*, nous dit comment la musique fut d'abord la voix. Sa puissance souvent nasillarde était nécessaire pour communiquer à l'extérieur, là où l'essentiel de la vie était vécu (j'entends encore ce qui fut pour moi la première chanson de ma grand-mère « huchant » à travers les prés : « Rrrogé-é-é-e ameune don les vaaaaches ! »). Et les femmes qui jouaient rarement d'un instrument étaient souvent les meilleures pour les cantiques ou les mélodies populaires, ce qui fit plus tard le succès des sœurs Goadec en Basse-Bretagne et des sœurs Reminiac en Pays gallo. Ce sont les chansons *a capella* dirait-on aujourd'hui dans le monde du show-biz, qui donnèrent leurs airs aux instruments les plus anciens, cornemuses et bombardes. Les voix chantaient d'abord des cantiques, bien sûr, mais aussi des chansons de circonstance, à boire ou à travailler, des gwerziou. La gwerz, c'est le « blues » armoricain, racontant les faits divers, parfois les pires horreurs, mais en beaucoup plus long qu'à France-Info, ou proclamant des choix politiques. Erik Marchand m'a ainsi fait connaître la gwerz d'un candidat aux élections de Poullaouen en Centre-Bretagne en 1929. La chanson du vote (son ar vot) d'Erwan Ar Beg soutenait la liste de gauche, « communialiste », qui fut d'ailleurs élue, en ces termes :

O, ya, la kit'barzh ar vouest listenn Gwilhom Kadiou
« Oh oui mettez dans la boîte la liste de Guillaume [Cadiou »
Ne louzit ket anezhi gant paotred an tu gwenn
« Ne la salissez pas avec ceux du côté des "blancs" »

Cette gwerz avait plus de vingt couplets...

Bien loin de ce genre d'engagement, le chant Kan Ha Diskan, où deux voire trois chanteurs se relaient pour donner le rythme, les « pulsations », est un chant à danser qui use d'onomatopées entrecoupant des paroles de peu d'importance : « La la la di-re di lan ». Ce sont des jeux de répons et de répétitions souvent très rapides et qui demandent beaucoup de maîtrise vocale.

En fait, les instruments, ceux des sounous, le couple biniou-bombarde, ne sortaient que dans les grandes occasions telles les noces. Dès le Moyen Âge, on connaît les cornemuses, qui varient selon les pays et les régions. Dans l'Ouest, c'est la Veuze, à laquelle succéderont, plus petit pour s'accorder avec la bombarde, le biniou, puis de plus grande ampleur de sons, le bagpipe, cornemuse écossaise, enfin l'élégant uilleann pipe irlandais. La bombarde, dérivé d'instruments très anciens, s'est répandue au XIXe siècle car relativement facile d'accès et d'une sonorité dans les aigus à toute épreuve (et éprouvante pour certaines oreilles non averties... dommage pour elles, elles ne savent pas ce qu'elles perdent). Rassemblez une dizaine de bombardes, autant ou plus de cornemuses, six ou sept batteurs de caisses claires, une grosse caisse, et vous avez un bagad – pluriel bagadou –, attraction majeure des grandes fêtes et défilés. Comme au Festival interceltique de Lorient, un des premiers festivals de France en fréquentation.

Le premier bagad connu ne rassemblait pas autant de musiciens. Ils étaient dix en tout : six cornemuses, trois bombardes et un tambour, photographiés au pied de la statue d'un bassin que l'on peut penser être des Tuileries à Paris. Cette photo fut publiée en janvier 1936 par la *Revue mensuelle illustrée des intérêts bretons intellectuels, économiques, touristiques,* n° 132, 15e année, fondée par O. L. Aubert à Saint-Brieuc. Avec cette simple légende, rien de plus : « Il s'est formé dans la capitale voici déjà deux ans un groupe de joueurs de biniou et de bombarde, Kenvreuriez Ar Viniouerien

Vrezon (KAV) qui prête son concours à toutes les fêtes bretonnes. » Il s'agit donc d'une confrérie, le mot bagad viendra plus tard, en 1943, avec l'Assemblée des sonneurs (Bodadeg Ar Sonerion). Ces fanfares à la mode bretonne se constitueront souvent dans les amicales ouvrières, comme à Carhaix, le grand centre ferroviaire des années d'après-guerre, avec les cheminots, ou comme dans l'armée avec le célèbre bagad de Lann Bihoué (« C'est pas toi qui y es ! » chantait Souchon à ses débuts). On en compterait une cinquantaine en cette fin de siècle, dans lesquels on apprécie une participation féminine de plus en plus importante, et les finales de leur championnat en quatre catégories sont particulièrement suivies en août pendant le Festival interceltique de Lorient. Dans les années 1960-1975, c'est le bagad Brest Sant Mark qui fut le plus souvent champion. Ensuite, le bagad Kemper aligna les victoires, en laissant quelques-unes au Kevren Alre, bagad d'Auray, et au Ronsed Mor de Locoal Mendon. Ces racines-là sont donc assez récentes. On se doit de rappeler qu'il en est de même pour l'accordéon bien que, dans sa forme diatonique, il paraisse de toute éternité implanté en Bretagne. Il y est arrivé comme partout il y a cent cinquante ans, est passé de mode sous la pression des clergés locaux après la Seconde Guerre mondiale et connaît lui aussi une deuxième vague grâce à des gens comme Éric Martin qui fignole une vingtaine de ces bijoux sonores par an, ou grâce aux musiciens Alain Trévarin et Alain Pennec, émules de Richard Galiano et Marc Perronne. Ceux-là ont sorti l'accordéon des bals musettes de pacotille et bien des groupes folk et rock modernes en ont fait un de leurs piliers. Sonerien Du, par exemple. Certains rassemblements d'accordéons diatoniques joués par des centaines d'amateurs enthousiastes sont célèbres en Pays gallo ; ce sont les fêtes de la Bouèze.

De Fougères à Brest, de Quimper à Nantes, vous entrerez en Bretagne sur des musiques bien différentes, de tous les âges, redevenues créatives donc authentiques. Ceux qui les pratiquent aujourd'hui sont bien conscients qu'ils tiennent une partie de leur savoir d'un conservatoire dispersé dans le temps et l'espace. C'est par le collectage volontaire, à partir du XIXe siècle, que l'essentiel a été sauvé de la tradition populaire orale. Le plus célèbre de tous les « collecteurs de mémoire » fut Théodore Hersart de la Villemarqué qui reconnaissait avoir été précédé par Jean-Marie de Penguern. À vingt-cinq ans, La Villemarqué, fils de nobliaux des environs de Quimperlé, publie le *Barzaz Breizh,* un somptueux recueil, une somme d'une centaine de poésies populaires en breton que ses commentaires affûtés replacent chaque fois dans leur contexte historique. L'époque, 1839, est au romantisme et au réveil des sentiments régionalistes et le livre obtient d'abord un succès de grande estime chez quelques intellectuels parisiens avant de devenir, au fil de ses rééditions et de ses traductions, la référence majeure, reconnue dès sa publication, par George Sand, Chateaubriand et Victor Hugo. Le jeune homme expliquera qu'il avait trouvé ses premières chansons dans un cahier de sa mère.

Celle-ci notait ce que lui chantaient les paysannes qu'elle rencontrait ou qu'elle soignait au manoir de Keransker. Carnets en mains, Hersart de la Villemarqué fit son propre pèlerinage à la recherche des trésors cachés dans les mémoires. Il nota quantité de chants dont les thèmes se recoupaient et parfois en assembla les meilleurs fragments. Les mettant ainsi en forme, il voulut, sans les trahir mais en les soutenant de son sens poétique personnel, montrer aux intellectuels jacobins les beautés de la parole vraie portée par le peuple, qu'il s'agisse de mythologie celtique, de cantiques ou de chants d'amour où la pureté des sentiments est inconditionnelle... Jusqu'à se laisser mourir. La Villemarqué eut ses contradicteurs. Célèbre est la querelle du *Barzaz Breizh,* où un autre très important collecteur de mémoire, s'intéressant surtout au théâtre populaire en Bretagne et aux contes, François Marie Luzel, soutenu par Ernest Renan, l'accuse d'avoir inventé les plus importantes des chansons qu'il certifiait authentiques. Ce n'est que cent vingt ans ans plus tard que Donatien Laurent, chercheur renommé en études celtiques, put réhabiliter le travail de La Villemarqué en analysant ses carnets de collectage retrouvés dans les vieux papiers de famille.

Cette querelle en dit long sur les divisions bretonnes quand s'en mêlent les ambitions personnelles, les fréquentations politiques intéressées, les manipulations parisiennes. Quoi qu'il en soit, La Villemarqué a réussi une grande chose avec son *Barzaz Breizh :* réparer l'injustice des historiens envers la poésie celtique. Il l'écrivit en ces termes dans sa préface : « Ce qui frappe le plus dans cette suite de morceaux épisodiques, sans lien apparent, œuvre de plusieurs milliers de poètes rustiques inconnus les uns des autres et même séparés par les siècles, c'est le sentiment patriotique [...] c'est l'expression énergique et fidèle d'une nationalité vivace que la France a eu tant de peine à absorber. On sent battre là le cœur d'une noble race. » À la suite de La Villemarqué, d'autres chercheurs, dont l'ambition était souvent académique, procédèrent à des recensements d'airs et de chansons recueillis parfois oralement, parfois en ayant recours aux feuilles volantes vendues par les chansonniers et, l'écrit se répandant peu à peu, grâce aux cahiers de chansons que tenaient les jeunes gens.

Les années soixante-dix virent les chasseurs de gwerziou, airs à danser, chansons gallèses, armés de leurs magnétophones portatifs, traquer jusqu'au fond des fermes les vieux à la mémoire chancelante. On collecta ainsi de passionnantes parcelles d'histoire quotidienne mais autant d'inintéressantes scies. Le meilleur et le pire. Qu'importe. Aucune région sans doute ne procéda à un tel travail écumant la mémoire collective. Une association, Dastum, l'engrangea et possède aujourd'hui un patrimoine de dizaines de milliers de documents sonores dont elle organise le classement, l'analyse et la diffusion, non sans s'exposer au reproche d'être gardien jaloux de la tradition. Les vrais héritiers de La Villemarqué ne sont-ils pas ceux qui, ayant procédé à leurs propres recherches, en font les fondations de leurs créations personnelles ? Yan-Fanch Kemener,

Erik Marchand, Denez Prigent, Annie Ebrel ont ce talent de faire surgir des profondeurs de la culture bretonne et, dans cette langue, les éclatantes preuves qu'elle est formidablement vivante, alliant par le respect et le talent prospectif cette sorte d'éternité des mythes, du questionnement cosmique, du simple quotidien, à ce qu'il y a de plus contemporain dans la forme.

Attention cependant, à force d'insister sur le phénomène musical bretonnant, à ne pas amoindrir les initiatives de revitalisation du Pays gallo. Sous l'impulsion constante de Jean-Bernard Vighetti, animant avec passion recensement de chants, rencontres et festivals, le concours de la Bogue d'Or né en 1975 dans ce pays de châtaigniers est depuis l'origine un événement unique de collectage en direct, au cœur des pays d'Oust et de Vilaine, à Redon. La Bogue d'Or est un concours de chant d'une rare convivialité. Il a révélé les sœurs Reminiac, un conteur, Albert Poulain, digne des fabuleux espiègles des marchés arabes, ou bien ces anonymes de la chanson à haute voix, Jeannette Maquignon retrouvant l'esprit des veillées d'antan dans sa ferme de Saint-Martin-sur-Oust, Edouard Huguet, ancien valet de la ferme du Clio à Saint-Dolay, qui avait tout oublié mais reconstitua dans sa tête et sa voix, bribes par bribes, les mélodies et paroles de sa jeunesse pour mériter la Bogue d'Argent 1976, récompense attribuée l'année d'avant à Joséphine Billy, quatre-vingt-deux ans, ancienne couturière aussi à l'aise dans la satirique *Chanson des commères* que dans la complainte du *Rossignolet.* Chaque fois, ces chants anciens ont provoqué dans le public une émotion comparable au choc thermique et si salutaire reçu par celui qui, harassé sur les autoroutes de la modernité, les quitte pour plonger son visage dans une source d'eau fraîche improbable.

Comment retrouver les sons de l'enfance : le jonc sur la bassine de cuivre, les sifflements qu'on obtient des « flaouits », flûtes de sureau, ou des larges herbes coincées entre les deux pouces, tandis que tintent les clochettes des troupeaux dominés par le carillon d'une église... ? Roland Becker a tenté de le faire dans une sorte de film sonore *Jour de fête et Fête de nuit.* Roland Becker que j'ai connu saxophoniste grâce à son premier disque, *Fallaen,* fortement inspiré par le jazz, a fait les beaux jours du bagad d'Auray, a dansé devant moi, bombarde aux lèvres accompagné d'un percussionniste africain devant le Géant du Manio, le menhir solitaire de Carnac, à l'écart des alignements. Cette dernière image convient parfaitement à ce qu'il est : une sorte d'ethno-musicien qui n'a jamais quitté le terrain de son art, où il est sans cesse à l'écoute de l'extérieur. Ce qu'il écrit avec Laure Le Gurun dans le petit livre déjà cité me semble on ne peut plus juste : « Au XIXe siècle, les binious sonnent déjà des mazurkas ; puis dans les années trente ils jouent du fox-trot. Aujourd'hui, ils s'imprègnent du jazz, du rock, de la world music. Finalement, la diversité actuelle de la musique bretonne se place plutôt sous le signe de l'adaptabilité que sous celui de la déliquescence. Les acteurs de la société bretonne ont peu à peu reconstruit une communauté culturelle avec une musique dont les multiples facettes répondent mieux aux multiples aspirations de la société moderne. » Et ceci vaut pour bien d'autres activités humaines.

Per Jakez Hélias, le Bigouden qui avait adopté Quimper et inversement, voyait en cette ville une sorte de laboratoire du bout du monde où, face à l'Amérique, aboutissait tout ce qui se faisait de nouveau ailleurs et que les intellectuels autochtones accommodaient, quand cela pouvait servir leur inspiration. Qui alors s'étonnerait de voir les jeunes danser breton à un concert de Tayfa, rockers berbères utilisant aussi la bombarde pour accompagner Farid et ses chansons pour la paix en Algérie et la fin du terrorisme ? Est-ce que l'âme berbère est si éloignée de l'âme celte ? demande-t-il. D'ailleurs, ne dit-on pas que la danse « Dérobée de Guingamp » serait d'influence tunisienne et d'origine provençale ?

En Centre-Bretagne, la voix du chanteur de gwerz Erik Marchand s'accorde parfaitement au luth arabe de Thierry Robin – le oud – ou bien, puisque son instrument préféré est la clarinette, injustement oubliée au profit de la bombarde pense-t-il, il enregistre une époustouflante session de musiques bretonnes avec un orchestre populaire roumain, le taraf de Caransebes ! Tziganes et Bretons, mêmes plaisirs.

Émotion à notre première rencontre... Le père d'Erik Marchand fut un compagnon de ma jeunesse et m'apprit les rudiments d'accords de guitare pour nous accompagner quand nous chantions Francis Lemarque et Félix Leclerc.

Trop sérieusement sans doute, Denez Prigent, autre jeune chanteur bretonnant, explique pourquoi il ne refuse pas le concept de techno-musique pour accompagner *Ti Eliz Iza,* cette histoire d'une jeune fille si démunie qu'elle ne peut offrir à la Vierge de Rumengol que les tresses de ses cheveux blonds. Ce Denez-là provoqua pourtant la plus forte sensation d'une des Transmusicales de Rennes quand, dans un programme plutôt hard rock, on le vit paraître sans le moindre « matos » devant un public venu pour de tout autres sons que celui de sa seule voix mais qui fut saisi, stupéfait, conquis par la performance d'assimilation de la tradition orale, livrée dans un tel rythme inimitable.

Le militantisme breton dans tout cela ? Il sous-tend aussi la plupart des composantes de la musique celtique moderne. Parfois il est très démonstratif : « Notre manière à nous de porter la Bretagne, c'est le rock », me dit Gweltaz du groupe E.V. composé de deux Nantais et de deux Finnois qui expriment ensemble, par leurs deux langues minoritaires, le symbolisme romantique du combattant. Guitares électriques, claviers, bombardes et batterie se déchaînent par exemple sur deux chants du *Barzaz Breizh. Ar Falch'on* (« Le faucon ») raconte une révolte paysanne, dans les montagnes Noires au début du XIe siècle, contre les collecteurs d'impôts « des envahisseurs des Pays Gaulois ». *Ann Alarc'h* (« Un cygne ») a été enseigné à Hersart de la Villemarqué par un compagnon de Cadoudal ; il célèbre le bateau aux voiles blanches du retour du duc Jean IV, escorté de quatre cents Anglais, à Saint-Servan, le 3 août 1379, pour tenir tête au royaume de France, et demande le châtiment du « traître » c'est-à-dire de Duguesclin, chef de l'Armée du roi. Le groupe E.V., après les Tri Yann et Gilles Servat, assume clairement ces chants « forcément militants », ainsi que leur costume de scène, une sorte de kilt breton orné d'hermines, et le drapeau breton qu'ils agitent.

S'il y eut un militant par la chanson, en Bretagne, après Glenmor, mais plus que lui au cœur de l'action, ce fut Gilles Servat. Ce jeune homme non breton choisit de le devenir en y entrant par l'île de Groix à vingt-cinq ans. Jusque là, il envisageait surtout de peindre et de sculpter, mais l'enseignement aux beaux-arts d'Angers, la vague libertaire de 1968, l'amenèrent à redouter l'intégration dans une bourgeoisie qu'il rejetait en risquant de faire un jour « de l'art pour l'art ». Il choisit l'expression la plus populaire possible et n'en vit pas d'autre que la chanson, à laquelle il s'exerçait depuis 1967. Il sut que sa voix le servirait. À Groix, il ressent la souffrance d'une population qui a vu disparaître son incomparable flotte thonière, ses conserveries, et qui ne connaît pas encore suffisamment de compensation touristique. Il s'intéresse au poète groisillon Jean-Pierre Calloc'h, mort à la guerre en 1917 à vingt-neuf ans, dont tout bretonnant qui se respecte connaît la *Prière dans les ténèbres* : « *Me zo ganet è kreiz er mor*[1]... » Le mal du pays qui inspire Calloc'h est chargé de reproches au pouvoir central qui laisse la misère s'installer à l'Ouest. C'est un poète chrétien qui aurait voulu être prêtre, mais ce qui touche Servat, bien qu'il compose au même moment un anticlérical *Tango des curés,* c'est la suavité de son, l'intelligence qu'il perçoit des mots de la langue bretonne. Donc, il va l'apprendre. Pour la chanter. Puis pour créer ses propres chansons en breton. Il va militer sur deux fronts. La résurrection, pour ne pas dire la réhabilitation du breton, des fondements culturels d'un peuple si souvent censuré. Ce recouvrement d'une liberté qu'il sent essentielle, c'est sa démarche. Le hasard l'aurait-il conduit en Alsace ou au Pays basque, il aurait agi de la même façon. Parallèlement, ayant rodé ses chansons dans les bistrots de Groix puis de bien d'autres lieux en Bretagne, il s'engage à fond dans les luttes sociales par ses textes et sa présence. Grève du Joint français à Saint-Brieuc ou grève du lait, manifestations des ouvrières de la chaussure à Fougères, concerts de soutien aux détenus du FLB ou aux militants basques, chanson pour dénoncer les excès du remembrement, l'arasement des talus – « Et l'eau s'enfuit, s'enfuit, s'enfuit, j'entends cogner le seau contre le fond du puits ». Et bien sûr, en 1980, il est à Plogoff, encourageant avec beaucoup d'autres artistes la mobilisation de la commune, du canton, de l'arrondissement, du département, de toute la Bretagne qui sait

1. « Je suis né au milieu de la mer. »

ce qu'aberration veut dire : une centrale nucléaire au flanc d'un des plus beaux sites du monde et dans sa partie sauvage encore. Un mois et demi, avec le concours d'antinucléaires venus de partout, pour faire reculer EDF, plus tard priée par François Mitterrand de ne plus penser à ce projet.

Ces chansons-actions de terrain mûrissent un homme, lui permettent d'affiner, de rejeter les manipulations diverses dont il est l'objet. Je l'appréciais déjà, au-delà de ses excès qui m'embarrassaient, pour son courage, son talent, sa spontanéité, son travail sur une culture qui ne l'avait nullement bercé. J'eus le coup de foudre de l'amitié quand j'entendis la face B d'un disque pressé en 1983, *Je ne hurlerai pas avec les loups.* Je revendique ce sentiment d'amitié pour un barde emporté, avec lequel je n'ai que peu d'opinions communes sur le plan politique, ce qui est finalement de peu d'importance. Cette admiration que j'ai, et sans laquelle il n'y a que camaraderie, va à un caractère poétiquement entier, parent de Brassens, Léo Ferré et Félix Leclerc, livré comme nous tous aux contradictions de son temps et exerçant la pleine liberté de ses choix par les mots et les rimes qui lui viennent spontanément, par la grâce de la véritable utopie anarchiste : la non-violence, appelez ça l'amour si vous ne trouvez pas le mot osé.

Je ne hurlerai pas avec les loups. Je choisis le doute ! Je ne veux plus croire. Je veux savoir, connaître, comprendre, pénétrer, saisir, appréhender, juger en connaissance de cause, poser le doute comme principe... Je choisis le doute, la non-violence et la dignité !

Profession de foi d'un chanteur-journaliste engagé. Voilà pourquoi quand Servat apparaît sur n'importe quelle scène, les gens se lèvent. Et ce qu'ils applaudissent, c'est leur dignité réconfortée.

Je ne hurlerai pas avec les loups fut écrit d'un jet un soir d'après concert où Gilles trouvait que les nouvelles du monde étaient franchement mauvaises, de l'Amérique à l'Union soviétique en passant par la Pologne, l'Afghanistan et la France, et qu'il reconnaissait avoir à lutter en lui-même contre « l'intolérance, moisissure fadasse... ». J'ai voulu faire partager ce texte au public de mes « Vagabondages » sur TF1. Un morceau de bravoure de dix-sept minutes accompagné d'une guitare basse et d'une batterie. Il devait être vingt-trois heures trente. Le lendemain, Hervé Bourges [1], alors président de TF1, encore chaîne de service public, m'appelait chez moi pour me féliciter. Quinze jours plus tard, mon émission était supprimée. Le rapport coût-audience n'était pas satisfaisant, me dit le P-DG, ajoutant qu'il fallait concentrer les efforts budgétaires sur « Cocoricoco boy » ! L'amertume ne fait pas partie de nos sentiments. La fois suivante, ce fut Gilles qui m'engagea. À l'Olympia, s'il vous plaît ! Et au Festival interceltique quelques mois plus tard, à la halle du Moustoir

1. En 1997, il est toujours président du CSA (Conseil supérieur de l'audiovisuel).

de Lorient. L'année 1987, en effet, il fêtait ses vingt ans de chanson et avait fait appel à Michel Écoffard, le metteur en scène presque aveugle du théâtre de La Chimère établi dans cette ville. J'étais chargé de présenter Gilles, de dire quelques-uns de ses textes, de chanter avec lui ! Le plus grand trac de ma vie ! Gilles n'a jamais ensuite eu l'air de m'en vouloir, et moi j'ai vécu une fantastique complicité, comme plus tard chez Dodik Jegou à la Maison des poètes de Saint-Malo, Gilles disant mes vers et moi les siens... Mon bonheur était aussi dans le souffle nouveau qui habitait ses chansons. « Après la rage, la passion », disait la presse. Il chantait le *Fleuve Amour, Les Êtres beaux, Je dors en Bretagne ce soir*, *La Fille du chemin bleu, La Rose et le Lys,* la tempête d'octobre 1987... et ce serait toujours ainsi : « Chanter la vie, l'amour et la mort, les saisons, les rêves, le travail et la grève ; aux champs, à la ville, chantez vos efforts, la chanson peut tout dire, le meilleur, le pire. »

Assagi dans les chansons d'amour, ses errances en Irlande (sa seconde patrie), ses romans où la science-fiction sert la mythologie, Gilles Servat ? Oui, dans la mesure où ce qui lui importait le plus, la langue bretonne, jouit désormais de la considération qu'il espérait. « Maintenant, me dit-il, on peut en discuter sans s'énerver. Toute langue est innocente. Toute langue est univers. » Et l'entendant prononcer le mot « nazi », je comprends tout à coup l'énorme cas de conscience des gens de gauche comme lui quand ils se firent les promoteurs du breton, trente ans seulement après la collaboration active avec l'occupant allemand de quelques influents nazillons celtomaniaques retournant l'histoire « comme une crêpe », s'imaginant fondateurs par les armes d'un « Land de l'Ouest européen » qui serait proclamé, pourquoi pas ?, place du Parlement à Rennes aux accents d'un orchestre wagnérien. Les folies de l'histoire ont fait qu'un prêtre nationaliste servit de bouc émissaire, tandis qu'un porte-parole de la « collaboration » bretonne continua après guerre de pérorer en Irlande. Bref... Réapprendre le breton, le réhabiliter, fut longtemps marqué de la suspicion d'être d'extrême droite. Je ne doute pas qu'il subsiste de ces nostalgiques, Gilles non plus, mais comme il le dit « toute langue est innocente ». Grâce aux écoles Diwan qui vivent dans la précarité, grâce aussi aux écrivains résolument bilingues comme Per Jakez Hélias, grâce aux chansons des uns et des autres je veux le croire, la langue bretonne, enseignée dans des cours à l'université, et l'on s'y bouscule, a devant elle un parcours de résurgence peut-être unique au monde. Très insuffisamment pratiquée, il est vrai, elle n'est tout de même plus l'apanage d'une élite intellectuelle. Ce sont les enfants Diwan de l'an presque 2000 qui donnent envie de parler breton à leurs parents. Les militants du parler breton restent vigilants sur tout ce qui pourrait ralentir ou entraver son enseignement.

« La découverte ou l'ignorance »... ce titre d'un des treize albums des Tri Yann, groupe nantais qui depuis vingt-cinq ans se définit comme groupe de « rock folk celto-médiéval » fait référence au texte déjà cité de

Morvan Lebesque : « La Bretagne n'existe que dans la mesure où, à chaque génération, des hommes se reconnaissent bretons... À chacun, l'âge venu, la découverte ou l'ignorance. » Les Tri Yann ont fait un choix sur lequel ils s'en voudraient d'être revenus. En vingt-cinq ans de succès, un million et demi d'albums vendus, quatre disques d'or et des tournées de concerts dans toute l'Europe, les Tri Yann ont affiché les diversités culturelles qui leur tenaient à cœur. Chants du Pays nantais, du pays de Redon, traditionnels bretons, irlandais, gaéliques, thèmes d'actualité en leur temps – Plogoff, la marée noire, Georges Courtois preneur d'otage au tribunal de Nantes en 1985, Seznec le bagnard, pour soutenir son petit-fils dans sa lutte pour la révision du procès, etc.

L'inspiration musicale est celte mais aussi Renaissance, médiévale ; on redécouvre des textes des XVe et XVIe siècles – *Princes qu'en mains tenez, Si mors amors* en l'honneur d'Anne de Bretagne – et cela depuis plus d'un quart de siècle ! Tri Yann, les trois Jean, les fondateurs et ceux qui les ont rejoints forment le groupe le plus ancien de France en 1997. Ils rassemblent entre mille et cinq mille spectateurs de tous les âges à chacun de leurs concerts. Il faut les voir absolument en scène, leur énergie et leur poésie sont convaincantes et communicatives. *La Jument de Michao...* (« J'entends le loup, le renard et la belette... ») chantée sans doute pour la première fois il y a un ou deux siècles par un anonyme fait se lever et danser des salles entières, presque autant qu'un morceau des Stones ! Jean-Louis Jossic,

« l'entraîneur » du groupe, reconnaît, lui, avoir vécu sinon le creux du moins le plat des années quatre-vingt. Mais les Tri Yann ont continué à tourner et Jean-Louis à militer. Conseiller municipal de Nantes, il est partie prenante dans toutes les initiatives culturelles.

– Alors, lui demandais-je après les deux concerts du vingt-cinquième anniversaire du groupe où, dans l'ancienne usine LU, on avait dû refuser du monde, cette deuxième vague de la musique bretonne et celtique, est-ce que ça peut durer ?

– La première fois, on a pu dire que c'était une mode. Cette fois, elle est sur une telle crête que cela se tassera sans doute un peu, mais elle a pris place parmi les grandes musiques du monde, celle des Irlandais, des Cajuns, des Hongrois, etc. Servie par des moyens techniques nouveaux qui l'ont aidée à progresser, la musique bretonne s'exporte parce que fortement identifiée et fortement progressiste. Et c'est pour cela que ça va durer.

Bienvenue chez toi, Bretagne

Reviens chez toi, Bretagne. Retrouve ton Pays celte, celui que le philosophe briochin Jean Grenier, ami et éditeur d'Albert Camus, caractérisait par « la mélancolie, le goût du rêve, l'anarchisme latent, et le goût de l'indépendance absolue ». Celui pour lequel la Renaude, qui n'avait lu d'autre livre que son livre de messe, recommandait à ses enfants de faire leur devoir de leur mieux, le reste leur appartenant, y compris celui « d'aller en route ».

La Bretagne peut revenir chez elle fière et lucide depuis que ses filles et ses fils ont enfin accès à leur propre histoire grâce à une génération de chercheurs qui ont autour de cinquante ans aujourd'hui et qui ne savaient rien d'elle en entrant à l'université.

À ma génération peu mobile, il a fallu du temps pour comprendre sa géographie. Je dus attendre le deux-roues à moteur pour savoir, jeune homme, que la mer n'était qu'à cinquante-cinq kilomètres de Quelneuc. Et que d'Argoat ou d'Armor, nous étions tous Bretons, avec nos contradictions. Des écoles publiques et privées, des lycées et des séminaires sortaient des jeunes gens convaincus que l'instruction était le seul moyen de s'élever socialement. Les taux de réussite scolaire de la région étonnèrent Paris qui ne le montra pas. Écrivains et poètes commencèrent à faire valoir que leur pays était un modèle de complexité.

C'est que la Bretagne est exactement le contraire de l'image qu'une minorité a pu et tente encore de lui donner d'un nationalisme étroit et rétrograde. Dussé-je me répéter, son histoire prouve son ouverture au monde et son hospitalité aux autres ; les moments où elle s'est fâchée, c'est quand on l'a empêchée d'échanger. Quand on lui a pris ce qu'elle pouvait donner. D'autres provinces pourraient en dire autant, elle n'en est pas jalouse. Ce qu'elle refuse encore, indiquent clairement élections et sondages, c'est d'entrer dans le lot de celles qui subissent l'attraction du sectarisme et de l'exclusion. Malheureusement, celui qui dirige ce mouvement est Breton. Et ma tolérance héritée de mes aïeux ne va pas jusqu'à l'admettre. Je ne fais rien pour chasser la répulsion qui me vient quand je vois l'usurpateur de Jeanne d'Arc et du drapeau de notre République se dandiner au son des cornemuses de la liberté un instant complaisantes, parodier nos danses à la télévision et même, c'est le comble, s'approprier Glenmor et la blanche hermine de Gilles Servat. J'aimerais pourtant voir s'afficher dans les écoles ces mots de Louis Guilloux (1899-1980), fils d'un cordonnier de Saint-Brieuc :

« La culture ne peut être que l'amour de la vérité et l'impossibilité de haïr .»

L'auteur de *La Maison du peuple,* du *Sang noir,* de *Cripure* est un grand exemple. Il s'est voulu libre de toute contrainte politique ou littéraire, fidèle à l'enseignement du philosophe libertaire Georges Palente venu enseigner au lycée de Saint-Brieuc dès 1890 et qui trouva, dans la maison qu'il se fit construire à Hillion, le désir de rassembler ses textes pour son *Combat pour l'individu.* Après le suicide de Palente en 1925, Louis Guilloux, à vingt-sept ans, publiera ses souvenirs de leurs rencontres. Juste avant guerre, la Bretagne reste pour Guilloux le plus beau pays du monde. À quarante et un ans, il vient d'écrire *La Bretagne que j'aime* et qu'il remercie en ces termes : « Votre propre pays vous construit, on apprend à le reconnaître dans un échange de l'âme et l'on découvre qu'il vous va bien comme un autre manteau fait pour vous, vous pour lui [1]. » Mais l'après-guerre lui fait ressentir pour ce pays-là, le sien, un rejet qu'il exprime dans ses carnets : « Je ne sais ce qui se passe. Ce pays dont j'ai si longtemps cru que je ne pourrais vivre sans lui, je ne peux plus le supporter... Il ne me parle plus [2]. » Sans doute était-il épuisé par *Le Jeu de patience,* roman-fleuve qui va de l'arrivée des Romains à la libération de la Bretagne en 1945. Ses rancœurs tomberont plus tard, emportées par le vent chasseur de nuées avec celles de tant de ses compatriotes : « Comme tous les Bretons, j'ai souvent quitté

1. Cité par Jean-Claude Bourlès, *Louis Guilloux, les maisons d'encre*, Éd. Christian Pirot.

2. *Ibidem.*

mon pays mais j'y suis toujours revenu. Je crois bien le connaître, l'ayant parcouru dans tous les sens bien des fois et m'y étant trouvé bien partout. Mais c'est à Saint-Brieuc que je me suis le mieux reconnu [1]. » On dit de cette ville qu'elle a peu de charmes hormis son quartier historique réduit à peu de choses autour de sa massive cathédrale. Je lui en trouve un, considérable, les deux vallées du Gouédic et du Gouet qui la traversent, profondes saignées végétales, petites jungles faites pour des jeux d'enfants intrépides, franchies par des ponts, grands jouets fragiles et sublimes. Je les vois, posés comme des reproches à celui de l'inévitable quatre-voies, prothèse de géant greffée à la hache. Troisième ville de France pour la vie associative, bourgeoise et commerçante, Saint-Brieuc n'en a pas moins été une des bases industrielles bretonnes où des entreprises venues d'ailleurs employèrent de nombreuses femmes du pays modestement rémunérées dans la bonneterie et la brosserie. Leurs fils travaillèrent ensuite dans diverses petites unités de mécanique. Et la presse nationale découvrit la tradition ouvrière et syndicale briochine, comme un prolongement de 1968, à la faveur de la célèbre grève du Joint français et de ses comités de soutien.

Dans son intelligente *Histoire générale de la Bretagne et des Bretons* [2], Yannick Pelletier constate que

1. *Ibidem.*
2. Nouvelle Librairie de France, G. V. Labat éditeur, 1990.

si la Bretagne n'enfanta guère de vedettes de la littérature, hormis Chateaubriand et Renan, « Louis Guilloux – quant à lui – resta fidèle à un message de fraternité qui marque l'origine de sa ville, de sa Bretagne, de son Europe, fidèle à l'exemple du militantisme libre de son père ; fidèle aux humbles. [...] Être libre grâce à une instruction qui ne le dresse pas à l'obéissance, grâce à une permanente construction de soi-même : Freron ne propose pas d'autre modèle de "citoyen", Lamennais non plus dont on peut reconnaître l'influence dans l'émergence autour des années 1968-1970 du fort courant autogestionnaire et socialiste humaniste qui transforma le visage socio-politique de la Bretagne. »

Élie Freron ? Contemporain et adversaire malgré lui de Voltaire, journaliste au temps où cette activité signifiait l'exercice périlleux de la critique, ce Quimpérois est un réformateur qui, au nom même de la liberté de pensée des encyclopédistes, leur reprochait dans son *Année littéraire* leur acharnement antireligieux. Victime en quelque sorte d'un terrorisme intellectuel que l'on a connu en des époques récentes. Un des premiers défenseurs de la liberté de la presse, proposant un programme de modernisation de l'économie, de politique de santé, d'éducation tenant compte des langues et patois régionaux.

Félicité de Lamennais... le prêtre qui voulait concilier la croyance en Dieu et la liberté des hommes et auquel le pape répondit : « C'est un délire de vouloir assurer et garantir à qui que ce soit la liberté de conscience. »

Autrement dit, la liberté ne sert qu'à propager les erreurs nuisibles à Dieu et à la religion et il fallait mettre Lamennais à l'index. Or, son succès populaire fut foudroyant avec ses *Paroles d'un croyant* condamnées par une encyclique de Grégoire XVI. Élu député à la Constituante de 1848, Lamennais fut jeté après sa mort dans une fosse commune du Père Lachaise. Sa stèle[1], cent vingt-quatre merveilleuses pages, fut érigée en 1978 par Xavier Grall, son frère en cette religion irrévérencieuse qui traduit « Christ » par « Aimer ». Xavier Grall, originaire du Finistère, avait exercé à Paris sa profession de journaliste de *La Vie catholique* à *Témoignage chrétien,* en passant par diverses publications bretonnes. Son retour au pays – il choisit la Cornouaille –, marqué par une collaboration régulière avec le journal *Le Monde,* le fit surtout s'engager encore davantage pour la Bretagne et sa culture. Il justifia son admiration pour Lamennais par ces mots de Georges Bernanos qui précèdent son propre texte : « S'il n'eût dépendu que de ce petit Breton infirme... l'immense désastre de l'Église avec le monde ouvrier aurait probablement pu être évité. » Voilà ce que Grall brandit comme drapeau : « Lamennais est Breton à un point qu'il n'est pas permis de l'être ni à Rome, ni à Paris. [...] Breton jusqu'au bout du cœur [...] Le vrai cheval d'orgueil c'est ce petit curé obstiné [...] Breton fougueux, ardent, mordant. Poète tendre et polémiste redoutable [...] Breton jusque dans sa douleur... » Lamennais, Breton emprisonné,

1. *Stèle pour Lamennais,* Éditions Libre-Hallier, 1978.

étouffé pour avoir pris bien haut le parti d'un peuple écrasé dans sa condition ouvrière quand les enfants de cinq ans travaillaient dans des caves quinze heures par jour, et qu'il était interdit de se réunir pour en parler !

Xavier Grall, dans le même livre, rend aussi grâce aux écrivains bretons qui ont toujours été à contre-courant. Chateaubriand et « sa grande musique arrive au beau milieu d'un néoclassicisme exténué et ridicule », « Renan, lancé sur les routes tant humaines de Jésus-Christ ».

Beaucoup de ses amis ont mal compris que, cédant sans doute aux sollicitations de son éditeur, Xavier Grall ait répondu par un *Cheval couché* au *Cheval d'orgueil* de Per Jakez Hélias. On connaît l'immense succès, le phénoménal engouement du public, et qui sauva sans doute l'admirable collection « Terre Humaine » de Jean Malaurie, pour ces mémoires d'un Breton du Pays bigouden, écrits en breton et traduits en français par l'auteur, exercice rarissime en littérature. En bref, Xavier Grall reprocha à Per Jakez Hélias un certain renoncement à sa culture, une acceptation de l'assimilation au français. Per Jakez Hélias s'était déjà défendu de vouloir prouver quoi que ce soit. Il voyait tout simplement le monde changer, la civilisation paysanne disparaître, mais justifiait toutes les entreprises et combats pour la bretonnité. Il le disait « ... sans vaines illusions, sans prétention aucune, mais avec la confuse espérance que de nouveaux courants civilisateurs, des mutations aujourd'hui imprévisibles, pourraient inciter les générations futures à chercher des références et peut-être des recours dans des modes de vie et de pensée que l'évolution actuelle semble condamner définitivement. [...] Et pourquoi la civilisation bretonnante ne trouverait-elle pas sa chance dans ce nouvel avatar ? [...] Autrement dit, si nous réussissons en grand ce rite de passage qui consiste, par exemple, dans le village essentiellement breton de Pleumeur-Bodou à insérer harmonieusement le radôme dans la grande ombre du château de Kerduel, témoin obscur de la Table ronde, la presqu'île armoricaine méritera encore de s'appeler Bretagne au lieu d'être désignée minéralogiquement par quelque QX29, banlieue excentrique de la section européenne F75 qui s'appelait autrefois la Gaule... »

Je puis témoigner de la sincérité et de la modestie de comportement de Jakez dans sa démarche d'analyse et de réveil des traditions et, en même temps, de refus des modes pseudo folkloriques et des jeux super-celtiques. En fin lettré, sa volonté d'être indépendant était devenue une seconde nature. Elle n'était pas innée. Elle fut le fruit de son expérience et de sa réflexion, ce qui l'autorisait à s'interdire d'être d'un clan ou d'un parti.

Sa pirouette préférée, pour dire que tout était sérieux mais que rien ne l'était sauf chaque jour de la vie et celui de la mort, c'était la préparation de son auditoire par le « conteur des veillées ». Une sorte de préambule, d'introït :

Écoutez et vous m'entendrez.
Les sourds des deux tympans montreront le lieu aux

absents et les aveugles des deux yeux feront voir aux doubles boiteux l'endroit où s'est passé le jeu...

C'est un conte extraordinaire, cent fois plus vieux que père et mère. Et dans tout ce que je vais vous dire, il n'y a rien de faux... sinon peut-être un ou deux mots, car moi je n'aime que la vérité.

Quand on ne dit pas la vérité, alors on ment. Ce n'est pas cent fois le jour, mais souvent.

Il y avait une fois... Mais cette fois-là, il n'y avait pas. Et pourtant quelqu'un a dit qu'il y avait quand même...

Ce qui me fait encore me poser la question : puisque ce jour d'août 1995, au cap Corn à Quimper, il n'y avait pas de passeur pour l'outre-Odet, est-il vraiment passé ? Si oui, comment ?

Ce qui est vrai, je vous le jure, c'est la grande beauté de ce pays.

Cela commence devant l'horizon presque perdu de la baie du mont Saint-Michel, derrière l'immense forêt des bouchots à moules et l'activité incessante des bateaux amphibies armés de leurs grues à grappins. Une colonie de Charentais cultive au Vivier-sur-Mer ses noires pépites pour les plus populaires des repas. Cancale, juste à côté, se prévaut de l'infini de ses parcs à huîtres et de sa *Bisquine,* le plus rapide des vieux gréements remis à flot dans l'enthousiasme en forme de nostalgie de tant de ports bretons sur le déclin. La *Bisquine* a dans sa mâture l'âme de Roger Vercel et de sa *Caravane de*

Pâques, le livre des exploits des anciens dragueurs d'huîtres sauvages.

Dol-de-Bretagne, Victor Hugo qui ne fit que passer le vit comme Stendhal, impressionné par la cathédrale du XIIe siècle, « chef-d'œuvre du style gothique quand il était encore simple ». Quant à l'élève Chateaubriand, il s'y prépara sinon au *Génie du christianisme,* du moins à affronter l'austérité du château de son père, à Combourg, où il allait célébrer son « avènement à la solitude ». « Château hanté, Bretagne enchantée » est le titre d'un des chapitres du livre qu'ont consacré à Combourg Philippe Le Guillou et Jean Hervoche pour les belles photographies. Pour l'avoir filmé en automne, Combourg est bien, en effet, sanctuaire du romantisme et souche d'une mythologie... à condition de ne pas s'attarder à l'intérieur dans le décor XIXe où tout vous détourne de la mémoire de Chateaubriand jeune qui ironiserait plus tard : « Ô misère de nous ! Notre vie est si vaine qu'elle n'est qu'un reflet de notre mémoire ! »

J'en ai dit assez, même si cela est trop peu, de Saint-Malo. Le tombeau du grand homme sur le Grand Bé est toujours à la même place. Plus on s'en défend, plus on lui trouve de la grandeur. Une pléiade d'écrivains illustres ou non sont allés s'y recueillir entre deux dédicaces au Festival des étonnants voyageurs.

Et puisque la beauté est mon propos, ceux de Michel Le Bris sont ici les bienvenus... Lui eut la chance, après la volonté, de retrouver inchangé le royaume de son enfance : Plougasnou, Saint-Samson, l'île Sterec à portée de main, le port de Terenez, le majestueux cairn de Barnenez...

– Qu'allez-vous écrire ? lui demanda un ami alors qu'il traçait les premières lignes d'*Un Hiver en Bretagne* [1] ?

– Oh, rien. Juste le bruit du vent dans la baie de Morlaix... Toute la beauté du monde.

Faut-il s'exiler pour ne pas risquer de voir se banaliser son champ de vision, ses sensations au monde qui vous entoure, et un peu de sa raison d'être ?

Faut-il connaître le déchirement du départ pour retrouver, plus intense, l'émotion des retrouvailles comme raison supplémentaire de vivre ?

Et qu'est-ce qu'un lieu ? Est-ce vous qui l'habitez ou lui qui vous habite ? Cette question-là était posée par un poème de Per Jakez Hélias. La réponse est assez commune : retrouver ses racines. Et si c'était la tête que l'on cherchait à retrouver ?

Mes lieux sont un film en vrai. À mon insu, il passe en accéléré. Je me perche sur le cap Fréhel et j'ai déjà envie du cap d'Erquy. À Binic, j'imagine dans ce port trop grand pour la ville la flottille des Terre-Neuvas puis des Islandais il y a bien longtemps. Christian Querré, vivant en ce lieu, pourrait écrire une saga des armateurs, capitaines au long cours, matelots, et de leurs épouses, parfois maîtresses-femmes comme celle que l'on surnomma La Foudroyante. Paimpol n'est pas loin,

1. Nil Éditions, 1996.

ni l'image surannée des *Pêcheurs d'Islande.* Mais Pordic m'attend.

J'irai y saluer la veuve de mon ami artiste Bernard Locca, celui qui ne savait peindre que les vrais visages.

Bretagne ouverte aux grands vents est aussi Bretagne aux brises délicates par lesquelles cheminent des senteurs, ivresses d'abeilles. Beauté des chemins jamais rectilignes, tracés au pas de l'homme et aux roues des charrettes.

Les ornières l'hiver ? C'est seulement pour le sport !

J'engrange, longeant une rivière avec lui, près de Lannion, les poésies d'Yvon Le Men, aux mots épurés jusqu'à leur image :

Ce que disent les images
Est vrai
Disaient les mots
Dans les livres d'images
Ce que disent
Les chemins
Est un chemin.

Et je pense à Guillevic... que je ne reverrai pas dans sa tanière de Paris. Je m'en voudrai longtemps de ne pas lui avoir envoyé – mauvaise excuse du temps qui toujours manque – les huîtres de Prat Ar Coum, dans l'aber Benoît, dont il raffolait. J'ai pris une grande leçon chez Guillevic l'année d'avant sa disparition : un dialogue profond est tout à fait possible avec un homme privé d'une partie de la parole si l'écoute est aiguë dans les deux sens. Guillevic, c'est Carnac. Non seulement par sa naissance le 5 août 1907 mais par le poème que les pierres levées et l'océan lui inspirèrent :

Il y a des milliers d'années que les menhirs te tiennent tête. Et à ce vent que tu leur jettes... Vraisemblablement, sans toi, l'océan, ils n'auraient rien fait à Carnac, ceux des menhirs.

Il ne vit pas les alignements enfermés derrière des grillages pour cause de protection et d'aménagement du site. Il n'entendit pas les cris « Vivent les menhirs libres » des opposants à cette déroutante, mais paraît-il nécessaire, opération des fonctionnaires du Patrimoine. Il eût pu ajouter au mystère des concepteurs de cette immense première architecture armoricaine, la première au monde peut-être, en leur faisant dire « Nous aurions la puissance et celle de n'en pas user ».

Comme les mots et les emblèmes, les images qui m'envahissent sont nécessairement fragmentaires. Mon imagination reconstitue celles-ci en y gommant les automobiles – dont la mienne ! – engorgeant le cœur des cités d'art et d'histoire, où l'on a du mal à convaincre le commerce de l'inutilité des agressifs panneaux et enseignes publicitaires. La ville close de Concarneau n'est visible qu'hors saison, quand il n'est plus nécessaire d'établir pour les piétons une circulation alternée à l'entrée de la rue Vauban.

Le tourisme, autre ressource essentielle en Bretagne, envahissant l'été, pourrait s'y pratiquer toute l'année comme à Dinan, joyau dans ses remparts. On descend la rude pente du Jerzual jusqu'au port, on longe la Rance et on gravit à flanc de coteau le jardin de la Grande Vigne, la maison d'Yvonne Jean-Haffen. Tombée comme tant d'autres amoureuse de la Bretagne, elle y recensa la plupart de ses fontaines et sacrifia quelque peu sa propre vie d'artiste au profit de celle de Mathurin Méheut dont elle fut l'élève et l'amie. Grâce à elle, la ville de Lamballe est une étape obligatoire, justement pour le musée Mathurin-Méheut qu'elle installa dans la mal nommée Maison du bourreau. Formidable dessinateur, peintre, aquarelliste, Méheut a laissé une irremplaçable galerie de portraits, de scènes de la vie quotidienne prises sur le vif, tendre reporter chez les pêcheurs, les goémoniers, sur les foires et les marchés, au cours des pardons et des noces de la première moitié de ce siècle.

Dernières images : églises, enclos paroissiaux, calvaires... Les chapelles, comme Xavier Grall les aimait, « se baignant dans l'averse, tranquilles, gentilles, le chœur au levant, le cœur au soleil... », me ramènent toujours à cet art populaire si fort dans sa naïveté, ses fantasmes, ses cauchemars et son humour et qui a ma préférence. N'allons pas faire croire que tous les monuments bretons sont dignes d'admiration ou même de simple intérêt. Je connais bien des églises des XIXe et XXe siècles d'une médiocrité affligeante ; d'autres, anciennes, dont l'harmonie intérieure fut dévastée par un clergé qui se voulait à la mode d'un néo-gothique de pacotille, recouvrant par exemple le berceau en bois de l'église de Saint-Suliac de fausses voûtes d'ogives en briques creuses enduites au plâtre avec imitation des joints à la peinture... De sorte qu'il faut à l'Association pour le patrimoine bien du courage pour rendre sa sincérité à l'édifice.

Parfois, aussi, on rend à la maison commune du Christ la gaie clarté de pierres ornées de polychromie qu'elle avait au Moyen Âge. Saint-Corentin à Quimper a connu cette rénovation heureuse. Le Santig Du, le petit saint noir des pauvres, préfère voir ses amis aller vers la lumière plutôt que se couvrir de la cendre de leurs péchés contre les sombres piliers de la cathédrale.

Mais les chapelles ! Offerte au grand large du cap Sizun, celle de la Pointe-du-Van dédiée à saint They semble, brave et modeste, protéger sa fontaine et son parterre d'ajoncs et de fleurettes sauvages.

Les trois chapelles du Faouet... Saint-Sébastien et ses étonnantes petites sculptures du *Roman de Renard* sur les poutres de soutien de la charpente. Sainte-Barbe, au creux d'un bois, au bord d'un ravin de l'Ellé, les escaliers de pierre monumentaux qui y mènent. Et surtout, Saint-Fiacre dont la perfection du clocher-pignon invite à d'autres contemplations, celle du plus beau jubé de Bretagne. Une dentelle de bois sculptée séparant la nef du chœur. Figures d'anges, masques grotesques, paysan cueillant des pommes, ivrogne vomissant un renard, Adam et Ève et leurs feuilles de vigne. Il faut lire chaque détail, y compris la signature de l'artiste qui acheva son œuvre en 1480 : Olivier de Loergam. Au Christ en croix, il donna un visage serein, aux larrons l'expression de terribles souffrances. Il a placé cette crucifixion face à l'assistance, ainsi que les saints, les angelots, les personnages avenants. De l'autre côté, celui du chœur, les horreurs des péchés qu'il est toujours bon de rappeler aux hommes d'Église. Le tout dans une liberté artistique peu commune. Ce jubé dont la polychromie date du siècle dernier subit régulièrement des restaurations.

Et encore, cette autre merveille du Morbihan : Notre-Dame de Kernascleden et ses rarissimes peintures du XVe siècle dont la plus célèbre est la danse macabre où des diables monstrueux font subir aux pêcheurs les plus terribles supplices.

Et puis, en Côtes-d'Armor, les peintures murales de Langast, mises à jour accidentellement au cours de travaux de consolidation de l'église très ancienne. Mais plus ancienne encore qu'on ne le croyait. Datée de 1508, on dut se rendre à l'évidence que sous les enduits se révélaient des peintures de l'époque romane dont saint Michael et Melchisedec. Restaurées de 1982 à 1995, ces œuvres furent une découverte majeure pour la connaissance de l'art médiéval. Et c'est l'occasion de rendre un hommage au service des Monuments historiques pour les efforts entrepris de longue date pour la conservation d'un patrimoine breton d'une richesse inépuisable mais souvent en danger. Danger d'érosion, d'accidents, de pillage, mais aussi de pertes irréparables par calcul autant que par ignorance et imprudence.

Les itinéraires du patrimoine sont parmi les plus beaux chemins qui mènent en Bretagne. On y rencontre des compagnons d'un savoir précieux et d'une patience... d'ange. On y fait halte chez des passionnés qui ressuscitent des ruines avant qu'elles ne deviennent tas de pierres. Un homme comme Pierre Delestre se consacre depuis vingt-cinq ans au sauvetage des chapelles du Trégor, tandis que des prêtres sont débordés dans la mission qu'ils se sont imposée de surveiller et de protéger les statues polychromes et le mobilier sculpté des lieux de culte de leurs paroisses. Les razzias d'objets d'art religieux, les « chasses organisées pour garnir de trophées les murs d'amateurs indélicats » sont depuis trente ans un véritable scandale.

Xavier Grall ne fut pas le dernier à le dénoncer. Sur ce point, il n'est pas parti rassuré. Mais pour cet homme de bien, qui s'est toujours tenu en équilibre entre mélancolie et espérance, *Solo* [1], son ultime poème écrit en pleine époque de scepticisme sur la renaissance celtique nous a murmuré un alléluia :

Seigneur Dieu
Comme la vie était jolie
En ma Bretagne bleue.

J'y ajoute sa dédicace :

« La Bretagne va au large... À L'ESPRIT. TOUJOURS. »

---

1. Éditions Calligrammes, 1981.

Bibliographie

ARZUR Marie-Aude, *Le Havre, colonie bretonne,* in *Ar Men*, n° 75, mars 1996.

BECKER Roland, LE GURUN Laure, *La Musique bretonne,* Spézet, Éditions Coop Breizh, 1994.

BELBEOCH Henri, *Les Peintres de Concarneau,* Quimper, Éd. Palantines, 1993.

BELBEOCH Henri, *Belle-Île-en-Art,* Quimper, Éd. Palantines, 1991.

BOISLÈVE Jacques, *Nantes : entre ciel et mer,* Nantes, Siloé, 1994.

BOURLÈS Jean-Claude, *Louis Guilloux, les maisons d'encre,* Saint-Cyr-sur-Loire, Éd. Christian Pirot, 1997.

CALLOC'H Yann Ber, *Ar en deulin (À genoux !),* Trédion, Kendalc'h, réédition 1986.

CAMBY Philippe, *Proverbes et dictons des Bretons,* Paris, Le Félin, 1994.

CHATEAUBRIAND François-René DE, *Mémoires d'outre-tombe,* tome I, Paris, Gallimard, NRF, réédition 1951.

CLOSETS François DE, *En danger de progrès,* Paris, Denoël, 1969.

CORBIÈRE Édouard, *Le Négrier,* Saint-Malo, Ancre de Marine, réédition 1990.

CORBIÈRE Tristan, *Les Amours jaunes,* Paris, Gallimard, réédition 1973.

CROIX Alain, GUIDET Thierry, *Nantes, intelligence d'une ville,* Rennes, Ouest-France, 1993.

CROIX Alain (sous la dir.), *Bretagne : images et histoire,* Rennes, Apogée, 1996.

DELUMEAU J. (sous la dir.), *Histoire de la Bretagne,* Toulouse, Privat, 1969, réédition 1987.

GALLOUÉDEC Louis, MAURETTE Fernand, *Géographie de la France,* Paris, Hachette, 1931.

GAUTIER Élie (Abbé), *L'Émigration bretonne,* in *Bulletin de l'entraide bretonne,* Loudéac, Éd. Elie Gautier, 1953.

GÉLIN Daniel, MOUNIER Jean, LESPAGNOL André, *Saint-Malo,* Rennes, Ouest-France, 1990.

GLENMOR, *L'Homme du septième jour,* La Gacilly, Artus, 1992.

GRALL Xavier, *Solo,* Quimper, Calligrammes, 1981.

GRALL Xavier, *Stèle pour Lamennais,* Paris, Éd. Libre-Hallier, 1978.

GUILLEVIC Eugène, *Sphère et Carnac,* Paris, Gallimard, réédition 1995.

GUILLOUX Louis, *La Maison du peuple,* Paris, Gallimard, 1927, Grasset, 1938.

GUILLOUX Louis, *Compagnons,* Paris, Grasset, 1931.

GUILLOUX Louis, *Le Sang noir,* Paris, Gallimard, 1935.

GUYOMARD René, *Souvenirs d'un autre monde,* Morlaix, Éd. du Dossen, 1987.

HAMON André-Georges, *La Voix du clan Glenmor,* Rennes, Ubacs, 1990.

HEERS Jacques, *Gilles de Rais,* Paris, Perrin, 1994.

HÉLIAS Per Jakez, *D'un autre monde,* Poésies complètes, Rennes, Ouest-France, 1992.

HÉLIAS Per Jakez, *Le Cheval d'orgueil,* Paris, Plon, coll. « Terre humaine », 1975.

KERHERVÉ Jean, *Comment la Bretagne est devenue française,* in *L'Histoire,* n° 147, 1991.

LAURENT Donatien, TREGUER Michel, *La Nuit celtique,* Rennes, Terre de Brume, 1996.

LEBESQUE Morvan, *Comment peut-on être Breton ?,* Paris, Seuil, 1970.

LE BOTERF Hervé, *Anne de Bretagne,* Paris, France Empire, réédition 1996.

LE BOURDONNEC Yannick, *Le Miracle breton,* Paris, Calmann-Lévy, 1996.

LE BRIS Michel, *Un hiver en Bretagne,* Paris, Nil Éditions, 1996.

LE GUILLOU Philippe, *Chateaubriand à Combourg,* Saint-Cyr-sur-Loire, Éd. Christian Pirot, 1997.

LE QUINTREC Charles, *Littératures de Bretagne,* Rennes, Ouest-France, 1992.

LE RHUN Pierre-Yves (sous la dir.), *Géographie et aménagement de la Bretagne,* Morlaix, Éd. Skol Vreizh, 1996.

LE SCOUËZEC Gwenc'hlan, *Guide la Bretagne mystérieuse,* Paris, Tchou, 1966.

LESCOAT Jacques, *La Bretagne ou l'environnement égaré,* Spézet, Nature et Bretagne, 1996.

LESPAGNOL André, *Messieurs de Saint-Malo,* Saint-Malo, Ancre de Marine, 1991.

LUNEAU Gilles, *Les Nouveaux Paysans,* Paris, Éd. du Rocher, 1997.

MAC ORLAN Pierre, *Villes,* édition définitive, Paris, Gallimard, 1966.

MARIN Jean, *En liberté, île de Sein,* Rennes, Ouest-France, 1992.

MARKALÉ Jean, *Le Graal,* Paris, Albin Michel, 1996.

LE MEN Yvon, *Le Vitrail,* Trézélan, Filigranes, 1995.

MENDRAS Henri, *La Fin des paysans,* Paris, Actes Sud, réédition 1992.

MILLIÈRE Guy, *Gilles Servat,* Paris, Seghers, 1975.

MORIN Edgar, *La Métamorphose de Plozevet,* Paris, Fayard, 1965.

PALANTE Georges, *Combat pour l'individu,* Bedée, Éd. Folle Avoine, 1989.

PELLETIER Yannick, *Histoire générale de la Bretagne et des Bretons,* Paris, Nouvelle Librairie de France, 1990.

PERON André, *Sur les ponts de Nantes,* Quimper, Ressac, 1995.

PHILIPPONEAU Michel, *Le Val à Rennes,* Spézet, Nature et Bretagne, 1994.

PHILIPPONEAU Michel, *Le Modèle industriel breton, 1950-2000,* Rennes, Presses Universitaires de Rennes, 1993.

PICHAVANT René, *Sein, l'île des cormorans bleus,* Douarnenez, Morgane, 1991.

POCHON André, *Du champ à la source : retrouver l'eau pure,* Spézet, Nature et Bretagne, 1991.

QUERRÉ Christian, *Mystères et légendes de Bretagne,* Rennes, Ouest-France, 1995.

RABANNE Paco, *La Force des Celtes*, Paris, Michel Lafon, 1996.

DU RUSQUEC Emmanuel, *Le Parlement de Bretagne,* Rennes, Ouest-France, 1994.

SCHRADER Franz, GALLOUÉDEC Louis, *Géographie de la France et de ses colonies,* Paris, Hachette, 1921.

TOUDOUZE Georges G., *Anne de Bretagne,* Paris, Éd. Floury, 1938.

TOURAULT Philippe, *Anne de Bretagne,* Paris, Perrin, 1996.

HERSART DE LA VILLEMARQUÉ Théodore, *Le Barzaz-Breizh,* Paris, François Maspero, réédition 1981.

WISMES Armel DE, *Nantes et le Pays nantais,* Paris, France Empire, 1995.

YONNET Daniel, CARIOU André, *Le Finistère des peintres,* Rennes, Ouest-France, 1993.

Territoires et sociétés insulaires, Rapport du colloque international de Brest, Édition Coll. « Recherches Environnement », Brest, Université de Bretagne occidentale, nov. 1989.

L'Espace breton, in *Les Dossiers d'Octant,* n° 27, INSEE, 1993.

Archives départementales de Loire-Atlantique, Nantes.

Archives du musée Dobrée, Nantes.

Table des matières

Composition P.C.A.
Bouguenais 44340

Impression réalisée sur CAMERON par
BRODARD ET TAUPIN
La Flèche

pour le compte des Éditions Ramsay
en juillet 1998

Imprimé en France
Dépôt légal : juillet 1998
N° d'impression : 6168U-5
ISBN : 2-84114-254-X
50-0796-8
RAR 736